진 로
끝판왕

진 로
끝판왕

저자 정동완 송종욱 손평화 안혜숙

1

훌륭한 가르침은
$\frac{1}{4}$ 이 준비 과정
$\frac{3}{4}$ 은 현장에서 이루어진다.

-게일 고드윈-

고등학교에 발령받으면 가장 먼저 '교과를 어떻게 가르칠까'와 '진학은 어떻게 지도해야 하나'라는 문제를 걱정하게 된다. 그나마 다행인 것은 교과는 대학부터 계속 공부해온 밑바탕이 있어서 조금만 노력하면 쉽게 두려움을 극복할 수 있다. 하지만 진로 진학지도는 어디서부터 시작해야 할지, 어디까지 알아야 학생들에게 진정한 도움이 될지 막막하기만 하다. 교사 자신의 대입 경험을 비추어서 상담하려 해도 교사의 경험과 현재 입시제도와의 거리가 너무 멀다는 것을 금세 깨닫는다.

보통의 경우에는 학생상담에 앞서 어떤 대학과 어떤 전형이 있는지는 기본적으로 알아야 한다는 생각에 닥치는 대로 자료를 찾는다. 선배 교사에게 이것저것 물어서 귀중한 자료를 찾는 행복한 순간이 있기도 하다.

상담 준비를 하면서 다행스러운 것은 그나마 대입 관련 자료가 많다는 것이다. 그러나 그것은 금방 불행이 되고 만다. 왜냐하면, 자료가 많아도 너무 많기 때문이다. 어떤 자료가 제대로 된 자료인지 일일이 확인하고, 그렇게 찾은 자료를 학생에게 적용하기 위해 가공하는 수고가 필요하다. 그럼에도 그렇게 하는 게 맞는지, 제대로 하고는 있는지 의문이 든다.

이 책을 집필하게 된 가장 큰 동기는 바로 이러한 교사의 수고를 조금이나마 덜어주고자 하는 것이다. 특히 초임교사나 고등학교 경험이 부족한 교사 또는 담임이 될 교사에게 어떤 식으로 해야 하는지 가이드하는 콘텐츠를 제작하고 직접 사용이 가능하도록 만들어 앞으로 해야 할 일을 파악함과 동시에, 당장 학생들에게 활용해도 손색이 없는 자료를 모아 자료를 찾아 헤매는 수고를 덜어주고자 했다.

여기에 실린 자료는 특히 진로에 기반한 진학지도를 위한 것이다. 학생 스스로의 깊이있는 자아 이해를 바탕으로 계열선택과 진로설계를 해보는 것은 당장 성적에 따른 대입지도보다 더뎌 보일 수도 있다. 어떤 면에서 쓸데없어 보이기도 할 것이다. 하지만 성적에 맞춰 대학 진학에만 급급해 결정된 진학은 곧 적성에 맞지 않아 재수하는 결과를 가져온다. 학교 현장에서 이런 경우가 비일비재한 현실을 생각하면 진로에 기반한 진학지도가 오히려 거시적인 관점에서 학생의 헛된 시간과 노력의 낭비를 막을 것이라 믿는다.

교사는 학생들이 꿈을 찾아갈 수 있도록 도와주는 사람이라고 생각한다. Fuellenbach의 [불을 놓아라]에 '노래를 잘 부르는 사람보다 노래를 잘 할 수 있는 꿈을 가진 이가 더 아름답습니다.'라는 구절이 있다. 교사는 당장 무언가를 잘할 수 있는 사람을 만드는 것이 아니라 무언가를 하려는 꿈을 가진 사람으로 만들어야 한다고 생각한다. 그러기 위해서는 진로에 기반한 진학지도를 통해 학생들이 자신의 꿈을 꿀 수 있도록 해주는 과정이 필요하다. 모쪼록 이 책의 내용이 열정을 품은 교사에게 조금이나마 보탬이 되길 희망한다.

저자일동

CONTENTS

저자 소개

정동완

現 경남 진로진학상담교사. 교육 전문가 봉사단체 '오늘과 내일의 학교' 회장. EBS 2017-2018 파견교사, 진로진학 대표강사 역임. 베스트셀러 〈끝판왕 시리즈 : 자소서, 면접, 학생부 인문&공학, 공부〉 〈유초등생활백서〉 〈중학생활백서〉 〈나만의 학생부 만들기〉 〈드디어 공부가 되기 시작했다〉 등 35권 기획 및 저작. EBS〈4차 산업 혁명 시대의 미래교육과 신직업〉, 〈진학마스터 심화과정〉, T셀파 〈대입 진학지도 끝판왕〉 원격연수 총괄 기획. 초등학교와 중학교, 고등학교를 위한 학생 〈My Best 맞춤 가이드 E북〉 콘텐츠 검토 및 개발. 교사, 학부모, 학생 대상 앙코르 특강 및 캠프 운영 800회 이상.
(only-jung-dw@daum.net)

송종욱

現 강원 원주 상지여자중학교 진로진학상담교사
2018-2019 원주도덕교사연구회 회장
2019 교사별 과정중심평가 연수 강사
2019 진로교육 교육부장관상 수상
(lightingbell@hanmail.net)

손 평화

現 거창고등학교 영어 및 진로진학상담교사
대안학교와 실업계고등학교 등의 다양한 학교 근무 경험
자기주도학습 코칭 자격
2017년 교육감 표창
EBS 진학마스터 핵심 온라인 과정 연수 강사
진로끝판왕 저자, 고등학교를 위한 학생 My best guide ebook 컨텐츠 검토
(peacepeace@kakao.com)

안 혜 숙

現 강원 수석교사. 2010-2017년 교사 해외연수 전문 코디네이터로 삼성크레듀, 멀티캠퍼스와 활동. EBS TESOL 평가위원 역임. EBS 진학마스터 심화과정 강사. 〈초등교사를 위한 행복한 교실 만들기:12가지 Tips〉, 〈사(思)고치면 영어가 된다〉, 〈협력학습, 팀티칭, 플립러닝을 통한 배움 중심 수업의 이론과 실제〉, 〈공학계열 진로, 진학, 직업〉, 〈공부끝판왕〉, 〈의학 생명 자연과학 계열의 진로 진학 직업〉의 저자, 꿈구두의 모든 끝판왕 시리즈 감수 및 디자인 자문. 현재 강원 영어 책임교육 정책연구 TF팀 활동을 하고 있으며 국제교육원, 춘천교대 교수학습개발원과 수업콘텐츠를 공동연구하며 강의, 컨설팅 중. 팟캐스트[초등주책쇼], [진학주책쇼] 진행.
(ye9999@paran.com)

추천하는 글

장환조 선생님 / 덕소고등학교

◆ 선생님들이 학생들에게 1년 동안 학교생활을 어떻게 해야 하는지를 안내하고 준비하는데 도움이 되는 자료라고 생각합니다. 1월~2월 학생들 맞이를 준비하는 순간부터 다음 해 학생들을 다음 학년으로 등반시키는 순간까지의 모든 과정이 친절하고 자세하게 안내 되어있습니다. 또한, 학생과 함께 해볼 수 있는 다양한 활동이 안내되어, 모든 선생님께 매우 소중한 자료가 되리라 확신합니다.

민현진 선생님 / 산본고등학교

◆ 중학교에서 고등학교로 처음 발령받았을 때, 언제 무엇을 해야 할 지 몰라 막막했던 기억이 있습니다. 그때 이 책이 있었더라면 얼마나 좋았을까 하는 아쉬움이 있네요. 지금이라도 고등학교 담임교사들의 진로상담 매뉴얼이 될 수 있는 책이 나와 너무 다행이라는 생각이 듭니다. '진로끝판왕' 1권이면 첫 발령 받은 신규교사도, 중학교에서만 근무하다 고등학교에 처음 발령받은 교사도, 교육과정 상 3학년 담임을 할 수 없어 입시를 몰랐던 교사들도 누구나 자신 있게 진로상담 전문가로 변신할 수 있습니다.

이상민 선생님 / 합천여자고등학교

◆ 망망대해를 걷는 듯한 인생길에서 이제 시작점에 있는 우리 학생들에게 무엇을 말해줘야 할지, 어떤 것을 가르쳐야 할까 고민스러울 때가 참 많았습니다. 교사가 무엇인지, 진로가 무엇인지 철학적 물음부터 시작하여 담임으로서 또 입시의 한복판에서 진학지도를 하는 사람으로서 어떻게 해야할지 답을 찾기가 쉽지 않았습니다. 이 책은 저같이 고민하는 선생님들을 위한 하나의 등불이라 생각합니다. 답을 100% 얻었다고 하기에는 힘들지만 어떻게 나아가야 할지 방향을 알 수 있게 되었다고 할까요? 먼저 고민하고 방법을 알려주신 선생님들께 감사드리며, 잘 적용해 보겠습니다. 정말 완전 강추합니다!

김상훈 선생님 / 목포중앙고등학교

◆ 선생님이 학기 초 학생들에게 개별 상담하는 것과 같이 하나하나 진로를 위해서 첫 단추를 끼워 맞추듯 설명이 되어있어서 교사로서 학기 초 학생에게 해주고 싶은 이야기를 모두 담고 있는 백과사전과 같은 책이라 할 수 있습니다.
　책을 읽으며 예제에 자신의 활동을 기록하다 보면 나만의 포트폴리오가 되어 자신의 장단점을 한눈에 살펴볼 수 있고, 이것을 바탕으로 나에게 부족한 점이 무엇인지를 알아 보완할 수 있으므로 1년의 계획을 꾸준히 실천 할 수 있는 책이라 생각되어 학생에게 꼭 추천해 드리고 싶습니다.

김원배 선생님 / 장충중학교

◆ 미국 작가 오리슨스웨트 마든은 "습관은 처음에는 눈에 안 보이는 실과 같다. 그러나 행동을 되풀이할 때마다 그 끈이 차츰 강화된다. 거기에 또 한 가닥이 더해지면 마침내 굵은 밧줄이 되어 우리의 사고와 행동을 돌이킬 수 없게 묶어 버린다"라고 한다. 학생들이 고등학교 3년 동안 대학 진학을 위해 올바른 학습 습관을 갖도록 학교에서 지도할 수 있는 "진로 끝판왕"이 세상에 나왔다.

대입 전형 방법이 대학교마다 다르고 매년 대입 입시 방향도 변화하는 시점에서 학교 현장에서는 학년별로 입시 지도에 활용할 수 있는 방안들을 편리하게 적용할 수 있게 집필되어 있다.

김이견 선생님 / 강화고등학교

◆ 대부분 선생님께서 새 학기가 되면 어떻게 지도해야 할지 걱정이 많으실 것입니다. 진로끝판왕 책은 시기별로 세세한 지침이 나와 있어서 진정한 길잡이 역할을 해주는 책입니다. 이 책을 통해 학생들 진로 지도의 막연함을 구체적이고 확실한 방향으로 바꿀 수 있으실 것입니다. 경험있는 선생님들께서도 다시 한 번 학생들의 지도할 방향을 점검하며, 진로 진학 준비를 해줄 수 있으실 것입니다. 진로 진학에 대한 자세한 로드맵과 실질적인 예시가 나와 있어서 이 책 한 권만 갖고 있으면 모든 선생님께 믿음직한 동반자가 생길 것이라고 확신합니다.

노현정 선생님 / 병천고등학교

◆ 진로에 대해 아무것도 모르는 교사에게 지침이 되어준 책입니다. 하나부터 열까지 상세하고 자세하게 안내해 주어 진로지도에 관한 자신감을 심어주었습니다. 이 책과 함께라면 우리 반 아이들의 진로지도는 걱정 없습니다.

조다윗 선생님 / 신길고등학교

◆ 고등학교 교사라면 반드시 구입해서 곁에 두고 수시로 봐야 할 필독서라고 생각한다. 월별로 반드시 점검해야 할 체크포인트가 학년별, 학생 유형별, 전형별로 친절하게 잘 설명되었다. 고3 담임을 처음 하는 교사들도 이 책의 도움을 받는다면 시행착오를 줄이고 성공적인 진학지도를 할 수 있을 것이다.

이명희 선생님 / 우성고등학교

◆ 진로 끝판왕의 구성을 잘 살펴보면 입학을 하여 아무것도 모르는 1학년부터 3학년까지 학생들에게 필요한 과정들이 일목요연하게 나와 있어서 처음 고등학교에서 교육 활동을 하시는 선생님이나 다년간 고교에서 근무하셨지만, 과목 특성 때문이나 다른 어떤 개인적 사정으로 진학지도에 대한 경험이 없으신 선생님들을 위한 다정한 충고와 같은 책입니다. 사실 오래 동안 담임의 역할을 해오고 진로 진학지도에 익숙하다고 생각하는 사람이지만 교사 중심의 진로 끝판왕을 읽어보며 차근차근 스텝대로 학생을 지도하는 것이 때로 놓칠 수도 있는 세세한 부분까지도 챙길 수 있게 해주어 동료 교사들에게 권하여 주고 싶은 책입니다.

임은영 선생님 / 남인천여자중학교

◆ '사람들이 그들의 가장 바람직한 모습이 될 수 있도록 도와주어라. 그리고 그들이 이미 가장 바람직한 모습이 된 것처럼 대하라.'하고 괴테가 말했다. 이 책은 괴테의 말처럼 입시 초보인 고등학교 교사 및 신입생과 학부모, 중학교 담임교사, 그리고 자녀를 고등학교에 보내야 하는 중학교 학부모에게 주는 상세하고 친절한 설명서이자 매우 유용한 안내서이다. 우리가 내비게이션을 사용해서 길을 찾듯 입시라는 커다란 여정을 시작하는 모든 사람에게 목적지까지 최단 시간 내에 효율적으로 갈 방법을 안내하는 '고교 생활 내비게이션'이 될 것이라 기대한다.

유성주 선생님 / 대전송촌중학교

◆ 진로를 선택하는 데 있어서 방향을 잡기 어려워하는 학생들을 위하여 선생님이 도와주고 안내하기에 정말 큰 힘이 되는 책입니다. 학생들과 함께하는 1년 동안의 전반적인 과정이 자세하게 설명되어 있어서 어떤 선생님이라도 학생들의 진로지도를 잘 시작할 수 있게 도움을 주는 책입니다.

조보경 선생님/ 건양고등학교

◆ 진로 진학지도에 도움을 받고자 하시는 선생님들을 위해 출간되었습니다. 고3 한 해 동안 학생들을 어떤 방향으로 지도해야 하는지에 대한 노하우가 담긴 책으로 참고하시면서 학생들을 지도하신다면 좋은 성과를 얻으실 수 있을 것입니다.

도현진 선생님 / 흥진중학교

◆ 막연한 진로 지도의 뚜렷한 방법과 비전을 알려주고 실질적인 도움을 주는 책. 더 성장하고 싶고 더 아이들에게 좋은 방향을 제시해주고 싶은 교사들에게 꼭 필요한 지침서라고 할 수 있습니다.

최서희 선생님 / 이산중학교

◆ 오랜만에 고등학교 담임을 맡거나 아예 처음이라면 진로를 통해 1년간 담임 업무에 관해 한눈에 알아볼 수 있는 책! 우리 반 학생들의 진로를 결정해 줄 수 있을까 고민이 되고 망설여질 때 읽어보면 도움이 되는 책!

최은정 선생님 / 동성고등학교

◆ 루쉰은 말했습니다. "희망은 원래 있다고 할 수도 있고, 없다고 할 수도 있다. 이는 마치 땅 위의 길과 같다. 본래 땅 위에는 길이 없었다. 걷는 사람들이 많아지다 보면, 자연스럽게 길이 되는 것이다"라고.

진로의 '로'는 路:길(로) 입니다. 부디 진로끝판왕이 제시하는 길을 따라, 전국 고교생들이 삶의 주인공이 되는 멋진 길을 만들어 가길 소망합니다. 누군가가 만든 땅 위의 좁은 길이, 많은 이들이 나아가는 큰 도로가 되어, 모두를 환히 비추는 희망이 되길.

함선주 선생님 / 서울영일고등학교

◆ 고등학생 지도를 어떻게 효율적으로 할지 3년간의 흐름을 한눈에 알 수 있는 책이 나왔습니다. 이 책은 고등학교 입학부터 졸업까지 시기별로 학생들을 무엇을, 어떻게 지도해야 하는지 방향을 제시하는 로드맵입니다. 진로·진학의 전문가로 거듭나실 수 있도록 이 책은 차근차근 학생지도의 맥을 짚어주고 있습니다. 초임 교사는 한눈에 업무를 파악할 수 있고, 경력 교사는 보완해야 할 점이 무엇인지 파악할 수 있어 실제적인 학생지도가 가능합니다. 자신감 있는 교사로 한 발짝 더 성장하기를 원하는 선생님들을 위해 이 책을 추천합니다.

김가연 선생님 / 한가람중학교

◆ 고등학생만큼이나 입시, 진로, 진학지도로 막막한 고등학교 교사에게 한 줄기 빛과 같은 지침서 [진로 끝판왕]! 학년별로 적용 가능한 유익한 정보들이 가득 담겨 있는 알짜배기 지침서입니다. 선배 교사보다 더 든든하게 교사의 지원군이 되어줄 것입니다.

김동규 선생님 / 양주백석고등학교

◆ 숨 가쁜 학교생활 속에서 학생은 무엇을 어떻게 챙겨야 하고, 교사는 무엇을 어떻게 챙겨줘야 할지 막막한 순간 진로 끝판왕 한 권이 모두에게 든든한 힘이 될 것입니다.

김래홍 선생님 / 신평고등학교

◆ 성공적인 대입을 위해서는 고등학교 3년이라는 시간 동안 학교 교육과정 속에서 적극적인 교과활동, 그리고 연계활동을 통해 내실 있는 진로진학 활동이 이루어져야 합니다.

고1은 학교 수업에 충실히 임하며 자기주도학습을 통해 학업역량을 키우고 진로에 대한 준비와 함께 대입 전략의 기초를 다치는 시기입니다. 고2는 대입전형 최적의 준비시기로 교과목에 대한 선택과 집중이 필요한 단계입니다. 지원하고자 하는 학과와 전공에서 필요로 하는 부분을 채워나가고 교과와 교과 외 활동을 통해 진로와 진학이 연계되어야 합니다. 고3은 대입전형에 대해 자신의 장단점을 따져 진학의 본격 레이스를 펼치며 대입전략을 마무리하는 단계로 전형별 평가요소에 최선을 다해 준비해야 합니다. 고등학생 3년, 10대의 마지막 3년이라는 시간을 미래를 위해 선택과 집중하여 성공적인 대입을 적극적으로 준비해야 합니다. 그 길목에 진로 끝판왕이 길잡이가 되어 등불이 될 것입니다.

김정미 선생님 / 인천송천고등학교

◆ 고등학교에서 대학 진학을 준비하는 학생들을 위해 교사뿐 아니라 학생, 학부모도 대학 입시를 준비할 때 지침서가 되리라 생각됩니다.

김준근 선생님 / 금정여자고등학교

◆ 진로진학상담교사로 처음 근무하게 되어 많이 난감하였는데 이 책을 검토하면서 실전에서 바로 활용할 수 있는 많은 사례와 정보들을 알게 되어 큰 도움이 되었습니다. 학년별, 시기별 교사의 역할과 체크포인트가 아주 구체적으로 나와 있어 저와 같은 초임 교사에게는 바이블처럼 활용될 것 같습니다.

육근섭 선생님 / 서전중학교

◆ "저자가 다년간 경험한 진학지도 노하우를 책 한 권에 담아놓은 매뉴얼"
　방대한 자료를 일목요연하게 정리해서 구체적인 시기로 정리하였다. 교사들이 현장에서 활용하기에 적절한 표와 참고할 수 있는 출처가 명기되어 보충내용을 독자가 스스로 찾을 수 있다.

이길연 선생님 / 배곧해솔중학교

◆ 실제 학교 현장에서 사용할 수 있는 학생, 교사용 자료가 가장 장점인 책으로 전체의 내용을 읽고 활용해 보고 싶은 책. 실제 고3 담임을 여러 차례 하면서 이런 책이 필요함을 느꼈는데 실제 출판을 앞두고 있다니 놀랍고 마음이 좋았습니다.

검토진 소개

고수현 세일에듀	도현진 흥진중학교	이준현 계룡고등학교
김가연 한가람중학교	민현진 산본고등학교	이하영 원곡고등학교
김경숙 안양서초등학교	박기만 대성여자고등학교	이혜림 금광중학교
김도연 대치학습전략연구소	박성영 목포중앙고등학교	임은영 남인천여자중학교
김동규 양주백석고등학교	박재근 목포중앙고등학교	장환조 덕소고등학교
김두희 잠실중학교	박재현 통영여자고등학교	전동일 대구청구중학교
김래홍 충남신평고등학교	박진홍 경주고등학교	조다윗 신길고등학교
김상훈 목포중앙고등학교	방동규 해원고등학교	조민영 태릉중학교
김원배 장충중학교	송영화 충현중학교	조보경 건양고등학교
김이견 강화고등학교	유성주 대전송촌중학교	조아라 고양동산고등학교
김정미 송천고등학교	육근섭 서전중학교	조은진 국민대학교입학사정관팀
김정혜 방산중학교	이길연 배곧해솔중학교	최서희 이산중학교
김준근 금정여자고등학교	이명희 우성고등학교	최은정 서울동성고등학교
나현주 안산원곡고등학교	이상민 합천여자고등학교	함선주 서울영일고등학교
노인숙 전주덕진중학교	이새미 전주전라고등학교	
노현정 병천고등학교	이정은 수원영생고등학교	

진로 끝판왕 사용설명서

'진로 끝판왕'은 현장에 계신 선생님에게 필요할 다양한 활동지를 시기별, 상황별로 정리한 책입니다. 고1부터 고3에 걸쳐 사용할 3년 간의 자료이기 때문에 간혹 모든 학교의 시기와 상황에 맞지 않을 수 있습니다, 학교 현장 혹은 학생 개인별로 상황에 맞게 필요한 것을 정해진 순서나 틀에 관계없이 선택하여 수정해서 사용할 필요가 있습니다.

가능한 많은 사례와 활동지 양식을 담고 싶은 마음에 하나씩 늘려가다 보니 한 권에 담지 못하고 분리하여 출판하게 되었습니다. 때에 따라 두 권의 책을 교차해가면서 보셔야 하기에 상황별로 안내드리고자 합니다. 처음 담임을 맡았거나 초심으로 돌아가고 싶은 선생님, 학기초가 아닌 학기 중에 이 책을 접하신 선생님, 미리 준비하고싶어하는 학생을 지도하는 선생님으로 나누어 설명해 드리겠습니다.

1) 처음 담임을 맡았거나 초심으로 돌아가고 싶은 선생님이시라면

고등학교가 처음인 선생님, 첫 발령을 받은 새내기 선생님, 교과지도는 해오셨으나 담임을 처음 맡으신 선생님, 고2나 고3을 처음 맡으신 선생님, 초심으로 돌아가 새롭게 학생들을 지도해보고자 하시는 선생님들을 위해 안내드립니다.

위에 하나라도 해당이 된다면 반드시 프롤로그를 읽어보시기 바랍니다. 진로교육에 대한 기본적인 교사의 마음가짐부터 새롭게 가지셔야 학생들의 불안과 절망을 잠재울 수 있고, 학생들에게 동기부여를 해줄 수 있습니다. 많은 사람들이 진로를 장래희망이나 직업으로 오해합니다. 공부하는 이유와 선생님이 하시는 지도의 목적을 학생에게 설명해주실 수 있어야 학생들의 마음을 잡을 수 있습니다.

누군가를 처음 만나면 이름부터 묻듯이, 새롭게 맡게 될 학생들을 위해 예비 담임 혹은 교사로서 진학 및 진로에 관한 다양한 용어에 익숙해지셔야 합니다. 용어설명은 책 중간중간에 나와 있기도 하지만, 기본적인 용어는 숙지하시는 것이 좋습니다.

프롤로그를 읽고 진로와 진학에 관련한 용어도 어느 정도 익히셨다면, 해당 학년에 해당하는 내용을 읽고 활용해 보십시오. 시기에 맞춰 해당 부분만 읽기보다는 고등학교 3년 과정을 전반적으로 꿰뚫을 수 있기를 추천합니다.

3월에 갑작스럽게 새 학년 새 학기를 시작하여 우왕좌왕하지 않도록, 이 책의 구성은 1, 2월부터 시작됩니다. '1, 2월은 방학이고 어떤 학생을 맡을지 모르는 상황에서 어쩌라구?'가 아니고, 아래의 목차를 현재 고2 담임선생님이 겨울방학 전 시간이 남을 때 지도해 보거나, 겨울방학 과제로 제공합니다. 혹은 고3이 시작되자마자 신학기 상담과 함께 실시하셔도 좋습니다. 즉, 전체적인 내용을 숙지하고 시기에 얽매이기보다 상황에 맞게, 너무 늦지 않게 학생들에게 진로진학지도를 해주시면 됩니다.

Ⅲ. 고등학교의 진학 전략

1. 미리 진단하고 준비하기

가. PMI로 보는 장단점

나. 방학 기간 진학, 진로 공부

다. 3학년 미리 겪어보기

특수대학을 준비하는 고3 학생이라면 입시 일정이 일반대의 수시 일정보다 빠르기 때문에 미리 자소서와 면접 지도를 해야할 수 있습니다. 책에 나온 시기대로만 진행한다면 낭패를 볼 수 있기에 미리 읽고 준비하셔야 합니다. 이 또한 고1, 2때에 미리 자소서를 써 본 학생과 전혀 준비가 안된 학생을 구분하여 필요에 맞게 지도해주셔야 합니다.

Ⅲ. 고등학교의 진학 전략

1. 선택 과목과 진학 체계 준비

다. 학생부, 자소서, 면접

Ⅴ. 학기 마무리로 든든한 진학

2. 고3 원서 끝장

다. 자기소개서와 지원

또한, 진로 끝판왕 1권과 2권의 목차 전반을 살펴보실 것을 추천합니다. 자기주도학습의 경우 학습법 안내는 고1, 2 과정에 이미 이루어져야 하기에 1권에 수록되었지만, 고3이 되면 이를 확장할 수 있는 지도가 필요할 것입니다. 고3이 되어 자기주도학습이 전혀 안되어 있거나 학습법, 학습 습관이 바르지 못한 학생에게는 1권을 참고하여 학습법과 자기 주도 학습 방법에 대해 지도 해주어야 합니다.

진로 끝판왕 1권

Ⅳ. 중반을 넘어

2. 공부는 진로의 기반

나. 자기주도 맞춤형 공부법

진로 끝판왕 2권

Ⅱ. 진로 기반의 진학

1. 서로 알아가기

다. 자기주도학습 실천 지도

부록에는 본문에 언급되지 않은 활동지도 수록되어 있습니다. 부록의 목차도 눈여겨 보시고 활용하시기 바랍니다.

진로 끝판왕 1권에 있는 부록 역시 상황에 맞게 활용하시면 됩니다.

정리하면, 다음과 같습니다.

> 처음 담임을 맡았거나 초심으로 돌아가고 싶은 선생님이시라면
> 1. 프롤로그 읽고 마음가짐 다잡기
> 2. 진로진학 용어 익히기
> 3. 전반적인 내용 미리 숙지하기
> 4. 전체 목차를 통해 필요한 부분을 적절히 혼용하여 활용하기
> 5. 부록의 목차 보고 필요한 내용 활용하기

2) 학기 중간에 이 책을 접한 선생님이시라면

진로끝판왕을 학년이 시작되기 전이 아니라 학기 중에 어중간하게 접하셨다면, 당황하지 마시고 일단 그 시기에 해야 할 것부터 지도해주시면 됩니다. 순서는 중요하지 않습니다. 빠진 것은 뒤에 채워주면 됩니다.

3월 모의고사가 끝나고 제대로 된 상담을 못 해준 것이 마음에 걸리신다면 진로 끝판왕 1권의 모의고사 성적의 의미를 읽고 도움을 받으시면 됩니다.

고3 학생이 자신의 위치를 객관화하지 못한 채 이상만 높다면, 학생 개별 분석과 객관화 시간을 뒤늦게라도 가지십시오.

되도록 시간을 내어 프롤로그와 전체 내용을 읽어보시기를 권합니다.

3) 미리 준비하고 싶은 학생을 가르치신다면

고1 학생중에는 진로 성숙도가 높고 여러 면에서 우수한 학생이 있습니다. 진학에 관심있는 학생도 많구요. 진로 끝판왕을 미리 읽고 준비시켜 주시면 좋습니다.

4) 마지막으로, 각 활동지는 각 학급과 학생의 상황에 맞게 편집하여 사용하시길 바랍니다.

예를 들어, 학기초에 상담 카드를 작성할 때, 가족관계나 경제상태를 묻는 것이 민감하다고 생각되시면 그 부분을 삭제하여 오해의 소지를 줄이는 것이 필요합니다. 아래 상담카드에서 경제적 지원은 대입 특별 전형 대상자(기초수급자 대상자 등)를 파악하거나 장학금 지원 여부를 파악하는 용도로 상황에 맞게 사용하시면 됩니다.

진로 끝판왕 2권

II. 진로 기반의 진학

1. 서로 알아가기

가. 개별 학생 분석하기

학생 기초 조사

( )학년 ( )반 ( )번 이름 ( )	별명 :
진로 희망 분야	
진로의 걸림돌	성적, 공부법, 학생부 관리, 정보 부족, 동기 부족
과목 선택 현황	
경제적 지원	- 전년도 지원 분야 : 학비 지원( ), 급식비 지원( ), 방과후 학교 지원( ), 기타( ) - 올해 지원 요청 분야 :

진로 끝판왕 사용법, 도움이 되셨는지요?

진로 끝판왕이 통해 진로 진학 지도에 도움이 되고, 곧 진로진학지도에서 학생의 행복으로 이어지도록 고심하여 제작하였습니다. 현장에서 유용하게 쓰이기를 바랍니다.

프롤로그

1. 진로(進路)란 무엇인가?

1

진로(進路)란
무엇인가?

진로(進路)란 무엇인가?

 가 선생님의 꿈

학생에게 장래 희망을 물어보면 대부분 직업만을 이야기한다. 교사는 학생의 대답에 고개를 끄덕이며 호응한다. 학생이 막연하게 '진로가 없어서 힘들어요'라고 하면 진로를 찾도록 도와주고 싶다고 생각하면서도 정작 진로의 의미에 대해 진지하게 생각한 적은 없다. 주변 선생님과 함께 학생의 진로에 관해 대화를 나눌 때도 어느 대학이나 학과 또는 어떤 분야에 진학시킬까 하는 것이 전부였다.

진로는 소주가 아니다

'진로는 소주가 아니다'라는 문구를 통해 진로가 뭔지 찾아보게 되었다. 진로의 사전적 의미는 '앞으로 나아갈 길'이다. 즉, 한 사람이 일생을 살면서 겪게 되는 가정생활, 사회생활, 여가생활, 봉사생활 등의 모든 과정을 의미한다. 단순히 학생에게 맞는 학과를 추천하는 것을 넘어 한 인간이 평생에 걸쳐 나아갈 길을 함께 찾아주고 지지하는 것이 학교 교육에서 해야 할 일이 아닐까 생각한다.

기업의 면접에서 '꿈'이나 '앞으로의 계획'에 대해 질문했을 때, 단순히 직업(What)에만 초점을 맞춰 답하면 낮은 점수를 준다고 한다. 면접관이 원한 답은 '어떻게(How) 살고 싶은가'와 '어떤(How) 사람이 되고 싶은가'였다고 한다. 학생에게 꿈이나 장래 희망을 물을 때 단순히 직업에 대한 답으로 끝낼 것이 아니다. 왜 그 길을 가고 싶은지, 그 과정을 통해 무엇을 실현하고 싶은지 묻고, 함께 고민하고, 교육을 통해 그 길을 갈 방법을 안내해야 할 것이다. 이 책을 읽는 선생님은 어떤(How) 선생님이 되기를 원하는지 묻고 싶다.

> "온 세계의 사람과 기업이 자신들의 잠재력을 실현할 수 있도록 돕는 것이 우리의 목적입니다."
> 마이크로소프트의 빌 게이츠(Bill Gates)의 꿈
>
> "세상의 정보가 모두에게 유익하게 활용될 수 있도록 정리·정돈하기 위해서입니다."
> 구글 창업자 래리 페이지(Larry Page)의 꿈
>
> "돈이 문제가 아닙니다. 좀 더 열린 세상을 만드는 것이 제게 가장 중요합니다."
> 페이스북 창업자 마크 저커버그(Mark Zuckerberg)의 꿈

진로(進路)란

오랫동안 가르쳐 왔던 과목의 교사 자리를 내려놓았다. 다시 초보 진로 교사가 되어 첫 번째 수업을 준비하며 어떤 주제로 시작할지에 대해 한참을 고민했다. 주제는 '진로(進路)란 무엇인가'로 골랐다. 교사라는 이름으로 들어와 이 자리에 있기까지의 과정과 진로의 뜻 그리고 계획된 우연 이론에 대해 강의 후 학생에게 후기를 받았다.

오** 진로를 하나로 정해야 한다는 생각에 얽매인 자신을 돌아보게 되는 시간이었습니다. 고등학교 첫해는 정말 힘들기도 하고 좌절도 많이 했지만, 올해는 새로운 마음으로 살아야겠습니다. 진로 시간이 저와 제 진로에 대해 많이 알아갈 기회가 될 수 있을 것 같아 기대됩니다.

이** 진로 선생님의 진로 이야기를 들어본 것도 재미있는 경험이었고, 여태까지 근시안적으로 바라봤던 '진로'라는 단어를 뜻깊게 풀이해주셔서 감사했습니다. 사실 계획된 우연이라는 말을 듣고 나니 제가 지금 이 **고등학교에 와 있는 것도 어쩌면 계획된 우연일 수 있다는 생각이 들었어요.

전** 계획된 우연이라는 말이 가장 와 닿은 것 같아요! 지금 하는 일이 나중에 또 나에게 어떤 도움을 줄지 모르니까 지금 일에 충실히 임해야겠다고 생각했습니다.

이** 학교에서 실패와 좌절을 겪더라도 그것들은 한낱 작은 것들이라는 것을 깨달았습니다. 세상을 넓게 보면서 살아야 할 것 같습니다.

오** 빠르게 변화하고 있는 이 시기에서 그저 가만히 있는 것이 아니라 변화의 흐름을 잘 파악하고 자신에게 알맞은 길을 찾아야 한다는 것이 인상 깊었고, 끊임없이 노력하면 우연을 기회로 바꿀 수 있다는 것을 느끼게 되었습니다. 좋은 수업 감사합니다. 선생님^^

이** 진로라는 것 자체가 확실하게 장담할 수 없고, 현재 상황에서 성공과 실패를 명확하게 구분 지을 수 없다는 말씀이 저에게 새롭게 다가왔어요. 하나에 얽매이기보다는 내가 지금 하는 것들이 미래에 어떻게든 좋은 영향을 미칠 수 있도록 노력해야겠다고 생각했습니다.

서** 진로에 대해 고민이 정말 많았는데 진로를 정하지 못했다고 두려워하지 말라는 선생님의 말씀을 듣고 불안했던 것이 어느 정도 사라졌습니다!! 앞으로의 진로시간이 기대됩니다.

이** 진로 계획을 완벽하게 설정하더라도 인생의 수많은 우연을 비껴갈 수 없으므로 우연히 일어나는 일들을 자신의 진로에 유리하게 만드는 능력이 필요하다는 것을 알게 되었습니다. 지금의 절망적인 일들이 하나의 지나가는 우연일 수 있고, 그 절망스러운 일이 실패로 이어진다는 보장은 전혀 없다는 것이라는 것을 생각하게 되었습니다.

김＊＊ 쓸모없는 도전, 쓸모없는 배움은 없다는 것에 생각을 많이 하게 됐어요. 그런 태도로 공부를 하려고 앉아도 얼마 지나면 금방 '이걸 어디에 써먹지'라는 생각이 드니까요. 그런데 아마 그때는 고개를 빳빳이 드는 열정이 없었을 거예요. 이번엔 제대로 고개 들고 쌤수업에 집중하겠습니다. 듣다 보면 자연스레 고개를 빳빳이 들게 하는 수업이어서 다음 수업도 너무 기대돼요.

이＊＊ 사실 진로가 없어서 걱정이 많았는데 진로를 정하지 못해도 괜찮은 것이고 진로가 없다고 두려워하지 말라고 말씀해 주셔서 위로가 많이 되었어요. 지금 하는 것에 대해 잘하고 있는 게 맞나 의구심이 들 때가 많았지만 쓸모없는 것은 하나도 없다는 말을 듣고 매사에 열심히 살아야겠다고 생각했습니다.

조＊＊ 어느 샌가 저에게 꿈이라는 것이 수능을 잘 쳐서 대학을 잘 가서 얻어야 할 직업으로 인식되어 막연한 고민이 많았습니다. 인생의 모든 과거와 현재와 미래가 연결되어 있다는 말씀을 듣고 과거, 현재의 모든 일 지금 제가 스스로 의미 없다고 여기는 순간까지도 미래의 어떤 일의 계기가 될 수 있다는 걸 느꼈습니다.

이＊＊ 1학년 때 진로에 대해서 많이 방황도 하고 급한 마음에 없는 꿈을 지어내기도 했어요. 지금은 어느 정도 확실해진 저의 진로에 대해서 자신감을 가져야겠다고 생각을 해도 불안해하고는 했는데 수업 내내 위로가 많이 되었고 와 닿는 말들이 정말 많았어요!

안＊＊ '진로'라는 단어의 뜻을 단순하게 제가 원하는 대학이나 직업으로 생각하고 있었던 저에게 다시 진로의 본질을 상기시킬 수 있었던 좋은 수업이었습니다. 늘 주위에서 가고자 하는 대학교를 정해두고 공부하면 더 잘될 거라는 말들 때문에 불안해하던 적이 많았는데 선생님의 이야기를 듣다 보니 제가 너무 압박받지 않아도 될 것 같다는 생각이 들었습니다. '진로'를 나아갈 길로, '목표'를 살아야 할 올바른 방향으로 가르쳐주시는 선생님을 만나서 너무 감사합니다. 이 수업도 계획된 우연일 거라고 믿을게요.

박＊＊ 고등학교에 들어와 1년간 생활하니 어느새 대학에 목메어 있는 자신을 발견했습니다. 수업을 통해 앞으로 진짜 나아가야 할 길과 미래에 대해 더 깊게 고민하게 된 시간이 됐습니다.

진로(進路)란 지금까지 지내온 것처럼 앞으로 나아가는 길인데, 그것을 확실히 정하지 못했다 하여 거짓으로 진로를 꾸며내고 불안해했던 학생의 마음이 느껴져 안타까웠다. 오로지 좋은 점수, 좋은 대학에만 얽매어 배우는 즐거움, 경험하는 즐거움을 제대로 느끼지 못한 채 옆 친구를 경쟁자로 여기고 함께 하는 수업과 활동을 불편하게만 느낀 현실이 고스란히 다가왔다.

처음부터 교사를 꿈꾸었는지 되돌아보자. 아마 인생의 여러 갈래 길에서 돌고 돌아 우연한 기회에 시작된 교사라는 길이 나름 안정적이어서, 본인에게 잘 맞아서 지금까지 그 자리에 있는 것은 아닌지? 생계가 어려워 어쩔 수 없이, 누군가의 강요로 이 자리에 있는 사람은 아마 없을 것이다. 교사 이전의 경험과 이후의 노력이 모여 아마 지금의 모습일 것이다. 처음부터 교사가 되기 위해 정하고 준비하였거나 혹은 그렇지 않다고 하더라도 모두 수업을 위해 끊임없이 고민하고 연구하였을 것이다.

진로 교육은 하나의 과정이다. 이 책을 읽으실 선생님과 진로 교육의 진정한 의미에 대해 나누고 싶었던 동기가 바로 이것이다. 트렌드처럼 번지는 수업방법, 권장하는 평가방식을 수동적으로만 받아들일 것이 아니라 그러한 교수 평가방법이 주는 실질적인 교육의 목적과 의미를 먼저 헤아려보는 것이 필요하다. 학교생활에서 경험하는 모든 과정이 학생의 진로에 도움이 될 수 있는 것을 깨닫는다면 진로 교사가 아니어도 가벼운 발걸음으로 진로 교육을 시작할 수 있을 것이다.

진로 교육의 궁극적인 목적은 '행복'이다. 사람은 자신이 좋아하는 일에 집중하고, 그 일을 통해 인정받을 때 행복을 느낀다. 적성에 맞지 않거나 좋아하지 않는 일을 억지로 할 때, 지금 하는 일의 목표나 이유가 분명하지 않을 때(학생들에게 조별 활동을 지시하지만 왜 해야 하는지 몰라서 구체적인 목표가 흐려질 때처럼) 무기력감과 불행을 느끼기 마련이다. 진정한 행복은 몰입에서 나오는 것임을 일깨워야 한다.

초임 시절, 첫 월급을 받고 '1년 동안 천만 원 모으기'라는 목표를 세웠다. 11개월 후 목표를 성취한 기쁨은 단 하루뿐이었다. 오히려 '이런 식으로 1억을 모으려면 10년 걸리겠구나. 언제 차와 집을 사지? 평생 이렇게 허리띠를 졸라매고 살아야 한다니'라는 생각에 우울해졌다. 하지만 인생의 목표와 행복의 기준을 다른 것에 두었을 때 만족감은 더 커졌다. '어떻게 하면 즐거운 수업이 될까?, 어떻게 하면 오고 싶은 학교가 될 수 있을까?'라고 고민하며 노력하고 마침내 그 고민이 해결될 때의 성취감은 천만 원을 모았을 때와는 비교할 수가 없었다. 이렇게 평생 나아갈 길을 개척하기 위해 지금 배우고 경험하는 것이 모두 의미 있으며, 내가 좋아하는 일이 누군가에게 도움이 될 수 있을 것이란 확신이 들 때 비로소 행복할 수 있다.

다 ▶ 진로와 직업

직업의 조건으로 계속성, 경제성, 윤리성, 사회성, 심리성을 든다. 즉 주어진 시간에 주기적으로 정신적, 육체적 일을 하여 경제적 이익을 얻는 일을 지속하는 경우를 말한다. 하지만 반사회적인 행위로 인해 이익을 창출하는 것이나 개인적 성취나 자아실현 없이 계속하는 행위는 직업이라고 보기 어렵다.

진로라는 인생의 길에서 학생의 인생 전체를 안내할 수는 없지만 적어도 나아갈 방향을 제시하고, 학생의 길을 스스로 찾도록 도와야 할 것이다. 진학도, 직업도 진로의 일부에 지나지 않는다. 학생이 '무엇(What)이 되겠다', '무엇(What)을 하겠다'를 결정하기 전에 다양한 학교 활동을 통해 어떻게(How) 살아가야 할지 고민할 기회를 주는 것이 우리의 역할이 아닐까 싶다.

교사가 수업에서 다양한 활동을 계획하여 학생을 지도하고 관찰하여 기록하는 것과 학생이 이 과정에서 경험하는 목적이 진학만을 위함이라면 후회할 수도 있다. 당장 실패처럼 보여도 넘어지는 배움은 의미가 있다. 지금의 결과를 성공이나 실패라고 단정 짓기에 어려운 인생의 전환점이 존재하기 때문이다. 쇼트트랙 국가대표 선발전에서 탈락한 이승훈 선수는 이를 계기로 스피드 스케이팅 선수로 종목을 변경해 버렸다. 얼마 지나지 않아, 그는 스피드 스케이팅 종목에서 금메달을 따면서 신기록을 세웠다. 이승훈 선수가 쇼트트랙 국가대표 선발전에서 탈락했을 때 모두 실패라고 여겼을 것이다. 그러나 그 일은 이승훈 선수에게 다른 종목에서의 챔피언이라는 결과를 안겨 주었다. 지금 실패로 보이는가? 멀리 보면 모두 성공의 밑거름이 될 것이다. 무엇이든 경험하고 도전하는 것이 중요하다.

교사가 지식이나 정보의 전달자(teacher)로 단순 역할을 하는 시대는 끝났다. 교사의 뜻에 맞춰 수동적으로 따라가는 학생보다 교사의 열린 질문을 기초로 나름의 상상력을 발휘하여 자기주도 학습으로 나아갈 인재를 양성하는 것이야말로 우리가 추구해야 할 바람직한 진로 교육일 것이다. 학생이 스스로 생각하게 하고 그 생각의 실행을 돕는 촉진자(facilitator)나 안내자(guide)의 역할에 대해 고민하는 교사의 모습에서 진로교육의 밝은 미래를 볼 수 있을 것이다. 그 시작을 위한 도움이 되고자 이 책을 나눈다.

II

학년의 시작

1

신입생을 위한
안내자료 준비하기

가. 고등학교 교육과정 이해하기

나. 고등학교 공부 방법

다. 창의적 체험활동 및 기타 안내

1

신입생을 위한 안내자료 준비하기

고등학교에 갓 입학한 신입생은 새로운 환경에 대한 기대감과 동시에 심리적 부담감을 느낀다. 중학교보다 많아진 학업량에 대한 걱정과 대학 입시, 그리고 대학 졸업 후에 있을 직업 선택에 이르기까지 고민이 시작되는 시기다. 신입생을 위한 안내자료를 준비해보자.

가 고등학교 교육과정 이해하기

고등학생은 중학생 시기만큼 신체적으로 큰 변화를 겪지는 않으나, 정서적인 측면에서 다양한 변화를 겪는다. 이해, 기억, 사고, 추리력 등의 인지 능력이 발달하고, 성인과 다름없는 체계적 사고, 가설적 사고, 미래 가능성에 대한 사고 등 형식적 조작기의 사고가 가능해지는 시기이다. 하지만 성인의 뇌로 전환하는 과정에서 정리 정돈을 못 하거나 잘못된 의사결정을 하게 될 수도 있어, 여전히 어른의 도움이 필요한 시기이기도 하다.

아직 학교가 낯선 신입생이 학교에 잘 적응하게 도와주자. 학생의 마음을 여는 행동으로 이름을 불러주고, 남학생에게는 하이파이브 등의 가벼운 액션으로, 여학생은 구체적인 칭찬으로 친밀감을 표현하면 좋다. 오리엔테이션 시간을 통해 학교 시설 안내와 활용 방법, 자기 주도 학습 방법, 특색 교육 활동, 연간 학사일 정에 포함된 행사 안내 및 참여 방법, 중학교에서 실시하지 않았던 야간 자율학습, 담임의 학급 운영 계획 등에 대해 안내해야 한다.

교사의
Tip

학생들은 무서운 선생님보다 유머러스한 선생님을 더 좋아합니다. 학기 초 학생이 많이 하는 실수(예, 중학교 때 번호 적기, 선생님이신 줄 몰라 '아저씨'라고 부르는 것 등)를 재미있게 이야기하면 분위기가 좋아져요.

오리엔테이션 시간에 안내 하는 고등학교 1학년의 연간 학사 일정은 보통 다음과 같다.

월	학년 학사 일정	활동내용
3월	· 학부모 총회 · 전국연합학력평가(3/12, 목)	· 학기 초 대면상담(기초자료) · 학교 행사 및 동아리 참여 안내 · 전국연합학력평가 성적표 활용법 안내
4~5월	· 중간고사(4~5월) · 학부모 상담	· 3월 전국연합학력평가 결과 상담 · 중간고사 대비 학습계획 및 학습법 상담 · 대입설계 로드맵 수립을 위한 대입정보포털 '어디가' 활용 방법 안내 · 중간고사 결과로 과목별 세부능력 특기사항 작성을 위한 상담
6월	· 전국연합학력평가(6/4, 목)	· 학생 개인별 상담 기초자료 관리 · 진로 심리검사 결과로 진로 설정을 위한 상담 · 6월 전국연합학력평가 결과 상담 · 고2, 3 선택과목에 대한 상담
7월	· 기말고사	· 중간고사 성적 분석 및 기말고사 대비 학습 계획 상담 · 1학기 종합성적 결과로 과목별 세부능력 특기사항 작성을 위한 상담 · 학교생활기록부 기록을 위한 자료 준비 안내 · 여름방학 활용 계획 상담
8월	· 1학기 학교생활기록부 점검	· 학교생활기록부 종합 전형 준비를 위한 비교과활동 내용 제출 및 학교생활기록부 기록 내용 확인
9월	· 전국연합학력평가(9/2, 수)	· 학교 행사 및 동아리 참여 안내 · 연합학력평가 영역별 공부법 상담 · 중간고사 대비 학습계획 및 학습법 상담
10~11월	· 중간고사(9~10월) · 학부모 상담 · 전국연합학력평가(11/23, 수)	· 중간고사 대비 학습계획 상담 · 중간고사 결과로 과목별 세부능력 특기사항 작성을 위한 상담 · 중간고사 성적 분석 및 기말고사 대비 학습 계획 상담
12월	· 기말고사	· 2학기 종합성적 결과로 과목별 세부능력 특기사항 작성을 위한 상담 · 학교생활기록부 기록 및 점검 · 겨울방학 활용 계획 상담
2021. 1~2월	· 2학기 학교생활기록부 점검 및 최종 마감 · 종업식	· 학교생활기록부 종합 전형 준비를 위한 비교과 활동 내용 제출 및 학교생활기록부 기록 내용 최종 확인

출처 : 2020학년도 교육연수자료집, 한국대학교육협의회

II. 학년별 시작   1. 신입생을 위한 안내자료 준비하기

신입생이 고등학교 생활에 대해 온전히 이해할 수 있도록 자세한 설명은 필수다. '이 정도는 당연히 알겠지'라고 생각하는 것조차 갓 입학한 학생은 모르는 경우가 많다. 눈높이를 낮추고, 처음부터 하나하나 알려주어야 한다. 특히 기초생활에 관한 부분과 학습 방법 및 공부 습관을 잡을 수 있도록 안내하는 것이 고등학교 생활의 중요한 첫 단추이다.

신입생에게 전달할 핵심 내용 중 하나는 고등학교의 교육과정이다. 학생이 직접 과목을 선택하는 것과 자율활동, 동아리활동, 봉사활동, 진로활동(이하, 자동봉진)이 진로를 위해 매우 중요하다는 것을 알려주어야 한다. 더 자세한 내용은 학교알리미(http://www.schoolinfo.go.kr)에서 찾아볼 수 있다는 것을 안내하고, 다음 [내 학교 정보 알아보기] 활동지에 직접 작성하게 하면 더 좋다.

● 내 학교 정보 알아보기 ●

_____학년 ___반 ___번 이름 : _____

1 교육과정 알아보기

기초영역(국어, 수학, 영어)
1학년 :
2학년 :
3학년 :

탐구영역(사회, 과학)
1학년 :
2학년 :
3학년 :

체육예술영역(체육, 음악, 미술)
1학년 :
2학년 :
3학년 :

생활교양영역(기술가정, 제2외국어)
1학년 :
2학년 :
3학년 :

2 창의적 체험활동 및 동아리 알아보기

특색있는 창의적 체험활동
1학년 :
2학년 :
3학년 :

특색있는 동아리
1학년 :
2학년 :
3학년 :

체육예술영역(체육, 음악, 미술)
1학년 :
2학년 :
3학년 :

생활교양영역(기술가정, 제2외국어)
1학년 :
2학년 :
3학년 :

3 학교생활규칙 일반(두발, 용의 복장, 생활 평점 등)

학교생활기록부는 학생의 학습경험과 개인별 경험이 연간 누적 기록되는 공식 문서이다. 학생들이 학교생활기록부를 중심으로 자신의 진로에 맞는 활동을 준비하도록 세부내용을 안내해 주도록 한다.

학교생활기록부 내용	세부내용
① 인적 사항	성명, 주소, 가족 관계, 특기사항 등
② 학적 사항	출신 학교, 전출입, 편입, 복학, 재입학 등과 관련된 내용
③ 출결 사항	재학 기간 중 출결 상황(결석, 지각, 조퇴, 결과)을 질병/무단/기타로 구분한 횟수 및 특기사항
④ 수상경력	교내에서 받은 상의 명칭, 등급(위), 참가 대상(참가 인원)을 기록함.
⑤ 자격증 및 인증 취득 상황	재학 기간 중 학생이 취득한 공인 자격증의 취득 현황
⑥ 진로 희망 사항	학생의 진로 희망과 희망 사유
⑦ 창의적 체험활동 상황	자율, 동아리, 봉사, 진로 활동의 4개 영역의 시간과 특기사항
⑧ 교과학습 발달 상황	학기별 이수 교과의 성적, 세부능력 및 특기사항
⑨ 독서 활동 상황	학생이 읽은 도서명(저자명)을 담임교사와 교과 교사가 기록함.
⑩ 행동 특성 및 종합 의견	객관적 사실에 기초해 학생을 총체적으로 이해할 수 있게 진술한 담임교사의 종합적 의견

출처 : 2020 중·고등학교 학교생활기록부 기재 요령, 교육부

이런 내용은 학생 안내 자료이기도 하지만, 그에 앞서 선생님이 공부해야 할 자료이기도 하다. 선생님이 먼저 살펴보며 학교생활에 대한 고민과 걱정되는 부분을 예상하여 묻거나 학생에게 적어보게 하여 자연스럽게 상담 자료로 만들 수 있다.

교사의
꿀Tip

학생의 교육과정 이해도 중요하지만, 선생님도 전반적인 고등학교의 교육과정을 이해하시는 것이 중요합니다. 더 자세한 내용은 본 교재의 [계열적합성에 맞는 교과 선택하기] 부분을 참고하시기 바랍니다.

고등학교 공부 방법

공부는 학생의 진로에 중요한 역할을 한다. 고등학교에 입학한 학생이 당황하는 이유가 공부량이 이전보다 훨씬 많고, 내용도 깊어지기 때문이다. 중학교 때처럼 공부하면 학생의 성적이 기대에 못 미칠 것이다. 무조건 열심히 한다고 성적이 오르지도 않는다. 고등학교 1학년 시기에 '공부에 대한 태도', '습관이 잘 형성될 수 있는 목표설정', '공부에 대한 효과적인 습관의 중요성'을 안내하는 것이 중요하다. 맥스웰 몰츠가 '성공의 법칙'에서 주장한 바에 따르면 사람이 습관을 바꾸려면 최소 21일은 지속해야 하고, 바뀐 습관이 완전히 몸에 배게 하려면 60일이 더 필요하다.

보통의 학생은 공부를 머리로만 하는 것으로 생각하기 쉽다. 공부는 인지적이면서 태도와 관련된 활동이다. 다음 글을 읽어 보자.

공부는 태도이다!

1. 어렵고 복잡한 내용일수록 일정 기간 집중적으로 반복과 연습을 해야 이해하고 아는 것을 표현할 수 있을 정도가 됨. 수시로 자리를 이탈하거나 스마트폰, 인터넷을 보면서 특정 학습과제에 집중하기는 매우 어려움. 내용도 스쳐 지나가고 여가 즐기듯이 가볍게 보고 들은 것 정도로 내 것이 되지 못함.

2. 자신이 무엇을 모르는지 정확히 알아내도록 최선을 다해야 함. 많은 학생은 자신이 무엇을 모르는지에 대해 알지 못하거나 아예 신경을 쓰지 못하고, 성적이 나아지기만을 바람. 확실히 몰라도 학습을 중단하고 나중에 시험에서 낮은 점수가 나오는 것에 대해 원망하는 것은 자신에 대해 부정적인 태도만 키움.

3. 어렵고 복잡한 내용일수록 핵심 내용을 일목요연하게 잘 정리하고 모르는 것과 아는 것을 구분하여 어느 부분을 어떻게 집중할 것인지 계획을 짜야 함. 이는 문제 해결 지향적 태도임.

출처 : 기초학습부진학생 지도의 실제(중등)

공부는 정답을 알아내 지식을 머릿속에 저장하는 일이 아니다. 모르는 것을 알아가는 과정과 노력을 통해 목표에 도달하기까지 충실하게 활동하는 것이다. 공부해도 능력에 따라 실제 얻는 점수는 다를 수 있다. 하지만 최선을 다하는 공부를 실천하면 그 과정에서 학생은 온전한 몰입의 경험을 하게 된다. 온전한 몰입은 결과가 혹시 좋지 않을지라도 좋은 경험이 되어 다른 일에서 성공할 가능성을 만든다. 학생에게 이런 면을 설명하고 스스로 공부에 대한 올바른 태도로 수행할 기회를 제공하는 것이 중요하다. 잊지 말아야 할 것은 공부 태도 중 가장 중요한 것은 스스로 아는 것과 모르는 것을 명확히 파악하여 모르는 부분을 해결할 방법을 찾아 계획대로 이행하려는 의지이다.

목표를 세우는 것이 매우 중요한데, 목표가 없는 것보다 명확히 있을 때 성공할 가능성이 크다. 학생에게 목표를 세워보라고 하면 초반에 너무 거창한 목표를 세워서 가까이 가지도 못하는 경우가 있다. 실패 경험이 반복되면 공부에 대한 의욕이 떨어지고 스스로 자존감이 낮아져서 자포자기 하는 심정에 이르게 된다. 학생이 목표를 세울 때는 아주 작더라도 반드시 실현이 가능한 목표를 세워서 그것을 이루어냈을 때 기쁨을 느끼도록 하는 것이 중요하다. '고기도 먹어본 사람이 맛을 안다'라는 속담처럼 성공도 해본 사람이 더 잘 할 수 있다. 생활 속에서 작은 성공을 자꾸 경험해야 큰 목표를 이루게 된다.

목표를 세울 때는

첫째, 구체적으로 세워야 한다.

[예: 수학 공부를 하겠다(×), 수학 도형 몇 쪽부터 몇 쪽까지 하겠다(○)]

둘째, 장단기 목표를 모두 세우되, 처음에는 단기목표를 위주로 작은 성공 경험을 반복적으로 해야 한다.

[예 : 올해 안에 수학 공부를 마치겠다(×), 이번 주 혹은 오늘 안에 몇 쪽까지 풀겠다(○)]

셋째, 목표 점검은 초반에 자주 하고 나중으로 갈수록 이따금씩 하는 게 좋다.

넷째, 반드시 성취 가능한 목표부터 정하는 게 좋다.

교사의 Tip

공부습관 형성 전략

✓ 공부하기 전 공부를 방해할 것을 찾아 최대한 줄이거나 없애도록 합니다.
　(예, 거실의 TV 소리, 가족들의 대화, 집 밖의 소리 등등)

✓ 시선을 끌 만한 것을 치우거나 줄입니다.
　(예, 불필요한 책, 휴대폰, 장난감 등등)

학습습관 형성 프로젝트를 학급별 또는 개인별로 실시하는 것도 좋다. 학습뿐 아니라 생활 속의 작은 것이라도 일정 기간 반복해서 습관으로 형성되도록 제안해보자. 작은 성공 경험이 쌓이면 궁극적으로 진로에 도움이 되는 좋은 습관을 형성할 수 있다.

●습관형성 계획표●

_____학년 ____반 ____번 이름 : _____

습관 내용	매일 수학 문제 5개씩 풀기
습관 분야	(학습) / 건강 / 생활 / 언어
습관 형성으로 만들어질 나의 인생	가. 수학이 더 익숙해질 것이다. 나. 매일 매일 풂으로써 성실해질 것이다.
습관 형성 이유	가. 중간고사 때 수학 성적이 만족스럽지 않았다. 나. 기말고사 때에는 수학 성적이 올랐으면 좋을 것이기 때문이다.
습관 형성시 예상 어려움과 극복 방법	가. 피곤하거나 놀고 싶을 때는 건너뛰고 싶은 마음이 든다. 　　- 주변 사람한테 쓴소리해달라고 부탁해서 충고를 듣는다. 나. 어려운 문제가 나오면 포기하고 싶어진다. 　　- 학교 수학선생님이나 학원 선생님께 꼭 질문한다. 다. 쉬운 문제만 풀게 된다. 　　- 단계별로 1문제씩은 꼭 풀어본다.
습관 형성 실천사항	가. 선생님이나 부모님께 공책 검사받기 나. 야자시간 시작할 때 제일 먼저 풀기 다. 만약 못했을 시 다음 날에라도 꼭 풀기

요일별 확인표 (본인/친구 일주일에 한 번씩 부모님 선생님 확인)	1 ○	2 ○	3 ○	4 ○	5 ○	6 ○	7 ○	8 ○	9 ○	10 ○	11 ○	부모님 확인 (　　　)
	12 ○	13 ○	14 ○	15 ○	16 ○	17 ○	18 ○	19 ○	20 ○	21 ○		부모님 확인 (　　　)

습관 형성 후 달라진 나의 모습	가. 수학에 자신감이 붙었다. 나. 어떤 부분은 친구들에게 설명해 줄 수 있을 만큼 알게 되었다. 다. 더 열심히 수학 공부를 할 수 있을 것 같다.

예습전략

예습은 그날 공부할 내용이 무엇인지를 미리 확인하는 것이다. 가능하면 자신이 그날 수업에서 꼭 알아야 하는 것이 무엇인지 확인함으로 수업 시간에 필요한 부분에 좀 더 집중할 수 있게 해준다. 이것은 선행학습과는 다르다. 선행학습은 말 그대로 미리 공부하는 것인데, 공부에 대한 호기심을 떨어뜨려 결과적으로 부정적인 영향을 준다.

예습에 많은 시간이 필요하지는 않다. 그날 배울 내용의 제목이나 핵심단어 정도만 파악해도 충분하다. 학생이 수업에서 반드시 알아야 하는 것이 무엇인지 미리 알고 수업에 들어가면 수업 시간에 능동적인 참여가 가능하다. 때에 따라 질문이나 필수 암기 사항을 간단한 메모 형태로 미리 적어보는 것도 좋은 방법이다.

복습전략

성적향상을 바란다면 복습 습관이 매우 중요하다. 에빙하우스의 망각곡선에 따라 효과적인 복습을 위해 다음 원리를 적용해야 한다.

> 첫째, 수업 후 바로 한다.
>
> 둘째, 조금씩 여러 번에 걸쳐서 한다. (한꺼번에 많은 시간과 양을 투자하지 않는다.)
>
> 셋째, 공부하면서 교과서나 기타 자료의 풍부하고 다양한 예제를 함께 본다.
>
> 넷째, 이전에 배운 내용 중에서 계속 문제를 풀 때 실수하거나 어려웠던 부분을 체크하여 복습 때마다 반복한다.

저장중심보다 인출중심으로 공부하기

지필평가든 수행평가든 공부한 것이 드러나는 상황은 두뇌에 기억한 것을 주어진 조건에 맞추어 바르고 정확하게 인출해야 한다. 공부할 때 저장과 인출 연습을 동시에 하면 훨씬 효과적이다. 공부한 것을 인출하는 구체적인 방법은 다음과 같다.

> 첫째, 공부한 것을 교재를 보지 않고 혼잣말로 중얼거린다.
>
> 둘째, 공부한 것을 요약하여 다른 사람에게 설명해 보거나 가르쳐 본다.
>
> 셋째, 공부한 것을 글이 아닌 이미지로 바꾸어 표현해 본다. (예, 도표, 마인드맵, 그림 등)
>
> 넷째, 공부한 것을 자기식대로 이해한 내용을 노트에 기록해 본다.

창의적 체험활동 및 기타 안내

고등학교 창의적 체험활동은 전략적으로 접근해야 한다. 학생에게 창의적 체험활동이 왜 중요한지 설명 후 되도록 자신의 진로와 관련된 활동을 하도록 유도한다. 하지만 창체활동이 반드시 학생의 진로와 일치 해야 하는 것이 아니므로 활동을 통해 무엇을 배우고, 어떻게 성장하였는지를 생각하라고 학생을 일깨우는 것이 중요하다.

동아리활동

동아리활동은 고등학교 생활에서 가장 중요한 활동 가운데 하나이다. 갓 입학한 학생은 어떤 동아리활동을 해야 하는지 막막하기만 하다. 가능하면 자신의 진로와 관련된 활동을 하도록 안내하는 것이 필요하다.

● 학과별 동아리활동 예시 ●

학과	동아리	학과	동아리
국어국문학과	독서·논술교육, 다문화교육, 고전연구반, 교지 편집반	수학과	정보통신윤리교육, 창의성 교육, 과학탐구&실험반, 수리탐구&논술반
중어중문학과	중국어회화반 및 중국 관련 동아리	정보통계학과	진로와 직업탐색, 창의성 교육, 생명 탐구반, 수리탐구&논술반, 컴퓨터반
영어영문학과	독서·논술교육, 다문화교육, 진로와 직업탐색, 문학 동호회, 시사영어 소모임, 영어 교사준비 소모임, 영어연극	물리학과	과학실험 동아리, 독서·논술교육, 창의성 교육, 과학탐구&실험반, 컴퓨터반, 수리탐구&논술반
독어독문학과	국제이해교육, 독서·논술교육, 창의성 교육, 논술반, 독서반, 시사탐구&토론반	지구환경과학과	독서·논술교육, 생태체험학습 환경교육, 창의성 교육, 과학탐구&실험반, 생명탐구반, 컴퓨터반
불어불문학과	국제이해교육, 다문화교육, 창의성교육, 고전연구반, 독서반, 영어회화·토론반	화학과	독서·논술교육, 에너지교육, 창의성 교육, 독서반, 과학탐구&실험반, 수리탐구&논술반
노어노문학과	국제이해교육, 독서·논술교육, 다문화교육, 독서반, 시사탐구&토론반, 역사·문화 탐구반	생물학과	독서·논술교육, 에너지교육, 창의성 교육, 독서반, 과학탐구&실험반, 수리탐구&논술반
철학과	철학토론동아리 등	미생물학과	진로와 직업탐색, 창의성 교육, 과학탐구&실험반, 생명탐구반, 수리탐구&논술반

학과	동아리	학과	동아리
사학과	국제이해교육, 독서·논술교육, 향토교육, 고전연구반, 독서반, 역사·문화 탐구반	생화학과	독서·논술교육, 생태체험학습 환경교육, 진로와 직업탐색, 과학탐구&실험반, 생명탐구반, 컴퓨터반
사회학과	경제교육, 독서·논술교육, 인권평화교육, 교지편집반, 시사탐구&토론반, 역사·문화 탐구반	토목공학부	산업안전교육, 창의성 교육, 협동의식함양 교육, 과학탐구&실험반, 수리탐구&실험반, 컴퓨터반
심리학과	독서·논술교육, 민주시민교육, 인권평화교육, 고전연구반, 독서반, 시사탐구&토론반	기계공학부	산업안전교육, 진로와 직업탐색, 창의성교육, 과학탐구&실험반, 발명반, 수리탐구&논술반
행정학과	독서·논술교육, 창의성 교육, 독서반, 시사탐구&토론반	화학공학과	에너지교육, 진로와 직업탐색, 창의성 교육, 과학탐구&실험반, 생명탐구반, 수리탐구&논술반
정치외교학과	독서·논술교육, 정서교육, NIE교육, 논술반, 영소설 독해반, 영어·회화토론반	신소재공학과	과학탐구&실험반, 발명반, 수리탐구&논술반, 기관 및 대학강의 수강·현장실습, 기관 및 대학 진로탐색 캠프
경제학과	경제관련 이슈, 토론동아리, 경제신문 탐독 모임 등	건축공학과	※ 건축 관련 체험활동, 대회 참가
경영학부	경제교육, 독서논술교육, 창의성 교육, 논술반, 시사탐구&토론반, 영어회화·토론반	안전공학과	리더십을 기를 수 있는 활동
국제경영학과	국제이해교육, 다문화교육, 창의성 교육, 논술반, 시사탐구&토론반, 영어회화·토론반	환경공학과	독서·논술교육, 생태체험학습 환경교육, 에너지교육, 과학탐구&실험반, 생명탐구반
경영정보학과	경제교육, 독서·논술교육, 정보통신윤리교육, 논술반, 시사탐구&토론반, 영어회화·토론반	공업화학과	전공과 관련된 고교 비교과활동 (동아리활동·진로활동 등)
교육학과	국제이해교육, 독서·논술교육, 창의성 교육, 논술반, 독서반, 영어회화·토론반	도시공학과	국제이해교육, 생태체험학습 환경교육, 에너지교육, 수리탐구&논술반, 컴퓨터반, 회화·공예반
국어교육과	창의성교육, NIE교육, 고전연구반, 논술반, 독서반	건축학과	독서·논술교육, 진로와 직업탐색, 창의성 교육, 문예창작반, 수리탐구&논술반, 컴퓨터반
영어교육과	다문화교육, 정서교육, 창의성 교육, 논술반, 영소설 독해반, 영어회화·토론반	전기공학부	독서·논술교육, 창의성교육, NIE교육, 과학탐구&실험반, 수리탐구&논술반, 컴퓨터반

학과	동아리	학과	동아리
역사교육과	국제이해교육, 다문화교육, 고전연구반, 시사탐구&토론반, 역사·문화탐구반, 한국사능력검정시험반	전자공학부	독서·논술교육, 창의성교육, NIE교육, 과학탐구&실험반, 수리탐구&논술반, 컴퓨터반
지리교육과	답사 및 여행, 독서·논술교육, 민주시민교육, 창의성 교육	정보통신공학부	소프트웨어 프로그래밍반, 방송반
사회교육과	경제교육, 다문화교육, 민주시민교육, 논술반, 시사탐구&토론반, 역사·문화탐구반	컴퓨터공학과	독서·논술교육, 창의성교육, NIE교육, 과학탐구&실험반, 수리탐구&논술반, 컴퓨터반
윤리교육과	독서논술교육, 다문화교육, 민주시민교육, 고전연구반, 논술반, 역사문화탐구반	소프트웨어학과	독서·논술교육, 창의성교육, NIE교육, 과학탐구&실험반, 수리탐구&논술반, 컴퓨터반

교사의 Tip

여기서 잠깐! 동아리에 가입할 때, 반드시 진로와 연계시켜야만 할까요? 진로와 연계시키면 좋겠지만, 꼭 그럴 필요는 없어요. 예를 들어, '야구동아리'에서 활동하는 학생은 야구 선수가 꿈이 아니에요. 진로와 무관하게 '취미활동으로서의 동아리'도 중요한 의미가 있습니다. 자신의 관심사(그것이 취미, 특기든 진로와 관련된 것이든)에 대해 열정적이라면 그러한 경험도 좋은 자산이 됩니다. 단, 창의적 체험활동의 동아리에서 취미활동을 선택했다면, 자율동아리는 진로 관련 활동을 하도록 안내하면 좋습니다.

봉사활동

학교와 지역마다 봉사활동은 매우 다양하다. 일률적으로 어떤 활동을 해야 한다고 말하기 어렵지만, 봉사활동은 학생의 진로와 관련된 활동을 한 기관에서 꾸준히 실시하는 것이 좋다. 봉사활동 시간을 무조건 많이 쌓는 것보다 이를 통해 얼마나 많은 것을 느끼고, 어떻게 성장했는지, 그런 변화가 주변에 어떤 영향을 주었는지가 더 중요하다. 아무리 자신의 진로와 연계된 활동이라고 할지라도 단지 시간 보내기 식으로만 참여한다면 아무 의미가 없다.

● 학과별 봉사활동 예시 ●

학과	봉사활동	학과	봉사활동
국어국문학과	자선 봉사활동(캠페인, 불우이웃돕기, 기아아동 돕기 등), 학습도우미(복지관, 방과후 학교, 부진학생 등)	수학과	업무보조활동(교내, 병원, 도서관, 기관 등), 학습도우미(복지관, 방과후학교, 부진학생 등)
중어중문학과	다문화가정과 관련된 봉사활동	정보통계학과	돌봄활동(환우, 장애인, 독거노인, 도시락 배달 등), 학습도우미(복지관, 방과후학교, 부진학생 등)
영어영문학과	자선봉사활동(캠페인, 불우이웃돕기, 기아아동 돕기 등), 학습도우미(복지관, 방과후학교, 부진학생 등)	물리학과	양로원, 고아원, 꽃동네 등
독어독문학과	업무보조활동(교내, 병원, 도서관, 기관 등), 학습도우미(복지관, 방과후학교, 부진학생 등)	지구환경과학과	업무보조활동(교내, 병원, 도서관, 기관 등), 환경정화(청소, 분리수거 등)
불어불문학과	돌봄활동(환우, 장애인, 독거노인, 도시락 배달 등), 학습도우미(복지관, 방과후학교, 부진학생 등)	화학과	돌봄활동(환우, 장애인, 독거노인, 도시락 배달 등), 학습도우미(복지관, 방과후학교, 부진학생 등)
노어노문학과	돌봄활동(환우, 장애인, 독거노인, 도시락 배달 등), 학습도우미(복지관, 방과후학교, 부진학생 등)	생물학과	돌봄활동(환우, 장애인, 독거노인, 도시락 배달 등), 학습도우미(복지관, 방과후학교, 부진학생 등)
철학과	시민단체봉사활동, 사회봉사활동	미생물학과	자선봉사활동(캠페인, 불우이웃돕기, 기아아동 돕기 등), 학습도우미(복지관, 방과후학교, 부진학생 등)
사학과	자선봉사활동(캠페인, 불우이웃돕기, 기아아동 돕기 등), 학습도우미(복지관, 방과후학교, 부진학생 등)	생화학과	자선봉사활동(캠페인, 불우이웃돕기, 기아아동 돕기 등), 학습도우미(복지관, 방과후학교, 부진학생 등)
사회학과	돌봄활동(환우, 장애인, 독거노인, 도시락 배달 등), 자선봉사활동(캠페인, 불우이웃돕기, 기아아동 돕기 등)	토목공학부	돌봄활동(환우, 장애인, 독거노인, 도시락 배달 등)
심리학과	돌봄활동(환우, 장애인, 독거노인, 도시락 배달 등), 업무보조활동(교내, 병원, 도서관, 기관 등)	기계공학부	학습도우미(복지관, 방과후학교, 부진학생 등)
행정학과	돌봄활동(환우, 장애인, 독거노인, 도시락 배달 등), 자선봉사활동(캠페인, 불우이웃돕기, 기아아동 돕기 등)	화학공학과	업무보조활동(교내, 병원, 도서관, 기관 등)

학과	봉사활동	학과	봉사활동
정치외교학과	업무보조활동(교내, 병원, 도서관, 기관 등), 학습도우미(복지관, 방과후학교, 부진학생 등)	신소재공학과	업무보조활동(교내, 병원, 도서관, 기관 등), 자선봉사활동(캠페인, 불우이웃돕기, 기아아동 돕기 등)
경제학과	금융기관 관련 업종 체험 및 봉사	건축공학과	※ 대표적인 건축봉사활동 : 해비타트 (http://www.habitat.or.kr) ※ 건축 관련된 봉사활동으로서 주택을 고치고 짓는 봉사활동
경영학부	업무보조활동(교내, 병원, 도서관, 기관 등), 학습도우미(복지관, 방과후학교, 부진학생 등)	안전공학과	남을 배려하는 정신을 기를 수 있는 여러 봉사활동
국제경영학과	업무보조활동(교내, 병원, 도서관, 기관 등), 학습도우미(복지관, 방과후학교, 부진학생 등)	환경공학과	학습도우미(복지관, 방과후학교, 부진학생 등), 환경정화(청소, 분리수거 등)
경영정보학과	돌봄활동(환우, 장애인, 독거노인, 도시락 배달 등), 학습도우미(복지관, 방과후학교, 부진학생 등)	공업화학과	돌봄활동(환우, 장애인, 독거노인, 도시락 배달 등), 학습도우미(복지관, 방과후학교, 부진학생 등)
교육학과	돌봄활동(환우, 장애인, 독거노인, 도시락 배달 등), 학습도우미(복지관, 방과후학교, 부진학생 등)	도시공학과	돌봄활동(환우, 장애인, 독거노인, 도시락 배달 등), 업무보조활동(교내, 병원, 도서관, 기관 등), 도시관련 NGO활동(환경운동, 마을 만들기 등)
국어교육과	업무보조활동(교내, 병원, 도서관, 기관 등), 학습도우미(복지관, 방과후학교, 부진학생 등)	건축학과	돌봄활동(환우, 장애인, 독거노인, 도시락 배달 등), 학습도우미(복지관, 방과후학교, 부진학생 등)
영어교육과	돌봄활동(환우, 장애인, 독거노인, 도시락 배달 등), 학습도우미(복지관, 방과후학교, 부진학생 등)	전기공학부	학습도우미(복지관, 방과후학교, 부진학생 등), 환경정화(청소, 분리수거 등)
역사교육과	자선봉사활동(캠페인, 불우이웃돕기, 기아아동 돕기 등), 업무보조활동(교내, 병원, 도서관, 기관 등)	전자공학부	학습도우미(복지관, 방과후학교, 부진학생 등), 환경정화(청소, 분리수거 등)
지리교육과	자선봉사활동(캠페인, 불우이웃돕기, 기아아동 돕기 등)	정보통신공학부	다함께 사는 사회를 구현하기 위한 모든 종류의 봉사활동

학과	봉사활동	학과	봉사활동
사회교육과	돌봄활동(환우, 장애인, 독거노인, 도시락 배달 등), 학습도우미(복지관, 방과후학교, 부진학생 등)	컴퓨터공학과	업무보조활동(교내, 병원, 도서관, 기관 등), 학습도우미(복지관, 방과후학교, 부진학생 등)
윤리교육과	업무보조활동(교내, 병원, 도서관, 기관 등), 자선봉사활동(캠페인, 불우이웃돕기, 기아아동 돕기 등)	소프트웨어학과	업무보조활동(교내, 병원, 도서관, 기관 등), 자선봉사활동(캠페인, 불우이웃돕기, 기아아동 돕기 등)

자율활동

자율활동은 학급이나 학교 구성원의 자발적이고 자율적인 참여를 중시하는 활동으로 자율적으로 참여하여 일상의 문제를 합리적이고 창의적으로 해결할 수 있는 능력을 기르는 것을 목표로 한다.

● 자율활동 유형 ●

자치활동	학급회, 학생회 활동, 모의의회, 토론회 등
행사활동	체육대회, 현장학습, 수련활동 등 각종 학교행사
적응활동	학교적응, 기본생활습관 형성, 상담활동 등
창의주제활동	학생, 학급, 학년, 학교 특색, 전통수립 등

진로활동

진로를 계획하고 준비하며, 적절한 시기에 진로를 선택하고, 선택한 진로에 대해 잘 적응하고 발전할 수 있도록 도와주는 활동이다. 학생들의 흥미, 소질, 적성을 파악하여 정체성을 확립하고, 진로를 개발하여 지속적으로 발전시키는 것을 목표로 한다.

● 진로활동 유형 ●

자기이해활동	진로심리검사, 정체성 탐구
진로탐색활동	직업정보탐색, 인터뷰활동
진로계획활동	진로설계, 진로지도 및 상담활동
진로체험활동	직업체험활동

가) 교과활동과 교과외활동의 개념

고등학교 생활은 크게 교과활동과 교과외 활동으로 나눌 수 있다. 교과활동에는 수업, 시험, 독서, 교내대회 등이 있다. 이 중 가장 중요한 것은 수업이다. 원하는 대학을 지원할 때 학생이 어떻게 학교 수업에 참여했는지, 수업내용에 따른 시험을 잘 치렀는지, 수업과 관련하여 어떤 책을 읽었는지를 확인하기 때문이다. 교과외 활동은 창의적 체험활동으로 자율활동, 동아리활동, 봉사활동, 진로활동이 대표적이다.

나) 출결의 중요성

출결은 학생의 근면성, 성실성 그리고 준법의식까지도 평가할 수 있는 가장 객관적인 지표이다. 출결 기록이 불량하면 대학 입시에서 특히 학생부종합전형에서 불이익을 받을 수 있다. 질병이나 경조사로 인해 결석·지각·조퇴를 한 경우에는 「결석·지각·조퇴 신고서」와 함께 증빙서류를 제출해서 불이익을 받지 않도록 해야 한다.

다) 학교장 허가 교외체험학습

학교장 허가 교외체험학습(이하 '교외체험학습')은 '학습'이라는 기본적인 취지를 살리는 것이 매우 중요하다. 진로에 어울리는 활동을 위해서 산업시설이나, 입시 박람회, 취업 박람회 등에 갈 때 보고서를 잘 써서 제출하면 학교 생활기록부의 진로 특기사항에도 반영할 수 있다. 제출할 때 보고서를 복사해두면 자신이 어떤 활동을 했는지 기억하기에 쉽다.

라) 수상경력

수상경력은 학생의 관심에 대한 열망과 잠재력을 보여줄 수 있다. 학기 초에 계획을 세워 학생의 진로, 관심사 그리고 특기를 드러낼 수 있는 1~2개의 대회를 집중적으로 대비하도록 하는 게 좋다. 수상 결과와 상관없이 대회 참가 후 대회 참가 이유, 노력한 과정에 대한 후기를 남겨두면 나중에 자소서나 면접을 준비할 때 효율적으로 활용할 수 있다.

2

학생을 알다

2

학생을 알다

학기 초 학생이 신뢰와 안정감을 가지고 적극적으로 고등학교 생활에 임하게 하려면 학생에 대해 잘 파악하고 있어야 한다. 이번 장에서는 학생에 대한 '정보수집'에 집중한다.

1 강점과 약점 파악하기

다중지능을 이용한 강점과 약점 파악

하워드 가드너(Howard Gardner)는 모든 지능이 다 우수한 사람은 없으며, 자신이 가장 잘하고 좋아하는 한 가지 강점지능을 살리면 그 분야에서 두각을 보일 수 있다고 설명한다. 학생의 강점과 약점을 확인하여 진로 상담의 기초자료로 활용하도록 한다.

영역	정의	대표인물
인간친화지능	대인관계를 잘 이끌어가는 사람들의 능력	링컨, 처칠, 간디
자기성찰지능	자신의 심리와 정서를 파악하고 표출하는 능력	프로이드, 성철스님, 이상
자연친화지능	환경을 인식하고 분석하는 능력	허준, 파브르, 윤무부
공간지능	도형, 그림, 지도, 입체 등을 구상하고 창조하는 능력	피카소, 가우디, 월트 디즈니
음악지능	음과 박자를 쉽게 느끼고 창조하는 능력	모차르트, 정명훈, 조수미, 서태지
신체운동지능	춤, 운동, 연기 등을 쉽게 익히고 창조하는 능력	찰리 채플린, 타이거 우즈, 박지성
논리수학지능	숫자와 규칙, 명제 등을 잘 익히고 만들어내는 능력	아인슈타인, 스티븐 호킹, 빌 게이츠, 안철수
언어지능	말재주와 글 솜씨로 세상을 이해하고 만드는 능력	줄리어스 시저, 셰익스피어, 유재석

출처 : 다중지능연구소 http://multiiq.com

● 다중지능 활동지 ●

다음 표에서 평소 자신이 잘한다고 생각하는 것에 체크해 보자.

지능	내용	체크
인간친화지능	다른 사람의 마음, 감정, 느낌을 잘 이해하는 능력	
	다른 사람과 효과적이며 조화롭게 일할 수 있는 능력	
	타인의 현재 상태가 어떠한지 추론할 수 있는 능력	
	타인의 감정에 적절하게 대처하는 능력	
자기성찰지능	자신의 감정에 대한 통제력을 가지고 적절하게 조절 및 계발하는 능력	
	자신의 감정과 행동을 잘 조절함으로써 미래를 효율적으로 준비하는 능력	
	자신이나 타인의 문제해결 능력	
자연친화지능	주변 환경, 동식물 및 인간을 포함한 종들의 인식 및 분류하는 능력	
	동식물 등의 행동 특성에 관심이 많고 이들이 가지는 문제에 적절히 대처할 수 있는 능력	
공간지능	원근, 방향, 길이 등 공간에 대한 인식능력과 이를 전환하고 조성할 수 있는 능력	
	기본적인 물리적 자극 없이도 시각적 상을 재창조 할 수 있는 능력	
음악지능	노래 부르기에 필요한 멜로디와 박자를 인식할 수 있는 능력	
	악기 연주능력과 악보 인식능력	
	작곡의 원리를 이해하고 작곡하는 능력	
	곡의 장르와 내용을 파악하는 능력	
신체운동지능	힘, 리듬, 속도 등 필요한 요소를 적절히 활용하여 효과적으로 신체를 사용할 수 있는 능력	
	도구를 적절히 활용할 수 있는 능력	
	손작업과 표현적 활동을 할 수 있는 능력	
논리수학지능	숫자를 인식하고 부호화하는 능력	
	다양한 요소들을 분류, 범주화 유추할 수 있는 논리적 사고력	
	가설을 논리적으로 풀어내는 능력	
언어지능	언어의 여러 상징체계를 빠르게 배우는 능력	
	문법과 어휘 인식능력, 쓰인 글의 논리적 맥락을 이해하는 능력	
	언어에 대한 민감성	

2 위의 표를 통하여 자신의 강점/약점지능은 무엇인지 알아보자.

순위	1순위	2순위
강점지능		
약점지능		

자아정체감을 통한 자기인식

청소년 시기에 긍정적인 자아정체감을 갖지 못하면 자신을 낮게 평가하고 모든 일에 부정적인 태도를 보인다. 이는 진로를 탐색하고 선택하는 데 부정적인 영향을 미치기 때문에 반드시 상담이 필요하다.

● 자아정체감의 구성 요소 및 특성 ●

구성요소	특성
지속성	과거-현재-미래로 이어지는 일관된 '나'의 모습
통일성	다양한 역할과 지위 속에서도 한결같은 '나'의 모습
통합성	내가 느끼는 '나'와 타인이 보는 '나'의 모습이 조화를 이루는 것
존재성	실제로 존재하는 '나'를 있는 그대로 인식하는 것

●자아정체감 검사를 통한 자기 이해●

1 다음 '자아정체감'을 알아보기 위한 질문에 ∨표한 후 점수를 계산하여 자신의 자아 정체감 정도를 알아보자.
①전혀 그렇지 않다. ②그렇지 않은 편이다. ③그런 편이다. ④매우 그렇다.

문항내용	①	②	③	④
1. 나는 뚜렷한 목표를 정해놓고 있다.				
2. 나는 한 가지 일에 몰두하지 못한다.				
3. 나는 계획한 대로 일을 끝까지 실행한다.				
4. 대다수의 사람이 하는 대로 그저 따라가는 것이 최선이다.				
5. 남들의 좋은 생각을 기다리기보다는 스스로 생각해서 행동한다.				
6. 남의 말을 잘 받아들이고, 타인의 말과 행동에 영향을 쉽게 받는다.				
7. 나는 낯선 사람을 만나는 것을 꺼린다.				
8. 나는 여러 사람과 함께 있을 때는 마음이 불편하다.				

출처 : 김영애, 청소년의 자아정체감이 진로정체감에 미치는 영향, 2014

계산방법

위 점수 계산 방법에 따라 8개 항목 모두의 점수를 더하여 전체 32점 중에서 16점 이하는 자아 정체감이 잘 발달하여 있지 않음을, 24점 이상은 자아정체감이 잘 발달하여 있음을 의미합니다.

2 위 설문지의 결과에 따라 긍정적인 자아정체감을 형성하기 위하여 개선할 점을 적어보자.

※ 합계 점수 외에 특히 낮게 나온 항목에 대해 상담해 주시면 좋습니다.

'칭찬은 고래도 춤추게 한다'라는 말처럼 칭찬처럼 사람을 기분 좋게 하는 것은 없다. 특히 공부 때문에 삭막한 고등학교 생활에서 칭찬은 한줄기 오아시스 같은 역할을 하여, 학급 분위기를 부드럽게 만들 수 있다. 아래의 칭찬 롤링 페이퍼를 작성하여 서로를 관심 있게 볼 수 있는 기회를 만들어 주면 좋다.

● 칭찬 롤링페이퍼 양식 ●

(○ ○ ○)을 칭찬합니다!

나는 누구? (칭찬하는 사람)	칭찬할 점 (위에 적은 친구의 좋은 점이나 칭찬할 점을 적으시면 됩니다.)

교사의 Tip

칭찬 롤링페이퍼는 학기별로 작성을 해보도록 하면 선생님이 놓치기 쉬운 학생의 장점을 파악할 수 있습니다. 학급활동 시간이나 진로수업 시간에 활용하여 학생들을 파악하는 부가적인 자료로 활용하면 좋습니다.

학생은 자신을 이해해주고, 알아주는 선생님을 제일 좋아한다. 입학 후 아직 낯선 환경에 있는 학생에게 따뜻하게 다가가려면 학생에 대해 정보가 많아야 한다. 학생에게 한 걸음 더 다가갈 수 있는 선생님이 진정한 선생님이다.

검사지로 성향 파악하기

진로심리검사를 활용하여 학생의 관심사나 잠재된 성격을 알아보면 학생을 더 깊이 이해할 수 있다. 간편형 심리검사보다 검증된 심리검사가 좋겠다. 국가에서 많은 예산을 들여 개발하고 편리하게 사용할 수 있게 만든 인터넷 사이트가 있다. 학생에게 커리어넷이나 워크넷에 접속하게 하여 심리검사를 실시하고 그 결과를 활동지에 적어보게 하면 좋다.

커리어넷 진로심리검사 (http://www.career.go.kr)

● 직업적성검사 직업과 관련된 다양한 능력을 어느 정도 가지고 있는가를 알아보는 진단검사입니다. 검사 결과로 제한된 직업만 제시하는 것이 아니라, 다양한 직업군에서 요구하는 능력과 적합성을 알려주어 진로 탐색의 폭을 넓히는 데 도움을 줍니다.

● 직업흥미검사(K), (H) 학생이 어떠한 분야에 관심과 흥미가 있으며, 그에 적합한 직업과 유사한 직업은 무엇이 있는지 확인하는 검사입니다.

● 직업가치관검사 능력 발휘, 자율성, 보수, 자기계발, 안정성, 사회적 인정 등의 가치관 중에서 어떤 것을 우선순위에 두는지 알아보고, 진로 결정에 있어서 어떠한 직업과 어울리는지 확인하는 검사입니다.

● 진로성숙도검사 학생이 진로 선택과 결정에 대한 태도, 능력, 행동을 갖춘 정도를 얼마나 이해하고 있는지 알아보는 검사입니다.

출처: 커리어넷 홈페이지

 교사의 Tip

커리어넷 진로심리검사는 검사를 시행할 때의 마음 상태에 따라서 다르게 나올 수 있습니다. 따라서 학기별 또는 학년별로 반복 시행하여 변화추이를 확인해보는 방법이 좋습니다. 2학년, 3학년에 올라가도 다시 해보도록 합니다. 학생에게 꼭 자신의 아이디와 비밀번호를 잊지 않도록 당부도 해 주세요.

진로심리검사 결과지는 학교에서 진로·진학 상담 시 참고자료로 활용할 수 있기도 하다. 이것으로 세부적인 상담도 가능하기 때문이다. 다만, 진로 심리검사의 결과는 하나의 참고자료일 뿐이니 검사의 결과를 맹신하는 일은 없도록 해야 할 것이다.

※ 부록2의 [나의 진로 탐색하기], [나의 진로나무 키우기] 활동지 활용

● 커리어넷을 활용한 진로심리 검사 ●

1 나의 적성검사 결과를 아래의 그래프에 표시하고, 추천직업을 적어보자.

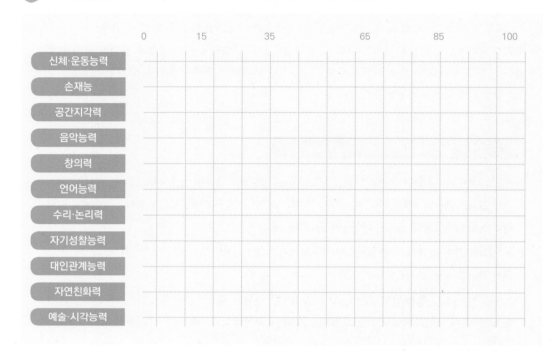

| | 0 | 15 | 35 | 65 | 85 | 100 |

- 신체·운동능력
- 손재능
- 공간지각력
- 음악능력
- 창의력
- 언어능력
- 수리·논리력
- 자기성찰능력
- 대인관계능력
- 자연친화력
- 예술·시각능력

상위 3개 영역

추천직업

2 흥미유형 결과를 아래의 그래프에 표시하고, 추천직업을 적어보자.

흥미유형	점수	상위 2개 영역	추천직업
실재형(R유형)			
탐구형(I유형)			
예술형(A유형)			
사회형(S유형)			
기업형(E유형)			
관습형(C유형)			

3 직업가치관 검사결과를 표시하고, 추천직업을 적어보자.

흥미유형	점수	상위 2개의 가치관	추천직업
능력발휘			
자율성			
보수			
안정성			
사회적 인정			
사회봉사			
자기계발			
창의성			

4 자신의 특성과 그에 적합한 관련 직업을 정리해 보자.

구 분	특 성	관련 직업
적 성		
흥 미		
가치관		
신체적 조건		

5 결과를 종합적으로 판단하여 미래 자신의 직업을 선택해 보자.

나의 선택 직업

나의 생각/각오

의사소통 역량 기르기

교우 관계의 중요성

중간고사가 끝나면 휴일과 학교 행사가 많아진다. 학생에게 행사에 대해 자세하게 설명해야 한다. 이를 통해 학생은 학교 행사에 단순히 참여하는 것이 아니라 참여 목적을 이해하고 그 과정에서 얻는 소중한 경험을 얻을 수 있어야 한다. 친구들과 서로 Win-Win 할 수 있는 관계를 형성하는 것은 무엇보다 중요하다.

친구는 삭막한 고등학교 생활에서 한 줄기 빛과 같은 존재일 수 있다. 원만한 친구 관계는 성인이 되었을 때 삶의 행복과 연결이 되기도 한다. 아직 어린 학생들이 잘못된 친구 관계로 서로 갈등하면서 괴로움에 빠질 수도 있다. 관계도 연습과 훈련이 필요한데, 청소년이 사회로 나아가기 전 바른 관계를 맺는 연습은 매우 중요하다. 친구와 관계를 잘 맺기 위해 학생 스스로 의사소통 유형을 점검하고 자신의 약한 부분을 알고 노력하는 과정이 필요하다.

의사소통 유형 알아보기

의사소통이란 서로 가지고 있는 생각이나 뜻을 원만하게 주고받는 것을 말한다. 의사소통을 잘하기 위해 상대방의 이야기를 듣고 공감하기, 적절하게 자신의 주장을 펼치기, 상대방을 존중하기 등의 태도를 갖추어야 한다. 의사소통은 언어를 포함하여 몸짓이나 자세, 얼굴표정, 눈 맞춤, 목소리, 억양 등과 같은 비언어적인 요소를 통해 이루어진다. 의사소통을 잘하는 방법으로 상대방의 의견을 존중하는 것, 상대방의 이야기를 잘 듣고 믿어주는 것, 상대방의 상황을 이해하려 노력하는 것, 손짓이나 몸짓 등 비언어적 표현을 잘하는 것, 적절한 언어를 사용하는 것 등이 있다.

점심조 짜기 & 마니또 챙기기

점심시간에 교실에 들러본 적이 있으신가요? 가끔 밥 먹을 친구가 없어서 안 먹거나 혼자 먹는 학생이 있습니다. 이런 학생을 위해서 미션이라고 하면서 점심 조를 짜는 것은 어떨까요? 또는 마니또를 정해주고 몰래 친구에게 칭찬의 메시지와 함께 군것질거리를 주도록 하는 것입니다. 의외로 금방 친해질 계기가 된답니다.

● 나의 의사소통 유형 ●

다음을 읽고, 그렇다고 생각하는 것에 표시해보자.

문항	내용	체크	개수
1	다른 사람의 주장이 내 생각과 달라도 맞장구쳐주는 편이다.		
2	반대 의견을 잘 말하지 않는 편이다.		
3	어떤 의견을 결정할 때 다른 사람의 눈치를 보는 경우가 있다.		
4	논쟁할 때 감정은 잘 드러내지 못하는 편이다.		
5	지나치게 겸손한 경향이 있다.		
6	혼자서 화난 감정을 삭이는 편이다.		
7	스트레스를 받는 문제에 대해 되도록 관심을 가지지 않으려 한다.		
8	다른 사람에게 화난 모습을 보여주기 싫어하며 실제로는 기분이 나빠도 나쁘지 않은 척하는 편이다.		
9	주위 사람들에게 잘 대해 주어야 하며 다른 사람을 화나게 하고 싶지 않다.		
10	무슨 일이든 내가 먼저 사과하는 편이다.		
11	내가 무슨 말을 할 때 상대방이 화낼까 봐 많이 염려한다.		
12	화가 나도 무조건 참는다.		
13	어디에서건 다른 사람에게 지는 것을 싫어한다.		
14	논쟁할 때 상대방의 실수나 결점을 잘 찾아내는 편이다.		
15	다른 사람을 지배하려고 할 때가 많으며 명령하거나 지시하는 편이다.		
16	솔직하지 못하고 무책임하게 말을 하는 편이다.		
17	행동할 때 다른 사람을 지나치게 의식하는 편이다.		
18	불평불만이 많은 편이다.		
19	상대방을 비난하는 말을 자주 한다.		
20	윗사람이 꾸중하시면 성이 나서 일일이 대꾸를 한다.		
21	다른 사람이 나에게 충고하려고 하면 나도 상대방의 결점을 찾아 공격한다.		
22	다른 사람으로부터 모욕을 당하면 당장 그 자리에서 상대를 골려준다.		
23	다른 사람에게 지나치게 화를 내는 경우가 있다.		
24	감정이 없는 사람이라는 말을 듣는 편이다.		
25	힘이 있고 강한 사람으로 인정받고 싶다.		
26	의견이 대립 될 때 내가 옳다고 주장하기 위해 조사 자료를 인용하는 편이다.		
27	어떤 결정을 할 때 상대방의 감정을 고려하지 않는다.		

문항	내용	체크	개수
28	상대방의 요청을 쉽게 거절할 수 있으며 상대방의 반응에 신경 쓰지 않은 편이다.		
29	다른 사람에게 관심이나 따뜻함을 거의 나타내지 않는다.		
30	지나치게 합리적이며 객관적인 경향이 있다.		
31	거절하는 말을 잘하는 편이다.		
32	나 자신의 감정을 잘 드러내지 못하는 편이다.		
33	다른 사람에 대해 별로 관심이 없는 편이다.		
34	상대가 어떻게 생각하든지 할 수 없는 일은 못한다고 거절하는 편이다.		
35	아무도 나에게 관심이 없으며 나를 걱정해 주지 않은 것 같다.		
36	상대방의 질문에 적절하게 반응하지 못하며 정확한 답을 피하는 경향이 있다.		
37	의견이 일치하지 않는 상황에 잘 대처하는 편이다.		
38	다른 사람의 말이나 행동에 상관없는 반응을 하는 경우가 있다.		
39	대화하고자 하는 주제에 대해 사람들의 관심을 분산시키는 경향이 있다.		
40	내가 말하는 내용을 듣는 사람이 이해하지 못해도 상관하지 않는 편이다.		
41	일관성이 없고 상황에 맞지 않는 말을 하는 경향이다.		
42	미리 생각하지 않고 되는대로 말하는 경향이 있다.		
43	다른 사람의 대화에 끼어들어 관심을 받으려고 하는 경우가 있다.		
44	까다로운 일을 결정하기 귀찮다.		
45	비교적 대화하는 사람의 기분을 맞추어 주려고 하는 편이다.		
46	다른 사람과의 대화에 어려움이 없으며 사람들과의 관계에 만족한 편이다.		
47	다른 사람에게 말을 할 때 대체로 사리에 맞게 이야기하는 편이다.		
48	부정적인 느낌이 생기면 그 느낌을 솔직하게 상대방에게 표현하는 편이다.		
49	다른 사람이 나에게 표현하는 느낌을 잘 믿고 받아들이는 편이다.		
50	생각을 분명하게 밝히며 해야 할 말을 자신 있게 하는 편이다.		
51	상대방의 느낌을 잘 이해하는 편이다.		
52	정직하게 '예' 혹은 '아니오'라고 말한다.		
53	상대방이 이야기할 때 귀기울여 듣는다.		
54	상대방의 생각을 더 잘 알기 위하여 상대의 의사를 묻거나 확인한다.		

출처 : 윤정근, 청소년 문제행동 치료를 위한 Satir의사소통 적용에 관한 연구, 2016

2 의사소통 유형별 체크한 문항의 개수를 적어보자. (개수가 많은 것이 자신의 의사소통유형)

회유형	비난형	초이성형	산만형	일치형
1~12	13~23	24~34	35~44	45~54
( )개	( )개	( )개	( )개	( )개

※ 의사소통 유형

유형	특 징
회유형	융통성과 붙임성이 있으며, 활달한 성격으로 사람들에게 호감을 주는 사람으로 보임. 하지만 자신의 진정한 감정과는 다르게 의도적으로 주변 사람들의 비위를 맞추려 함. 즉, 관계를 중시하는 사람으로 자신을 지나치게 희생해서라도 다른 사람들을 우선 고려함.
비난형	자신을 보호하기 위해 다른 사람을 비난하거나 질책하며, 환경을 탓함. 명령적이고, 독선적이고, 지시적으로 자기주장이 강함.
초이성형	자신이나 다른 사람을 무시하거나 과소평가함. 지나치게 이성적이고, 지나치게 상황만을 직시하고 객관적이면서 정보와 논리의 수준에서 이성적으로 기능하려고 함.
산만형	이치에 맞지 않는 이야기를 하고, 매우 산만한 행동을 보이며, 에너지가 충만하여 계속하여 활동함. 새로운 아이디어를 제시하거나 새로운 생각, 제안을 내놓지만 한 가지에 집중하지 못함.
일치형	의사소통이 외부에 드러난 내용과 내면의 감정이 일치하는 유형. 진실하고, 용기 있게 행동하며, 상대방에게 개방적이고 생동감, 그리고 활력이 있음.

출처 : 윤정근, 청소년 문제행동 치료를 위한 Satir의사소통 적용에 관한 연구, 2016

※ 검사를 통하여 학생이 자신의 유형을 파악하여 되돌아볼 기회가 되도록 합니다.

교사의 Tip

상담하다 보면 가끔 과거 친구와의 갈등을 이야기하면서 우는 학생이 있습니다. 당황하지 말고 끝까지 학생의 이야기를 잘 들어주세요. 학생이 이야기를 다 털어놓으면 새롭게 시작하는 고등학교에서는 그러지 않기를 바란다는 희망의 메시지와 격려를 해 주시기 바랍니다.

학생들 사이에 문제가 있을 때, 다음 프로그램을 진행하기를 제안한다. 프로그램은 친구와의 관계를 회복시키는 것이 목적이고 교사는 문제 해결을 위한 촉진자 역할만 하면 된다.

● 맞춤형 갈등 해결 프로그램의 구성 ●

문항	내용	체크	개수
1회기	서로 마주보기	프로그램을 소개하고 프로그램 규칙을 정한다. 프로그램 규칙에 대해 서약하며 참여 동기를 높인다.	필수
2회기	서로의 관점 이해하기	관점의 차이로 생길 수 있다는 것을 이해하고, 갈등 상황을 상대방의 관점에서 이해한다. 서로 오해한 점을 이야기하며 갈등 관계의 개선을 도모한다.	필수 (택1)
	미해결 감정을 표현하고 해결하기	자신의 견해에서 가지고 있는 미해결 감정을 이해하고 자신의 감정을 표현할 수 있도록 하며, 상대방의 감정을 이해하고 표현해서 미해결 감정을 줄인다.	
	사이버폭력의 갈등 해결하기	사이버폭력의 심각성에 대해 이해하고, 사이버폭력으로 인한 갈등을 해결한다.	
추가선택	서로의 갈등을 해결하기	관련 학생이 자신의 관계회복의 욕구를 확인하고, 현재의 행동을 탐색하여 관계회복에 도움이 되는 행동인지를 평가한다. 관계회복을 위한 구체적인 행동계획을 수립한다.	추가 선택
	나의 대처 행동 이해하기	갈등 상황에서 취하는 자신의 대처 행동에 대해서 이해하고, 갈등 상황에서 필요한 보다 적절한 대처 행동에 대해서 배운다.	
	문제에서 해결로 나아가기	'기적 질문'을 사용하여 현재의 문제에서 벗어나 문제가 해결되었을 때를 구체적으로 상상해 보고, 문제 해결을 위해 당장 실천할 수 있는 행동목록을 만들어 실천해본다.	
	갈등 상황을 이해하고 개선하기	'척도질문'을 사용하여 갈등 해결에 관한 생각을 현실적이며 구체적으로 정리하게 한다. 자신의 구체적 기대와 목표, 성찰과 변화의 상태를 확인한다.	
3회기	서로 화해의 약속하기	서로의 갈등 해결 유형을 파악하고, 서로에게 해결을 위한 방법을 제안한다. 제안사항을 기초로 서로에게 편지를 쓰고 서약서를 작성한다.	필수

출처 : 학교폭력 관계회복 프로그램(중등용), 푸른나무재단

III

중반의 도약

1. 진로 맞춤 전략
2. 성적 맞춤 전략

1

진로 맞춤 전략

진로 맞춤 전략

진로를 기반으로 한 진학지도에서 인생을 설계해보는 것은 굉장히 중요한 부분이다. 학생들의 진로설계를 바탕으로 선생님은 맞춤상담을 진행한다.

가 인생 로드맵 작성하기

고등학교 학생에게는 입시와 공부에 대한 압박이 가장 크다. 특히 1학년은 고등학생이 되면서 무조건 공부만 열심히 해야 한다고 생각한다. 시대의 변화와 그에 따른 직업 세계의 다양성이라는 큰 틀을 이해하지 못하면 기존에 해오던 대로 마땅한 성과 없이 열심히만 하는 모습을 보인다. 그래서 학생들에겐 구체적인 인생 설계를 해보는 과정이 필요하다.

직업 세계의 변화

고등학생이 선택해야 할 직업 세계는 현재 빠르게 변화 중이다. 1960년대 노동 집약적 산업의 발달을 시작으로 2000년대 이후 휴대폰과 인터넷의 대중화, 첨단과학 기술이 눈부시게 변화하고 있다. 요즘 같은 4차 산업혁명 시대에 없어지는 직업의 수도 상당하다.

● 직업 환경의 변화 ●

변화양상	특 징
산업 구조의 고도화	서비스산업의 비중은 계속 높아지지만, 농림어업의 비중은 지속해서 하락 서비스산업은 소득수준의 향상으로 서비스의 질에 대한 욕구가 높아지고 있고, 제조업을 지원하는 서비스산업이 비약적으로 발전할 것으로 예상
정보화 사회로 진입	기술의 진보와 정보화 시대의 도래로 사람들의 지적 활동으로 창출되는 브랜드, 디자인, 기술 등의 무형 자산이 기업의 가치로 주목을 받게 됨
세계화의 가속화	정보화와 교통수단의 급속한 발달은 전 세계를 하나의 생활권·경제권으로 통합시키는 세계화 가속화
새로운 성장 엔진의 녹색성장	기후변화와 에너지 고갈에 따라 세계는 에너지를 절약하고 친환경적으로 산업 발전을 이루어야 한다는 인식에 도달. 태양광, 풍력, 지열, 조력을 이용하는 전기 생산, 전기로 움직이는 자동차, 에너지 소모를 최소화한 현대식 건물, 폐기물을 재활용하는 자원 순환 기술 등이 대표적임

출처 : 미래의 직업세계 변화, 커리어넷

새로운 직업과 직업 경로를 통해 직업세계 이해역량을 키워야 한다. 특히 고등학생이 변화 속에서 진로와의 연계성을 찾을 수 있게 도와야 한다.

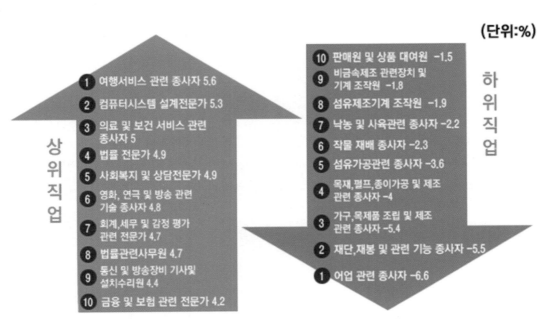

[일자리가 가장 빠르게 증가하는 직업과 가장 빠르게 감소하는 직업]

출처 : 미래의 직업세계 변화, 커리어넷

● 직업구조 변화의 유형 ●

신기술에 따른 새로운 직업 등장

- 사물인터넷 전문가
- 인공지능 전문가
- 가상현실 / 증강현실 전문가
- 드론 조종사 / 드론 관제사
- 3D 프린팅 전문가
- 클라우드 엔지니어
  (← 시스템 엔지니어 / 네트워크 엔지니어)
- 빅데이터 플랫폼 운영자
  (← DB 관리자 / 시스템 운영자)

기존 직업의 역할 강화

- IT보안 전문가
- 소프트웨어 개발자
- 로봇개발자
- 로봇운영관리자 / 로봇유지보수 기술자
- 생명공학자
- (스마트팩토리)생산공정설계기술자 /
  생산관리기술자 / 품질관리기술자
- 3D모델러

직무의 전문화/세분화

- 데이터분석가 → 데이터엔지니어, 데이터
  사이언티스트, 빅데이터 시각화 전문가
- IT보안 전문가 → IoT 보안전문가, 자율주행차
  보안 전문가, 핀테크 보안 전문가 등
- 소프트웨어 개발자 → 블록체인 전문가,
  인공지능 전문가, 스마트팩토리 SW 전문가

기존 직업의 역할 강화

- 핀테크 전문가(금융 + IT)
- 의료정보 분석사(의료 + 빅데이터 + IT)
- 공유플랫폼 운영자(경영기획/마케팅 + IT)

출처 : 4차 산업혁명시대 내 직업 찾기, 한국고용정보원

꿈을 위한 인생 로드맵 작성하기

학생에게 자신의 꿈과 관련된 인생 로드맵을 작성하게 하는 것은 목표를 세워주는 일이다. 세계 시장과 직업의 변화를 이해한 후에 자신의 구체적인 진로 목표를 세워보게 하고 이에 따라 인생을 설계해 보는 작업을 통하여 맹목적인 입시에 매몰되지 않고 진로라는 큰 테두리 안에서 활동할 수 있도록 안내한다. 1학년은 고등학교 전 학년의 바탕이 되는 시기이다. 로드맵 작성 후에 자료를 버리지 말고 학년이 올라가도 다시 확인하거나 재작성하도록 지도하는 것이 좋다.

● 나의 진로에서 대학 진학의 의미 ●

1 모둠별로 대학 진학의 의미에 대하여 토의해 보자.

나에게 대학 진학은

.... 의 의미가 있다.

왜냐하면 ....

....

....

.... 이기 때문이다.

2 대학 진학의 장단점에 대하여 생각해 보자. 장단점을 생각할 때 고려하여야 할 기준은 다음과 같습니다.
(필요한 것이 있으면 자신이 추가하기)

	장점	단점
자신의 미래 진로에 반드시 필요한가?		
비용을 생각할 때 투자의 가치가 있는가?		
나의 가정환경을 생각할 때 장단점은?		
꿈을 성취할 다른 방법에는 어떤 것이 있을까?		

출처 : 고등학교 창의적 진로개발, 교육과학기술부

※ 위의 활동지에서 [대학 진학]이라는 말 대신 [진로], [취업], [공부] 등으로 바꾸어서 활용하면 학생들의 진로에 관한 생각을 확장할 수 있습니다.

●꿈을 위한 구체적인 인생 로드맵 ●

1 연령대별 인생 목표 적어보기

인생 제목을 정해 보고, 목표로 하는 삶을 적어봅시다. 각 연령대별로 하고 싶은 것, 이루고 싶은 것, 얻고 싶은 것을 써 봅니다. 표를 토대로 10대부터 70대까지 적어 봅니다.

인생제목	
10대 목표	
20대 목표	
30대 목표	
40대 목표	
50대 목표	
60대 목표	
70대 목표	

2 세부적인 목표 정하기

예) 대학교 학과 및 전공 결정, 워드프로세서 1급 자격증 따기, 대입시험 준비하기

단기목표	(1~3년 안의 목표)
올해 목표	
이 달의 목표	
이번 주 목표	
내일 목표	

이제 구체적으로 인생을 설계해 봅니다. 최종 목표를 위해 지금 내가 해야 할 가장 중요한 일이 무엇인지, 그 일에 우선순위를 두고 날마다 최선을 다해야 합니다.

생애단계	나이	가족	직업	하는 일 (사실, 사건)	월수입	여가에 하는 일	주로 만나는 사람	상태 (감정, 생각)
현재								
1년 후								
2년 후								
3년 후								
4년 후								
5년 후								
10년 후								
20년 후								
30년 후								
40년 후								
50년 후								
60년 후								

계열적합성에 맞는 교과 선택하기

과거에는 정해진 교육과정에 학생이 무조건 따르기만 했다. 그러나 2015 개정 교육과정의 전면시행으로 이젠 학생 스스로 자신의 진로와 적성에 맞는 과목을 선택해야 한다. 진로에 맞춘 선택인 만큼 교과 선택은 신중해야 한다. 교사가 내용을 숙지해야 학생 상담에서 제대로 된 조언을 해 줄 수 있다.

2015 개정 교육과정이 도입된 이유는 문·이과 통합으로 인문, 사회, 과학 기술에 관한 기초 소양을 토대로 미래 사회가 요구하는 인문학적 상상력과 과학 기술 창조력을 두루 갖춘 창의융합형 인재를 양성하기 위함이다. 먼저 교육과정의 전반적인 내용부터 알아보아야 한다.

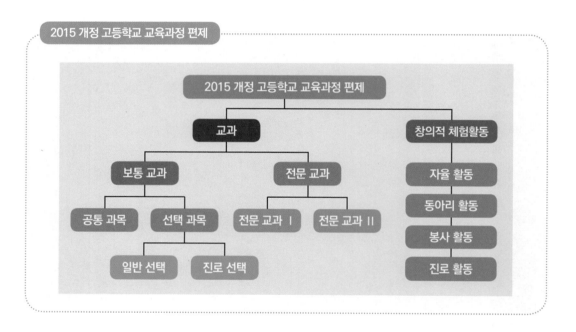

(1) 공통과목 : 문·이과 구분 없이 모든 고등학생이 배워야 할 필수적인 내용으로 기초 소양을 함양하고 기초학력을 보장
　　할 수 있는 과목
(2) 선택과목
　· 일반선택과목 : 고등학교 단계에서 필요한 교과별 학문의 기본적 이해를 바탕으로 한 과목
　· 진로선택과목 : 교과융합학습, 진로 안내학습, 교과별 심화학습 및 실생활 체험학습 등이 가능한 과목, 심화 된 학습이
　　자신의 진로에 도움이 되는 과목
※ 일반고(자율형고 포함)는 교육과정 편성 운영이 학생들이 진로선택과목을 3과목 이상 선택하여 이수하게 됩니다.

● 일반 고등학교와 자율형 고등학교의 이수 기준(특수목적 고등학교 포함) ●

구분	교과(군)	공통과목(단위)	필수이수 단위	자율편성 단위
기초	국어	국어(8)	10	
	수학	수학(8)	10	
	영어	영어(8)	10	
	한국사	한국사(6)	6	
탐구	사회	통합사회(8)	10	
	과학	통합과학(8) 과학실험(2)	12	
체육·예술	체육		10	
	예술		10	
생활교양	기술·가정 제2외국어 한문		16	
소계			94	6
창의적 체험활동			24	
총 이수 단위			204	

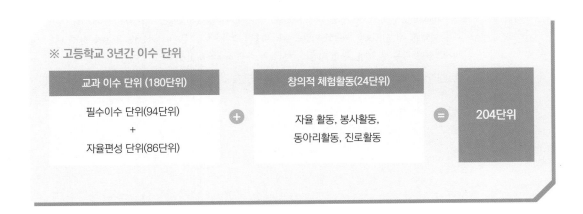

※ 고등학교 3년간 이수 단위

교과 이수 단위 (180단위)
필수이수 단위(94단위)
+
자율편성 단위(86단위)

➕

창의적 체험활동(24단위)
자율 활동, 봉사활동,
동아리활동, 진로활동

🟰

204단위

◯ 과목 선택 시 유의사항

2015 개정 교육과정 교과목 목록과 학생의 희망 전공(계열)에 필요한 교과선택 예시는 [부록3]을 참고하면 된다.

● 교과 영역별 필수 이수 단위를 이수하게 안내한다.(국어 10단위, 수학 10단위, 영어 10단위, 한국사 6단위, 사회 10단위, 과학 12단위, 체육 10단위, 예술 10단위, 생활교양 16단위)

● 진로선택 과목은 3과목 이상 이수하도록 안내한다.

● 더 깊이 공부하고 싶은 학생은 전문교과 Ⅰ을 이수할 수 있다. 하지만 전문교과 Ⅰ과목 선택은 보통교과에서 먼저 배워야 하는 과목을 배운 후에 가능하다.

● 자연계열 분야로 진로를 정한 학생은 되도록 과학 네 개 분야의 과목을 모두 선택하게 한다. 진로선택인 과학Ⅱ 까지는 아니어도 Ⅰ수준은 공부해야 한다.

● 과학 과목 중 일부만 이수해도 문제가 없는 진로를 희망하는 학생들도 2학년에서 과학Ⅰ 과목 중에서 1~2과목을 선택하는 것이 좋다.

● 과목을 희망하나 학교 여건상 개설되지 않은 과목이 있다면 학교 간 협력 교육과정이나 온라인형 교육과정을 활용하여 공부할 수 있다. (교실온닷 http://www.classon.kr)

● 기타 과목 선택 절차에 대하여 의문이 있을 때는 담임교사나 교육과정 담당교사에게, 진로와 관련된 구체적 상담이 필요할 때는 교과 담당교사나 진로진학상담교사에게 도움을 요청할 수 있도록 안내한다.

교사의 Tip

– 학습의 부담이나 석차 등급의 유불리를 고려하여 과목을 선택하기보다 자신의 진로에 적합한 과목을 체계적으로 이수할 수 있도록 진로지도와 연계하여 선택과목 이수에 대한 정보를 제공하고 적극적으로 안내합니다.

– 기초 영역(국어, 수학, 영어, 한국사) 이수 단위가 교과 총 이수 단위의 50%(교과 180단위인 경우 90단위)를 초과하지 않도록 선택하여야 합니다.

– 위계성이 있는 교과는 과목 간 위계를 지켜 선택하도록 안내합니다.(예, 수학, 과학, 제2외국어)

– 고교학점제 포털사이트(http://www.hscredit.kr)에서는 과목선택길잡이와 과목 살펴보기를 통해 과목 선택에 대한 정보를 제공하고 있습니다. 더불어 교과군별 과목안내서에서는 과목에 관한 내용 체계, 관련 과목 및 위계, 관련 직업, 관련 학과 등을 소개하고 있습니다.

학교 간 협력 교육과정이란?

- **연합형** 가까이에 있는 학교끼리 함께 운영하는 과정입니다. 이웃 학교와 '연합형'으로 개설한 과목을 이웃 학교 친구와 같이 들을 수 있습니다.

- **거점형** '아랍어Ⅰ', '문예 창작 입문', '연극의 이해' 같이 특색 있는 과목을 운영하는 학교에 직접 찾아 가서 수업을 들을 수 있습니다.

- **온라인형** 온라인을 통해 실시간 쌍방향으로 수업을 진행합니다.

출처 : 미리 보는 서울형 고교학점제 워크북, 서울특별시교육청

※ 선택 과목 연계 전공 학과별 안내 및 선택과목 설명 검색 프로그램
(서울시 교육청 교육연구정보원 제공)

스마트폰으로 QR코드를 찍어 검색 프로그램 다운 받아 보세요!

학생 선택과목 교육과정 로드맵

학생이 희망하는 진로(계열)에 맞게 교육과정 로드맵을 계획해 본다. 교과 선택은 고등학교에서 가장 힘들수 있는 부분이다. 교과 선택이 학생의 이후 진로 탐색에 미치는 영향이 크기 때문이다. 학생의 진로에 따른 과목 선택으로 조심스러운 접근이 필요하다. 학생 스스로 진로를 정하지 못해 혼란스러워한다면 앞선 [2. 학생을 알다] 자료를 활용하여 다시 생각하도록 도와주면 좋다. 다음 표를 학생이 작성하게 한 후 상담 자료로 활용하자.

나의 교육과정 로드맵

● 나의 교육과정 로드맵

희망하는 ( )계열을 위한 교육과정 로드맵

_____학년 _____반 _____번 이름 : _____

구분	교과 영역	1학년 1학기		1학년 2학기		2학년 1학기		2학년 2학기		3학년 1학기		3학년 2학기		단위합
		과목	단위	과목	단위	과목	단위	과목	단위	과목	단위	과목	단위	
기초	국어	국어	4	국어	4									
	수학	수학	4	수학	4									
	영어	영어	4	영어	4									
	한국사	한국사	3	한국사	3									
탐구	사회	통합과학	4	통합과학	4									
	과학	과학실험	1	과학실험	1									
		통합사회	4	통합사회	4									
체육·예술	체육													
	예술													
생활교양	생활 교양													
단위합			30		30		30		30		30		30	180

◯ 작성 시 유의사항

2015 개정 교육과정 교과목 목록과 학생의 희망 전공(계열)에 필요한 교과선택 예시는 [부록3]를 참고하면 된다.

- 자신의 진로에 맞는 대학(계열)의 교육과정을 고려해야 한다.
- 위계가 있는 과목은 위계를 고려해야 합니다.(수학, 과학, 제2외국어)

  예: 수학Ⅱ를 이수하지 않고 미적분을 선택할 수 없다.

  예: 물리학Ⅰ를 이수하지 않고 물리학Ⅱ를 선택할 수 없다.

  예: 일본어Ⅰ를 이수하지 않고 일본어Ⅱ를 선택할 수 없다.

- 선택과목이 일반선택과 진로선택으로 구분되는 진로선택 과목은 3과목 이상 이수해야 한다.

  사회 10단위, 과학 12단위(과학실험 2단위 포함), 체육 10단위, 예술 10단위, 생활교양 16단위

※ 학생은 고등학교 3년 동안 204단위를 이수하는데, 교과목의 이수 단위는 180입니다. 나머지 24단위는 창의적 체험활동입니다. 학교생활기록부 종합 전형에서 학교생활기록부는 3학년 1학기까지 내용이 반영되므로 학생의 적성과 진로를 고려하여 선택과목을 이수하는 시기인 2학년 1학기부터 3학년 1학기까지 교육과정이 특히 중요합니다. 학생이 원하는 계열에서 요구하는 과목을 제대로 선택했는지 살펴보게 해주세요.

학생유형별 진로 상담하기

2학기를 준비하며 학생 개별상담이 필요하다. 방학을 어떻게 보냈는지에 대한 점검과 2학기의 다짐을 들어볼 기회로 삼아야 하는데, 상담의 효율성을 높이기 위해 학생의 유형에 따라 상담 포인트를 달리하는 것이 중요하다. 학교 안 진로상담은 담임교사, 교과교사, 진로진학상담교사, 전문상담교사의 유기적 협조 관계가 중요하다. 진로상담의 체계는 다음과 같다.

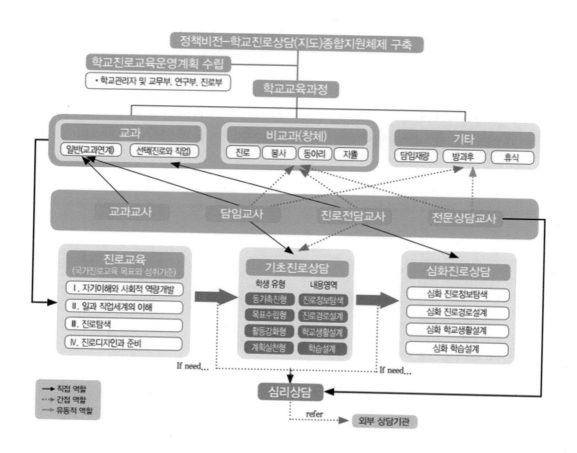

출처 : 진로길잡이 H-1, 한국직업능력개발원

진로상담의 체계에서 [기초진로상담]을 위한 학생유형은 진로활동 수준과 진로결정 수준에 따라 동기촉진형, 목표수립형, 활동강화형, 계획실천형으로 나눌 수 있는데 다음과 같다.

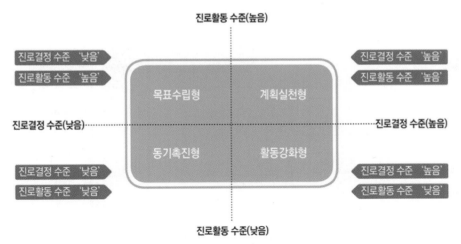

출처 : 진로길잡이 H-1, 한국직업능력개발원

학생의 유형 진단을 위하여 학생유형진단 Q&A(기초형·심화형)와 체크리스트를 이용할 수 있다. 학생유형진단은 학생에 대한 이해를 토대로 교사가 진단한 결과와 학생이 스스로 진단한 결과를 상호 비교함으로써 정확한 진단을 내리는 데 유용하다.

● 학생 유형 진단 Q&A(기초형) ●

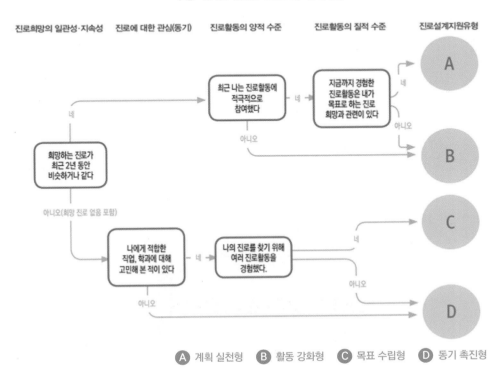

● 학생 유형 진단 Q&A(심화형) ●

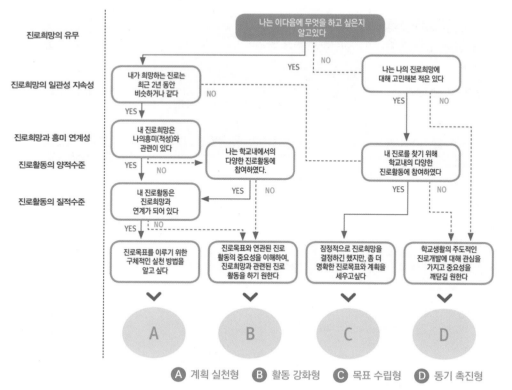

진로희망의 유무

진로희망의 일관성 지속성

진로희망과 흥미 연계성

진로활동의 양적수준

진로활동의 질적수준

나는 이다음에 무엇을 하고 싶은지 알고있다

내가 희망하는 진로는 최근 2년 동안 비슷하거나 같다

내 진로희망은 나의흥미(적성)와 관련이 있다

나는 학교내에서의 다양한 진로활동에 참여하였다.

내 진로활동은 진로희망과 연계가 되어 있다

나는 나의 진로희망에 대해 고민해본 적은 있다

내 진로를 찾기 위해 학교내의 다양한 진로활동에 참여하였다

진로목표를 이루기 위한 구체적인 실천 방법을 알고 싶다

진로목표와 연관된 진로활동의 중요성을 이해하여, 진로희망과 관련된 진로활동을 하기 원한다

잠정적으로 진로희망을 결정하긴 했지만, 좀 더 명확한 진로목표와 계획을 세우고싶다

학교생활의 주도적인 진로개발에 대해 관심을 가지고 중요성을 깨닫길 원한다

A   B   C   D

Ⓐ 계획 실천형   Ⓑ 활동 강화형   Ⓒ 목표 수립형   Ⓓ 동기 촉진형

출처 : 진로길잡이 H-1, 한국직업능력개발원

●학생유형 진단을 위한 체크리스트 ●

구분		세부항목	학생답변 체크	
기본정보	인적정보	Q 성명		
		Q 학년반		
		Q 작성일		
		Q 성별		
		Q 가족관계		
	자기이해정도	Q 나의 적성과 흥미가 무엇인지 파악하고 있다.	1) 그렇다 2) 아니다	
		Q 적성과 흥미를 파악하고 있다면?	1) 나의 적성은_____ 2) 나의 흥미는_____	
		Q 위와 같이 파악한 적성과 흥미의 근거 및 경로는?	1) 검사결과 4) 체험활동 및 경험 2) 나의 평소 모습 5) 기타 3) 다른 사람들의 의견	
	진로결정수준	Q 나는 꿈(진로희망)이 있다.	1) 그렇다 2) 아니다	
		Q 진로 희망이 있다면, 나의 진로 희망은?	1) 과거부터 최근까지 꽤 비슷한 편이다. 2) 과거에는 여러 번 바뀌었지만, 지금은 한 가지로 결정 되었다. 3) 과거부터 최근까지 여러 번 바뀌었고, 지금도 그렇다.	
		Q 부모님이 희망하시는 나의 진로는?		
	진로활동수준	Q 나는 학교 안과 밖에서 다양한 활동을 해봤다.	1) 그렇다 2) 아니다	
		Q 다양한 활동을 해봤다면, 종류·기간·횟수·내용은? (기억에 남는 활동 위주로)	1) 종류 2) 기간 3) 횟수 4) 내용	
		Q 나의 활동내용이 나의 진로희망과 연관이 있다.	1) 그렇다 2) 아니다	
추가정보	진로정보탐색	Q 내가 희망하는 진로와 관련된 정보를 탐색해 본 적이 있다.	1) 그렇다 2) 아니다	
		Q 지금까지 탐색해 본 진로 정보의 종류는?	1) 커리어넷, 워크넷 등 진로직업 관련 정보 사이트 2) 신문 및 잡지 3) 인터넷 검색 및 눈 4) 진로와 직업 교과서 및 스마트북 5) 직업인의 강연 및 대화 6) 기타	
		Q 진로정보를 접한 기간 및 횟수는?	1) 주기적 또는 지속적으로 2) 생각날 때마다 가끔 3) 거의 접하지 않음	
	진로경로설계	Q 나의 진로 희망(직업)과 연관된 다양한 진로경로 및 관련 사례를 알고 있다.	1) 그렇다 2) 아니다	
		Q 나의 장기적 진로목표를 성취하기 위해 구체적으로 준비 해야 할 사항(교육경로, 진학 정보 등)을 알고 있다.	1) 그렇다 2) 아니다	
	학습설계	Q 나의 학습에 대한 성취도(성적)는?	1) 높은 편 2) 중간 3) 낮은 편	
		Q 나의 학습에 대한 관심도 및 집중도는?	1) 높은 편 2) 낮은 편	
		Q 나의 학습 성취도 및 관심도가 낮다면, 이유는?	1) 공부에 대한 흥미와 소질이 없다. 2) 주변 환경으로 인해 공부에 집중할 수가 없다. 3) 나에게 적합한 학습 방법을 모르겠다. 4) 기타	
		Q 나의 진로 희망과 더 연관 있는 과목은?	1) 관련 과목명 _____ 2) 모르겠다.	
	학교생활설계	Q 학교에서의 다양한 진로활동에 참여하고 있다.	1) 그렇다 2) 아니다	
		Q 학교에서 하는 활동이 나의 진로희망과 연관이 있다.	1) 그렇다 2) 아니다	

[교사 기재란] 학생 유형 진단 결과	
진로결정 수준	높음 / 낮음
진로활동 수준	높음 / 낮음
학생유형	동기촉진형/목표수립형/활동강화형/계획실천형
추가의견	

출처 : 진로길잡이 H-1, 한국직업능력개발원

※ [기본정보]로 학생 유형을 판단하고, [추가정보]를 통하여 이후 상담에 필요한 부분을 확인합니다.

다음은 학생유형별 심리·행동적 특징과 그에 해당하는 원인 및 상담목표, 지원요소이다.

구분	동기촉진형	목표수립형	활동강화형	계획실천형
심리 행동 특징	● 자기 이해 부족 ● 낮은 진로 동기와 실천 의지	● 다양한 활동에 대한 호기심 ● 높은 실천 의지 ● 자기 이해 부족 ● 감정과 행동의 다변화	● 뚜렷한 자기 관점 ● 일관적 진로 희망 ● 신중하면서도 우유부단한 행동 ● 실천력 부족	● 적극적인 태도와 행동 ● 높은 진로 동기와 실천 의지
원인 진단	● 낮은 자존감 ● 성공 경험 부족 ● 진로 정보 부족 ● 학교생활 흥미 결여 ● 진로의 중요성에 대한 인식 결여	● 자기 이해 부족 ● 내적 갈등·혼란 ● 우유부단한 특성 ● 진로의사결정 능력 및 경험 부족	● 과도한 진로 목표 ● 진로 활동에 대한 긍정적 학습 경험 부족 ● 관심직업에 대한 구체적인 정보 부족	● 긍정적 자아개념 보유 ● 높은 자기효능감
상담 목표	● 계열 및 교과의 선택과 대학 입시 혹은 취업 준비의 과업에 진지한 흥미와 관심을 가질 수 있도록 진로 동기를 촉진하는 데 중점	● 현재 시점의 자기 이해를 바탕으로 고1에 적합한 진로 목표를 수립하도록 지원	● 학교 안팎의 다양한 진로 활동이 학생의 진로 희망과 연계되고, 질적으로 구체적인 활동으로 연계되도록 안내	● 지속적인 자신의 진로 희망과 연계된 계열 선택, 대입 및 취업 준비가 되도록 구체적인 실천 방법을 안내
지원 요소	● 학교생활 및 진로개발에 대한 동기와 실천 의지를 촉진하도록 지원 ● 공감적 언어사용을 통한 심리적 지지 ● 막연한 칭찬보다는 과거의 진로 경험 등을 탐색하고 이를 격려하는 방식의 대화 실시 ● 심리적인 문제일 경우 전문상담교사에게 인계하여 상담 진행	● 자기 이해를 높이고 관련 진로 정보를 탐색하여 진로 목표를 수립하도록 지원 ● 공감적 언어사용을 통한 심리적 지지 ● 진로 의사결정 과정에서 진로 타협의 필요성에 대한 안내 ● 다양한 호기심 사이에서 선택과 집중을 해나가는 방법에 대한 지원	● 진로 활동에 대한 도전 의식을 강화하고 긍정적 학습경험이 축적되도록 지원 ● 긍정적 언어사용을 통한 지속적 격려 ● 생각은 있지만 행동(실천)하지 않는 부분에 대해 점검 ● 지금 당장 실천할 수 있는 작은 변화를 중심으로 행동 실천 유도	● 진로 목표와 연계된 학습설계와 장단기 진로 계획을 실천하도록 지원 ● 긍정적 언어사용을 통한 지속적 격려 ● 진로의사결정을 내린 과정과 결과에 대한 점검 ● 진로 목표와 현재의 조건 간의 차이를 인식하고 이를 해결할 방법에 대한 조언 제공
진로 고민 사례	● 제가 뭘 좋아하고 잘하는지 모르겠어요. ● 공부하는 것도 싫고 왜 해야 하는지도 잘 모르겠어요. ● 무슨 직업이 있는지도 잘 모르고 그중에 어떤 것을 해야 할지도 잘 모르겠어요.	● 진로체험도 많이 해봤지만 제가 진짜 뭘 원하는 것인지 잘 모르겠어요. ● 여러 가지에 관심이 많아서 무엇을 해야 할지 모르겠어요. ● 관심 있었던 직업도 자세히 알아보면 왠지 시시하게 느껴져요.	● 막상 뭘 해보려 해도 자꾸 귀찮아져요. 이런 활동들은 왜 해야 하죠? ● 여러 가지 진로활동을 하고 싶지만, 시간이 너무 없어요. ● 제가 원하는 진로 쪽으로 체험해볼 곳이 없어요.	● 제 꿈을 이루기 위해 구체적으로 뭘 해야 할지 알고 싶어요. ● 목표는 뚜렷한데 성적이 충분하지 않아 고민이에요. ● 열심히 노력은 하고 있는데 제가 과연 그 꿈을 이룰 수 있을지 모르겠어요.

출처 : 진로솔루션 H-1, 한국직업능력개발원

비교적 간단한 방법으로 학생유형을 구분하고, 유형별 상담을 진행함으로 효율적인 진로 상담을 할 수 있다. 담임교사의 경우, 학교생활기록부 기록에도 도움이 된다. 상담 과정에서 학교 상담의 주체인 담임교사, 교과교사, 진로진학상담교사, 전문상담교사의 협력과정이 무엇보다 중요하다.

2

성적 맞춤 전략

2

성적 맞춤 전략

고등학교에서 내신의 중요성은 아무리 강조해도 지나치지 않을 것이다. 학생이 원하는 대학 진학을 위해 필요하기도 하지만, 내신 자체가 고등학교 생활을 얼마나 열심히 했는지를 알려줄 증거이기 때문이다.

가 > 내신 성적의 의미

내신이 왜 중요하지요?

학생의 진로를 준비할 때 내신은 중요하다. 실제로 2021학년도 수시모집에서 학교생활기록부 중심 전형(학교생활기록부 교과, 학교생활기록부 종합)이 전체 모집인원의 67.1%를 차지했다. 내신을 소홀히 하면 수시모집에 원서 내기가 힘들고 학생의 진로에 맞는 진학이 어려워진다. 내신은 고등학교 어느 한 학년에만 잘해서 되는 것이 아니다. 1학년부터 3학년까지 꾸준히 관리해야 한다.

내신 등급은 어떻게 나누나요?

학교생활기록부에 기재되는 성적 평가 방법은 내신 9등급제이다. 학생이 해당 학기에 이수한 과목의 석차 백분위를 활용해서 아래와 같이 비율별로 과목별 석차 등급을 부여하는 방법이다.

등급	비율
1등급	1~4%
2등급	4% 초과 ~ 11% 이하
3등급	11% 초과 ~ 23% 이하
4등급	23% 초과 ~ 40% 이하
5등급	40% 초과 ~ 60% 이하
6등급	60% 초과 ~ 77% 이하
7등급	77% 초과 ~ 89% 이하
8등급	89% 초과 ~ 96% 이하
9등급	96% 초과 ~ 100% 이하

상위 ↑

하위 ↓

※ 동점자가 많은 경우 중간석차 적용 = 석차 + {(동석차 명수 - 1)/2}

예를 들면 시험을 친 학생 수가 100명인 수학 과목에서 1등 동점자가 7명일 경우 중간석차가 1+{(7-1)/2}로 4등이 되어 모두 1등급을 받을 수 있다. 하지만 1등 동점자가 8명이면 4.5등이 돼 4%를 넘어서 8명 모두 2등급을 받게 된다.

단, 고등학교 교육과정의 체육·음악·미술 교과의 과목등급은 석차를 표기하지 않고 다음과 같이 기재된다.

성취율(점수)	등급
80% 이상 ~ 100%	A
60% 이상 ~ 80% 미만	B
60% 미만	C

2019학년도 입학생부터 적용되는 진로 선택과목의 성적표기 방법 변경

학교생활기록부(2018입학생)

과목	단위 수	원점수/ 과목 평균 (표준편차)	성취도 (수강자수)	석차등급
고전 읽기	4	95/70 (10)	A (532)	1

학교생활기록부(2019이후 입학생)

과목	단위 수	원점수/ 과목 평균	성취도 (수강자수)	성취수준 학생 비율
고전 읽기	4	95/70	A (532)	A(32.4%) B(30.9%) C(36.7%)

내신 관리하는 방법

시험 준비를 할 때, 우선 과목별 세부적인 학습 계획을 시험 3주 전부터 짜는 것이 이상적이다. 이후 3주 계획에 따른 일일 계획을 작성하고 매일 공부한 내용을 점검한다.

시험 준비 기간의 초반	● 수학, 영어 등 시간이 많이 필요한 과목에 비중을 둔다. ● 이러한 과목은 시간이 충분하지 않으면 초조해서 제대로 집중할 수 없다.
시험 준비 기간의 후반	● 암기과목에 비중을 둔다. ● 한번 암기한 것도 다시 보지 않으면 잊어버리기 쉬우므로 반복해 주는 것이 중요하다.
적절한 시간 배정	● 중요한 과목에 많은 시간을 배분한다. ● 자신 있고 덜 중요한 과목에는 시간을 적게 배정한다.
우선순위	● 시험에 대비한 공부는 우선순위에 따라 공부 계획을 세운다. ● 무조건 문제집부터 시작하는 것은 좋은 방법이 아니다. ● (학습순서) 교과서 → 노트 → 프린트 → 참고서 → 문제집(예상문제, 기출문제) → 핵심노트나 오답노트

출처 : 고등학교 학부모를 위한 자녀교육, 국가평생교육진흥원

● 과목별 학습 계획 양식 ●

| (   ) 고사 과목별 학습플랜 | | | 시험공부 기간   월   일 ~   월   일
 시험 기 간   월   일 ~   월   일 | | |

과목	시험 범위	목표성적 (지난 성적→목표)	교재	학습 방법	1차 완료 날짜
국어		→			
영어		→			
사회		→			
과학		→			
수학		→			
국사		→			
..		→			

출처 : 고등학교 학부모를 위한 자녀교육, 국가평생교육진흥원

앞서 시험 3주 전부터 학습 계획을 짜는 것이 이상적이라고 했다. 내신 성적을 잘 받기 위해 시험 전 3주는 매우 중요하다. 각 주차별 구체적인 계획은 다음과 같다.

단계	시기	내용
1단계	3주 전	〈시험대비 워밍업하기〉 ● 이 시기의 수업 시간은 시험과 직결된다. 따로 보려고 하지 말고 수업 시간에 집중하기 ● 개념 정리를 위한 기본, 수업 노트필기 빠진 부분이 있는지 확인하기 ● 계획을 세우기 위한 재료(시험 범위, 시험시간표, 시험 전까지 공부 시간) 계산하기
2단계	2주 전	〈주요 과목 개념 정리 끝내기〉 ● 주요 과목 시험 범위의 1/2까지 개념 정리(교과서, 개념서, 개념노트 활용) ● 개념 정리에 문제까지 풀면 진도가 늦어짐(문제는 다음 주에!) ● 주관식/서술형 시험에 나올만한 부분은 따로 적어놓기(시험 직전 대비용) ● 수업 시간을 최대한 활용하기(수업 시간 진도 부분은 바로 개념 정리하기)
3단계	1주 전	〈개념이 끝났으면 문제 풀기〉 ● 본격적으로 문제 풀기(기출문제 중심) ● 시간을 집중적으로 활용(당일 수업하는 과목을 위주로 암기과목 공부) ● 당일 틀린 문제는 당일 정리 ● 개념 정리가 안 끝났다면 개념 정리 끝내기
마지막	시험 기간	〈마지막 개념 체크〉 ● 개념 체크 순서는 시험시간표 순서의 역순(3일 차 과목 → 2일 차 과목 → 1일 차 과목) ● 문제를 많이 풀지 말고 오히려 틀린 문제를 자주 보기 ● 자투리 시간에 그동안 정리한 주관식, 서술형 정리 보기

●3주 시험 플랜●

(   ) 고사 과목별 학습플랜

시험공부 기간   월   일   ~   월   일
시험 기 간   월   일   ~   월   일

목표등수	등/ 명
지난 시험 등수	등/ 명

목표 평균	국·영·수	점/100점
	전체과목	점/100점
지난 시험 평균	국·영·수	점/100점
	전체과목	점/100점

요일	월	화	수	목	금	토	일
1주 학습 계획	D-21 (__월__일)	D-20 (__월__일)	D-19 (__월__일)	D-18 (__월__일)	D-17 (__월__일)	D-16 (__월__일)	D-15 (__월__일)
2주 학습 계획	D-14 (__월__일)	D-13 (__월__일)	D-12 (__월__일)	D-11 (__월__일)	D-10 (__월__일)	D-09 (__월__일)	D-08 (__월__일)
3주 학습 계획	D-07 (__월__일)	D-06 (__월__일)	D-05 (__월__일)	D-04 (__월__일)	D-03 (__월__일)	D-02 (__월__일)	D-01 (__월__일)

출처 : 고등학교 학부모를 위한 자녀교육, 국가평생교육진흥원

소위 학교에서 공부를 좀 한다는 학생들은 수능과 학교 내신을 같이 준비한다. 엄밀히 말하면 수능과 내신은 크게 다르지 않다. 수능도 교과서에서 출제되고, 학교 내신도 교과서를 기초로 하기 때문이다. 다만, 학교 내신은 시험 기간이 임박해 준비해도 어느 정도 나오지만, 수능은 평소에 꾸준히 해야 하는 점이 다르다. 수학 능력과 교과 시험을 묶어서 대비하는 학습 방법이 필요하다.

중간고사에 원하는 성적을 얻지 못한 학생이 일찍부터 교내 활동을 등한시 하는 경우가 있다. 이는 너무 성급한 판단으로 다양한 교내 활동을 통해 여러 가지를 배우며 경험하고 느끼는 것이 제한되는 일이다. 고등학교 1학년 때 교과와 비교과활동 모두 최선을 다하여 참여하도록 지도하는 것이 바람직하다.

내신을 어떻게 관리하느냐 하는 것은 고등학교 생활에서 학생이 원하는 진로에서 목표한 바를 이룰 척도가 된다. 내신은 학습태도, 자기주도적 학습습관, 시간계획과 긴밀하게 연결되어 있다. 따라서 학기 초에 학습 태도와 습관이 잘 배도록 지도하면 이후 고등학교 생활에서 좋은 결과가 나타날 것이다. 누구나 노력한 만큼 내신에서 좋은 결과를 얻는다.

 ## 모의고사(전국연합학력평가)성적의 의미

모의고사는 수능을 대비하는 직접적인 연습이다. 전국적으로 자신의 위치를 확인할 수 있는 중요한 기준이 되므로 학생과 상담할 때 표준점수와 백분위 점수 그리고 등급의 의미를 설명해야 한다. 학생은 동학년 응시생 속에서의 자신의 위치를 판단하여 볼 것이다. 이후 영역별 정오답표를 통해 학생 스스로 영역별 강점과 약점을 분석하여 다음 시험을 대비할 계기가 되어줄 것이다.

우선 모의고사 성적표를 보는 방법부터 알아야 한다. 모의고사 성적표에는 개인별 성적이 자세히 분석되어 나온다. 성적표에 표준점수, 백분위 등급이 제공된다. 표준점수란 영역이나 선택과목별 난이도와 응시집단의 규모와 성격이 달라서 원점수로는 단순히 우열을 가늠하기 어렵다는 문제점을 보완하기 위해 새로운 점수로 변환한 것을 말한다. 백분위는 학생이 받은 표준점수보다 낮은 표준점수를 받은 학생의 비율을 백분율로 나타낸 점수이다. 백분위를 통해 학생은 자신의 위치를 확인할 수 있다. 예를 들어, 국어영역의 전국백분위가 95.03이라면 전국에서 4.97%의 학생이 해당 학생보다 높은 표준점수를 받았다는 뜻이다. 마지막으로 등급은 표준점수의 분포를 9구간으로 나누어서 결정된다.

모의고사 성적표를 세부적으로 보면, 먼저 국어, 수학, 영어 성적이 영역별로 배점, 득점, 전국평균이 보인다. 국어는 화법, 작문, 문법, 독서, 문학, 수학은 계산, 이해, 추론 문제 해결로 영어는 듣기, 말하기, 읽기, 쓰기 영역으로 다시 구분된다. 각 과목에서의 세부 영역별 취약한 단원을 확인할 수 있다. 세부 영역별로 전국평균을 잘 보자. 전국평균보다 학생의 점수가 낮은 경우, 전국평균보다 점수가 높아도 다른 영역을 비교했을 때 상대적으로 낮은 점수를 받았다면, 바로 그 세부 영역이 취약한 부분이므로 노력이 필요한 것이다.

또한, 보충학습이 필요한 문항 번호도 성적표에 나온다. 이는 비교적 정답률이 높은데도 해당 학생이 틀려서 상대적으로 성취도가 낮은 문항을 말한다. 학생이 보충학습 문항을 점검하고 그 문항의 평가 요소를 확인하여 보충할 수 있는 좋은 자료가 되어준다. 문항의 평가 요소는 정답 해설지에 설명이 나오니 참고하면 도움이 된다.

문항별 채점 영역도 눈여겨 보자. 모의고사 성적표에 본인의 답, 정답, 채점 결과, 정답률이 4개의 항목으로 나온다. 그리고 채점 결과를 OX로 표시한다. 정답률의 A~E는 학생이 문제를 맞힌 비율에 따라 나눈 것인데, A는 80% 이상, B는 60~79%, C는 40~59%, D는 20~39%, E는 20% 미만이 정답을 맞힌 문제이다. 즉, A가 쉬운 문제이고 E로 갈수록 문제가 어렵다. 이 채점표로 학생이 스스로 맞고 틀린 문항과 문제의 대략적인 난이도를 확인할 수 있다. 학생에게 틀린 문항은 다시 공부하고, 맞은 문항이라도 혹시 찍었다면 다시 풀어보게 안내해 주자. 생각보다 많은 학생이 시험 이후 틀린 문제 확인을 하지 않는다.

용어의 정의

- **표준점수** 원점수에 해당하는 점수를 상대적인 서열로 나타내는 점수. 즉, 표준점수는 영역 또는 선택 과목별로 정해진 평균과 표준편차를 갖도록 변환한 분포상에서 개인이 획득한 원점수가 어느 위치에 해당하는가를 나타내는 점수

- **백분위** 영역/과목 내에서 개인의 상대적 서열을 나타내는 수치. 즉, 해당 수험생의 백분위는 응시 학생 전체에 대한 그 학생보다 낮은 점수를 받은 학생 집단의 비율을 백분율로 나타낸 수치

교사의 Tip

전국연합학력평가의 응시 학생은 재학생들이기 때문에 졸업생과 실제 응시 학생들이 합쳐지는 수능과는 여러 가지 면에서 다른 결과를 보일 수 있음을 꼭 안내해 주시면 좋습니다.

다 진로에 맞춘 진학 설계

"공부를 왜 해야 하는지 모르겠어요!"

"남들도 다 하니까 하긴 하는데, 솔직히 너무 재미없어요."

"제가 원하는 직업은 공부가 필요 없어요."

학생에게 자주 듣는 말이다. 교사는 지루한 공부가 왜 필요한지 알려 줄 수 있어야 한다.

공부하는 이유

공부해야 하는 이유에 대해 아마 어른들의 대부분이 명확한 이유를 댈 수 없을 것이다. 고작해야 돈을 잘 벌어 편하게 살기 위해서, 좋은 대학에 가려고, 공부보다 쉬운 일이 어디 있냐며 삼시 세끼 편하게 공부하는 네가 정말 부럽다는 등의 대답이 나올 것이다.

교육 선진국의 사례 중 흥미로운 것은 처음 학교에 입학하면 1년 내내 '공부를 해야 하는 이유'에 대해서 토론하고, 그 이유를 찾는 교육과정이 있다는 것이다. 공부해야 하는 이유를 스스로 찾아서 즐겁게 공부를 할 수 있다면 얼마나 좋을까? 물론 성적이 좋은 학생이나 목표가 확고한 학생들은 스스로 알아서 열심히 할 것이다. 그러나 나머지 학생들은 공부로 인한 실패감과 좌절감, 괴리감을 겪으며 조금씩 공부와 벽을 쌓아가고 있다. 국영수는 잘하지만 다른 과목은 외면하는 학생, 주요 과목 수업에만 집중하고 다른 과목은 공부해야 할 이유를 모르겠다면서 등한시하는 사례가 많다.

진짜 공부는 교과서와 교과서 이외의 것, 사람과 사람과의 관계, 자연의 이치 등이 모두 대상이라는 것을 이해해야 한다. 공부를 잘하는 것도 단순히 교과목 점수만을 볼 게 아니다. 교과서 이외에 재능이 있는 학생, 관계에 재능이 있는 학생, 인성이 바른 학생 모두 공부를 잘하고 있다고 볼 수 있다. 학생이 자신이 잘하는 분야를 찾아 더 잘 할 수 있도록 공부의 이유를 찾고 진로를 설계하도록 도와주는 과정이 필요하지 않을까?

가장 쉬운 방법은 커리어넷에서 학생이 원하는 직업을 검색하게 하는 것이다.

커리어넷 직업검색

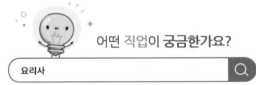

어떤 직업이 궁금한가요?

요리사

나에게 필요한 공부

학생의 진로를 설계하기 위해 필요한 것에 대해 좀 더 구체적으로 알아보는 방법을 소개한다. 이번에는 메이저맵(www.majormap.net)을 이용하겠다. 회원 가입 후 관심 학과 검색과 학과 추천 서비스 등의 자료를 이용할 수 있다. 사이트에 접속하여 다음과 같이 학생에게 안내하고 학생은 학과의 핵심 키워드(8), 추천 도서 목록(9), 선택과목 확인(10)을 확인한다.

---

1. 메이저 맵 학과 추천 서비스

학과 추천 서비스
GOZOL 오픈

---

2. 기본 정보 입력

1. 기본 정보를 입력하세요.

1) 이름

이진로

2) 수능(모의고사) 평균 백분위 ⓘ

80 %

3) 영어 등급

2 ✓ 등급

---

3. 관심 계열 입력

2. 관심계열를 선택해주세요.

인문 · 사회	자연과학
공학	예 · 체능
의학	

---

4. 관심 분야 입력

3. 관심분야를 선택해주세요. (중복선택)

언어 · 문학	인문학
법학	사회과학
경영 · 경제	교육
기타	

5. 관심 키워드 입력	6. 관심 키워드 입력 반복
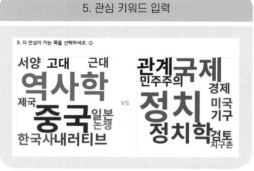	

7. 추천학교 및 추천학과 선택	8. 학과 키워드 확인
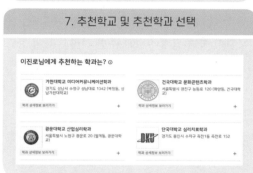	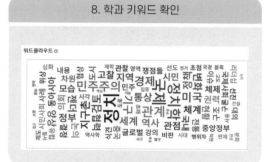

9. 추천 도서 확인	10. 선택 과목 확인

해당 학생은 심리학과를 선택하여 검색하였는데, 심리학과가 설치된 전국의 대학교에 대한 정보와 대학 등록금에 대한 안내를 받을 수 있었다. 검색한 결과를 바탕으로 다음의 추가 활동이 가능하다.

교사의 꿀Tip

적절한 학교생활 및 진로를 위한 구체적인 방법을 몰라 당황해하는 친구들은 각 대학의 '학생부 종합 전형안내' 자료를 받아 함께 읽어보면 좋습니다. 예를 들어, 서울대학교 아로리에서 '학생부 종합 전형 안내' 자료 중 '학생들은 이렇게 준비하세요' 코너에는 어떻게 학교생활에 대한 구체적인 방법, 리더가 아니더라도 리더십을 보여줄 수 있는 사례, 수상이나 등급이 전부가 아니라는 점 등에 대해 상세히 안내되어 있습니다. 현재의 주어진 위치에서 최선을 다하고 선생님의 도움을 통해 충분히 성장할 수 있다는 확신을 보여주세요.

진학 설계

메이저맵을 활용한 학과 탐색을 통해 진학을 위한 구체적인 설계를 해보도록 한다.

반 번호		이름	
관심 계열		관심 분야	
추천받은 대학/학과	① _____대학 _____학과 　② _____대학 _____학과 ③ _____대학 _____학과 　④ _____대학 _____학과		
선택한 학과의 주요 키워드			
관심있는 키워드	<table><tr><td>순번</td><td>키워드</td><td>의미</td></tr><tr><td>①</td><td></td><td></td></tr><tr><td>②</td><td></td><td></td></tr><tr><td>③</td><td></td><td></td></tr><tr><td>④</td><td></td><td></td></tr></table>		
필요한 역량(키워드에서 찾기)			
역량 개발 방법			
추천받은 도서			
독서 계획			
선택 과목			
미선택 또는 미개설시 방안	(예. 온라인 교육과정, 인근 학교 교육과정 등)		
1년 활동계획	① 학과 ② 동아리 ③ 봉사 ④ 과제 연구		
졸업 후 10년 계획	고등학교 졸업 후 대학 졸업 후		

IV

중반을 넘어

1

진로를 완벽하게
만들 전략

1

진로를 완벽하게 만들 전략

방학을 효율적으로 사용하여 부족한 학업 보충과 진로 탐색 활동을 하도록 상담을 진행한다. 학생의 1학기 활동 관련 학교 생활기록부를 기록한다.

가 1학기 돌아보기

교과 / 비교과 활동 점검

진로에서 학생이 자신의 학업성취도를 객관적으로 확인하는 것은 매우 중요하다. 자신의 진로 목표를 이루기 위해서 성적도 중요한 요인으로 작용하기 때문이다. 학교에 처음 들어와 적응하면서 받은 성적이 어떤 의미가 있는지 객관적으로 나의 점수를 적어보면서 공부한 대로 성적이 나왔는지 이대로라면 내가 생각한 진로대로 갈 수 있는지를 확인한다. 아직 구체적인 진로가 없다면, 평소 학생의 공부 습관에 비교한 성적 결과를 확인해보는 것도 좋다. 어떤 비교과 활동도 교과 성적을 이길 수 없다는 사실을 학생이 기억하게 만들자.

1학기 동안 활동했던 내용을 잘 기록해두는 것이 좋다. 과목별로 수업 시간에 했던 활동을 정리하여 과목별 세부능력 및 특기사항의 내용을 점검하고, 비교과 활동을 정리하여 앞으로 자신의 진로를 위해 더 노력해야 할 부분에 대해 생각하게 하자. 이런 기록은 한 학기가 끝날 때마다 기록하여 차곡차곡 모아두고, 고3이 되어 입시에 본격적으로 뛰어들어야 할 때 적재적소에 사용하게 하면 좋다. 기록할 때는 간략하게 하는 것보다는 그 활동을 했을 때의 생각이나 느낀 점, 새롭게 알게 된 점도 같이 기록하면 유용하다.

방학 기간 몸과 마음이 해이해져서 자칫 마음가짐이 흐트러질 수 있다. 여유를 갖는 것과 게을러지는 것은 다르다. 학생 스스로 자신에 대해 명확히 분석하고 앞으로의 활동계획을 잡아서 2학기를 대비하는 자세를 갖도록 하는 것이 중요하다.

● 학업성취도 점검 ●

1 교과별 성적(등급) 확인

교과	학년 학기		
	성적	등급	전체 등급
국어			
영어			
수학			
과학			
사회			
..			

2 모의고사 영역별 성적(등급 또는 백분위) 확인

교과		학년 ( )월		학년 ( )월		학년 ( )월		학년 ( )월	
		성적	등급	성적	등급	성적	등급	성적	등급
국어									
수학									
영어									
한국사									
탐구	사회								
	과학								

3 학업성취도를 바탕으로 과목별 강점, 약점과 보완할 점 확인

교과	강한 부분	약한 부분	보완할 점
국어			
영어			
수학			
과학			
사회			
..			

●( )학기 교과 / 비교과 활동 점검표●

교과 활동

과목	단원	활동내용(세부적으로)	느낀 점
국어			
영어			
수학			
과학			
사회			
. .			

비교과 활동

구분		활동기록		학생부 브랜딩
교내수상경력		•수상명 •등급 •수상일자	•준비과정 및 참가 계기 •배우고 느낀 점 •추후 심화활동	
창의적 체험 활동	자율활동	•활동명 •장소 •기간 •주제 •핵심역량	•활동 계기 및 준비과정 •활동내용 •느낀 점 •추후 심화활동	
	동아리활동	•활동명 •장소 •기간 •주제 •핵심역량	•활동 계기 및 준비과정 •활동내용 •느낀 점 •추후 심화활동	
	봉사활동	•활동명 •장소 •기간 •주제 •핵심역량	•활동 계기 및 준비과정 •활동내용 •느낀 점 •추후 심화활동	
	진로활동	•진로희망 •희망사유		
독서활동		•과목 •도서명(저자) •독서 날짜 •읽게 된 계기	•내용(줄거리) •느끼고 배운 점 •후속활동	

방학 동안 해야 할 일

앞에서 학기 점검을 했다면 이제 방학 동안 꼭 해야 할 것을 정리해야 한다. 교과활동에서 자기가 부족한 부분을 보충할 계획을 구체적으로 세우고 실천한다. 또, 비교과활동에서 방학 동안 꼭 해야 할 것이 있으면 적어두고 실천한다. 봉사활동의 경우 사전에 봉사활동을 할 곳에 신청해두지 않으면 원하는 날짜에 봉사활동이 어려울 수도 있으니 꼭 확인하도록 독려하자.

● 방학 To Do List ●

나는 이번 방학에 아래의 약속을 꼭 이루어 (   ) 하겠다!

교과/비교과	목록	구체적 내용	완료일	확인
교과 활동	예) 수학공부	수학 문제지 O쪽~ O쪽 풀기	___월 ___일	O, X
			___월 ___일	O, X
			___월 ___일	O, X
			___월 ___일	O, X
비교과 활동	봉사	봉사활동 20시간 채우기	___월 ___일	O, X
			___월 ___일	O, X
			___월 ___일	O, X
			___월 ___일	O, X

교사의 Tip

효율적인 기록을 위한 방법을 제안합니다. 매번 종이로 작성하면 그때뿐이고 잃어버리는 학생이 많습니다. 그래서 학생에게 포털사이트에 개인 카페를 만들도록 합니다. 누적 기록된 자료를 파일로 학생이 직접 올리게 합니다. 학생은 그때그때 자신의 교과, 비교과활동을 누적하여 적으니 잃어버릴 염려도 없고, 선생님과 상담할 자료도 풍부해집니다. 아울러 수행평가 활동도 사진을 찍어 올리고 자신의 역할을 적어 놓으면 교과활동 내용도 쉽게 파악할 수 있습니다.

1학기 활동 정리보고서

학생에게 한 학기 동안 실시한 활동 중 가장 중점을 두었던 활동에 대해 보고서를 작성해서 제출하게 하는 방법도 있다. 앞서서 학생이 점검하는 활동을 통해 자신의 활동을 돌아볼 기회가 된다. 학생이 1학기 동안 활동한 내용에 대해서 더 구체적으로 심화 내용을 파악하기 위해 사용할 수 있는 방법이다. 혹은 앞선 점검하기 활동을 하지 않았다면 학생에게는 자신의 활동을 점검하는 의미로, 선생님에게는 학생의 활동을 파악하는 자료로 활용될 수 있다.

● 활동보고서 ●

_____학년 ____반 ____번 이름 : _____

활동명	
활동일시	201 년 월 일 시 부터 시 까지
1. 동기	〈자기주도성이 드러나도록〉 ① 관심→ ② 판단→ ③ 선택→ ④ 결정 순서대로 쓰기
2. 과정	〈진정성 보여주기〉
3. 결과	〈사실 확인 정도〉
4. 감상	〈발전가능성 잠재력이 드러나도록 배우고 느낀 점 쓰기〉 *배우고 느낀 점이란? 변화! (before→after) 2~3가지 확산적 활동과 새로운 시선 제시

비슷한 진로나 직업 목표를 가진 학생끼리 모임을 만들어 주고, 방학 기간 진로 직업 체험활동을 계획하여 실행하게 하면 학생은 자신의 진로에 대해 깊이 있는 생각을 하게 된다. 진로 직업 체험이란 학생이 직업 현장을 방문하여 직업인과의 대화, 견학 및 체험을 하는 직업체험과 진로 캠프, 진로특강 등 학교 내외의 진로교육 프로그램에 참여하는 활동(진로교육법 제2조)을 말한다.

진로 직업 체험활동을 통해서 가능한 활동은 다음과 같다.

유 형	활동내용
현장직업체험형	학생들이 관공서, 회사, 병원, 가게, 시장과 같은 현장직업 일터에서 직업 관련 업무를 직접 수행하고 체험하는 활동(멘토 1인당 10명 내외 학생지도 권장)
직업실무체험형	학생들의 직업체험을 할 수 있는 모의 일터에서 현장직업인과 인터뷰 및 관련 업무를 직접 수행하고 체험하는 활동 (멘토 1인당 15명 내외 학생지도 권장)
현장견학형	일터(작업장), 직업관련 홍보관, 기업체 등을 방문하여 생산 공정, 산업 분야의 흐름과 전망 등을 개괄적으로 견학하는 활동
학과체험형	특성화고, 대학교(원)를 방문하여 실습, 견학, 강의 등을 통해 특정 학과와 관련된 직업 분야의 기초적인 지식이나 기술을 학습하는 활동
진로캠프형	특정 장소에 진로심리검사 · 직업체험 · 상담 · 멘토링 · 특강 등 종합적인 진로교육 프로그램을 경험하는 활동(1일 6시간 이상 운영)
강연형 · 대화형	기업 CEO, 전문가 등 여러 분야 직업인들의 강연, 진로특강을 통해 다양한 직업 세계를 탐색하는 활동(대화형은 40명 내외 학생 기준)

출처 : 꿈길(http://ggoomgil.go.kr)

● 자기주도적 진로 직업 체험활동 계획표 ●

구 분	내 용		
참가 학생			
체험 직업			
체험 장소	(가능 체험 장소 모두 기재)	체험일시	
체험 내용	(직업에 따른 구체적인 활동)		
준비 사항			
점검 사항	체험 활동 주소 : 담당자명/연락처 :	교통편 : 기타 :	

※ 반드시 사전에 체험활동이 가능한지를 확인하여 체험활동 계획서에 자세하게 작성합니다.

진로탐방1 꿈구두 Corp All Rights Reserved.

● 자기주도적 진로 직업 체험활동 보고서 ●

_____학년 _____반 _____번 이름 : _____

체험일시	
체험 장소(일터명)	업종
체험활동 내용 (나의 업무)	견학 인증샷
기억에 남는 활동	
체험활동(직업)의 좋은 점	
체험활동(직업)의 힘든 점	
직업인이 되기 위해 준비사항	
나의 꿈과의 관련성	
소감 / 다짐	

진로 직업 체험활동 시 유의점

1. 체험활동 전에 반드시 학교와 부모님의 허락을 받는다.
2. 체험활동 주변은 항상 깨끗이 정리 정돈한다.
3. 학생 신분에 어긋나는 행동을 하지 않으며, 지시사항을 잘 지킨다.
4. 체험활동 장소에서 멘토의 말씀을 잘 듣는다.
5. 체험활동 시 물건을 함부로 다루거나 파손하여 체험 장소에 피해를 주지 않는다.
6. 문제 발생 시 담당선생님과 학부모에게 즉시 연락한다.
7. 체험학습 종료 후 곧장 귀가한다.

나 대학과 학과를 위한 공부전략

수시에 반영되는 내신은 5학기이다. 1학년은 초반이지만 2학년이라면 이미 절반이 지나가는 시기이다. 이쯤 되면 내신을 포기하고 정시로 가겠다는 학생이 많아질 것이다. 내신 성적도 성적이지만, 2학년은 계열이 나뉘고 선택과목에 따라 각기 수업을 들으면서 과목별 수강 인원이 적어 내신을 올리기 힘든 상황도 한몫을 한다. 수행평가에 허덕이는 하위권 학생, 수능 공부할 여유가 안 되는 중위권 학생, 조금만 더 공부했더라면 하는 중상위권 학생을 어떻게 지도해야 하는지 알아보자.

대입 전형 이해

간단하게 대입제도를 알아보자. 대학 입학 전형 체제는 다음의 4+2 체제를 취하고 있다.

수시	학생부 위주	① 학생부 교과
		② 학생부 종합
		③ 논술 위주
		④ 실기 위주
정시		⑤ 수능 위주
		⑥ 실기 위주

'위주'라는 말에 유의하자. 위주는 해당 전형이 50% 들어간다는 뜻이며, 100%가 아닐 수 있다. 즉 학생부 위주의 학생부 교과 전형은 교과 100%일 수도 있지만, 학생부 교과 90%+비교과 10% 또는 학생부 교과 70%+비교과 10%+면접+20% 등 복합적으로 학생을 선발할 수 있다.

또, 대입 전형에서 많이 나오는 정량평가와 정성평가의 의미는 다음과 같다.

구 분	정성평가	정량평가
정의	종합적으로 주관적 평가	수치화하여 객관적 평가
평가방법	서류, 면접 등을 통해 종합적 평가	교과 등급, 수능 점수 등을 수치화하여 평가
해당 전형	학생부 종합 전형	학생부 교과 전형, 수능

2학년 학생은 열심히 하는데도 자신이 원하는 만큼 성적이 나오지 않아 포기하려는 마음과 원하는 대학에 가지 못할 것이라는 불안에 시달린다. 이들 대부분은 3학년이 되면 학생부 관리에 신경을 쓰지 못한 것을 후회한다. 열심히 노력함에도 그 결과가 생각한 것만큼 충분치 않아 힘든 학생의 마음을 공감하고 격려해 주며, 섣부른 판단과 부정적인 결과보다 성적대별 구체적 조언이 필요하다.

●내신 성적과 모의고사 성적을 이용한 상담 ●

순번	내신	모의고사	지도 방향
1	우수	우수	3가지 전형(상위권 대학의 학생부 교과, 학생부 종합, 정시 전형)을 모두 준비할 수 있기에, 진로와 연계한 비교과 활동과 진로에 맞는 적절한 과목 선택이 되어 있는지 확인하고 필요한 과목을 안내해 준다. 진로가 불확실하여 선택과목에 대해 불안해하는 경우, 진로를 찾는 시간은 사람마다 다를 수 있다고 안심시켜준다. 또한, 학과보다 계열 단위로 넓게 접근하여 희망 계열 안에서 창체 활동과 독서 등을 할 수 있도록 지도한다.
2	보통	우수	진로가 확실하든 불확실하든 모의고사 성적이 우수하면 정시전형을 노려볼 수 있겠으나, 2학년 초부터 내신을 버리거나 학교생활을 소홀히 하지 않도록 조언한다. 정시에서 성적이 잘 나온다는 보장이 없으므로 6장 수시 카드를 활용하자고 격려한다. 학생부 교과 전형은 일부 과목만 반영(예. 국·영·수 또는 국·영·수·사·과)하는 경우가 있으므로 잘하는 과목들에 대해 더 잘할 수 있도록 하고, 학생의 학습법과 학습 습관에 대해 점검하고 올바른 방향을 안내해 준다.
3	우수	보통	학생부 교과와 학생부 종합 전형에 적합한 학생으로 비교과 활동 및 선택과목을 안내해준다. 또한, 대부분의 학생부 교과 전형에는 수능 최저가 있기에 장기적인 학습 목표로 수능 성적을 올릴 수 있도록 조언한다.
4	보통	보통	성적이 우수한 학생들에 비해 더 세심한 관심이 필요하다. 비교과 활동이 우수하거나 특정 분야에 탁월한 학생들은 학습법에 대한 조언으로 학업 성적을 더 올려 학생부 종합 전형에 지원하도록 안내한다. 학생부 교과 전형 중에서 학생에게 유리한 내신 조합이 있는지 찾아볼 수도 있다. 학생들이 자신의 위치를 파악할 수 있도록 구체적인 자료(예. 졸업생 진학 자료)를 제시한다. 동기가 부족한 경우 동기부여부터 시작해야 할 수도 있다.

● 내신 등급별 상담 ●

내신 1등급	● 상위권 대학의 학생부 교과 전형(고려대, 이화여대, 한양대) 준비 (이화여대와 한양대는 수능 최저가 없어 합격선이 높음) ● 상위권 대학의 학생부 종합 전형 : 선발인원이 많아 경쟁률 높음 학업역량, 전공적합성, 발전가능성, 인성 등의 대학 평가요소와 관련된 교내활동과 과목별 세특 기록 ● 수능 최저등급을 맞춘다는 마음으로 공부하면 정시에도 대비 가능
내신 2~3등급	● 상담프로그램이나 졸업생 진학 자료를 참조하여 현재의 내신 등급으로 합격 가능한 대학 안내 ● 학생부 종합 전형의 합격 사례를 통해 학업 성적과 비교과 활동(자율활동, 동아리활동, 봉사활동, 진로활동, 독서활동)을 준비 ● 비교과가 약할 경우, 수시 학생부 교과전형이나 정시 모집의 가능성 염두 ● 부족한 단원이나 개념 공부에 집중하도록 하며, 학생부 교과 전형의 경우 수능 최저 미충족 사례가 많으므로 주의
내신 4~5등급	● ① 열심히 하지만 못 따라오는 학생 　② 비교과 활동에만 집중하는 학생 　③ 잘못된 학습법(복습을 싫어함)과 학교 진도와 별개로 '나 홀로 진도'의 마이웨이식으로 공부하는 학생들이 많음. ● 객관적 자료(대입상담 프로그램, 졸업생 진학자료)를 통해 학생의 위치를 객관화해줄 필요 있음. ● 1등급 성적 상승했을 경우 지원 가능한 위치를 안내하고, 성적이 상승한 경우 학생부 교과전형의 수능 최저등급에 대한 안내 제시
내신 6등급 이하	● 학업 부진의 원인 파악, 진로 장벽 상담, 동기부여 등이 선행되어야 함 ● 자신이 갈 대학이 없다고 생각하므로, 일부 과목만 반영하는 대학들을 안내하고 학생의 진로를 파악하여 지금부터라도 관련 교과성적과 비교과 활동에 대비할 수 있도록 지도함

▶ 학생부 종합 전형 시기별 준비

단계	진로진학(입시)	학습(교과/비교과/수능)
1학년	✓ 진로 고민 및 탐색기 ✓ 교내활동 탐색 및 수행	✓ 학교 탐색 및 적용 ✓ 전인적 교과학습 ✓ 다양한 비교과 활동수행
2학년	✓ 진로 결정기 ✓ 학생부 관리 중심	✓ 세부적 교과 심화학습 ✓ 진로 관련 비교과 활동 수행
3학년	✓ 서류 대학별고사 준비 ✓ 대학수학능력시험	✓ 주요교과 내신 관리 ✓ 수능학습(정시/수시) ✓ 핵심 비교과 활동 수행

지방 거점 국립대

국공립대학은 각 지역을 대표하는 대학교이다. 국립이라 등록금이 상대적으로 저렴하고 지역인재 전형을 통한 공기업 취업의 혜택을 받을 수 있다는 장점이 있다. '지거국' 대학은 학생부 교과 전형에서 많은 인원을 선발하는데, 대부분 수능 최저기준이 있으며, 비교과가 포함되기도 하나 합격 여부는 영향을 주지 않는다. '지거국' 대학교 중 부산대는 수능 최저기준이 높으며, 전 교과 성적을 1학년 20%, 2-3학년 성적을 각 40%씩 반영하므로 철저한 대비가 필요하다.

지방 거점 국립대의 학생부 종합 전형의 경쟁률은 아래와 같다.

지방 거점 국립대학교 학생부 종합 전형 경쟁률 (대입정보 119 中)

대학명	진로진학(입시)	2020경쟁률	2019경쟁률	학습(교과/비교과/수능)
강원대	미래인재전형	7.44	7.82	▼ 0.38
경북대	학생부종합(일반학생)	9.25	11.88	▼ 2.63
부산대	학생부 종합 전형	13.58	9.87	3.71
전남대	학생부종합일반전형(광주) 고교생활우수자전형)	9.17	9.33	▼ 0.16
전남대	학생부종합일반전형(전남) 고교생활우수자전형)	5.06	6.73	▼ 1.67
전북대	큰사함전형	8.97	11.05	▼ 2.08
제주대	학생부종합(일반학생)	6.28	7.5	▼ 1.22
충남대	PRISM인재전형	11.11	12.1	▼ 0.99
충북대	학생부 종합 I	8.93	9.08	▼ 0.15
충북대	학생부 종합 II	16.21	9.68	6.53

대입정보 119 中

✓ 강원대의 경우 춘천, 삼척, 도계 캠퍼스를 합한 경쟁률임
✓ 부산대의 경우 학생부 종합 전형 1, 2(일반)를 합쳐 계산함
✓ 각 거점국립대의 대표적인 학생부 종합 전형만 계산함

학생부 종합 전형을 준비하는 학생이라면 이 시기부터 자기소개서를 염두에 두고 활동하도록 지도해 주는 것이 좋다. 학생의 진로에 맞는 학습과 활동을 통해 자신의 역량을 잘 발휘하고, 자신만의 스토리가 있는 학교생활을 하도록 지도하자. 학생은 스토리가 있는 자소서를 준비하는 과정을 통해 자신만의 색깔이 드러나는 자기소개서를 작성할 수 있고, 이는 면접 준비에도 의미 있는 기반이 되어준다.

교사의 Tip

의욕이 없거나 동기가 부족한 학생에게, 학생들의 사기를 북돋기 위해 칭찬을 많이 한다. 하지만 잘못된 칭찬은 평가의 또 다른 모습이라는 것 아시나요? 예쁘게 인사하는 학생이나 '선생님 감사합니다'라는 말 한마디에 기분이 좋아지는 경험 다들 있으실 것입니다. 학생에게 칭찬할 때는 구체적으로 하는 게 좋습니다.

"와~ 오늘은 지각하지 않았구나. 감동이야"
"요즘 눈빛이 달라 보여. 역시 내 믿음이 틀리지 않았어."

학과를 탐색하라

학과 선택은 고등학생 생활에서 매우 중요한 의사결정 중 하나이다. 학생이 수집할 수 있는 진로 관련 정보를 총동원하게 한 후, 학생 스스로 깊이 있게 학과를 탐색하도록 안내해야 한다. 학생이 대학의 전공계열을 체계적으로 선택하려면 다음의 4단계 과정을 거치는 것이 좋다.

1단계	나의 이해	내가 원하는 일과 잘할 수 있는 일을 우선 고려 흥미·적성검사, 가치관·성격 검사, 신체조건, 부모님 기대, 경제적 환경
2단계	직업정보탐색	내가 원하는 직업의 특성과 전망, 필요한 능력을 탐색 직업특성, 직업전망, 직업안정성, 자격증, 보수, 훈련 및 교육
3단계	전공(계열)정보 탐색	희망 직업과 관련된 학과와 계열을 탐색 유사학과, 학과 교과 과정, 학과 개설 대학, 학과 관련 진로 분야
4단계	희망대학선택	성적, 교육비, 부모님 의견 등 여러 가지 조건을 고려하여 대학 및 전공(계열)을 최종 선택

전공계열 정보탐색도 필요하다. 학생이 아는 만큼 선택할 수 있다. 각 계열에 대하여 학생들이 알 수 있도록 안내하자. 아직도 자신의 계열을 못 찾은 학생이 있다면 다음의 간단 설문지를 이용한다.

●나에게 맞는 계열 찾기●

인문계열

내용	결과
언어에 대한 감각이 있다.	
다른 사람의 이야기를 잘 듣는다.	
나의 의견을 논리적으로 말한다.	
글쓰기를 좋아하고 잘한다.	
국어, 문학 과목을 좋아하고 잘한다.	
다양한 독서를 꾸준히 한다.	
우리말 문법과 언어에 흥미가 있다.	
개 수	

경영계열

내용	결과
문제발생 시 창의적으로 해결한다.	
신속하게 상황판단을 한다.	
논리적으로 잘 설득한다.	
승부욕과 성취감이 강하다.	
사회·수학·외국어 과목에 흥미가 있다.	
평소에 경제·경영 뉴스를 즐겨본다.	
팀 활동에서 의견 교류를 잘한다.	
개 수	

교육계열

내용	결과
내가 아는 내용을 조리 있게 말한다.	
다른 사람의 행동을 잘 파악한다.	
어떤 상황에서도 감정조절을 잘한다.	
사람에 대한 관심과 배려심이 있다.	
다양한 과목의 공부법에 관심이 많다.	
가르치는 것에서 보람·만족을 느낀다.	
평소 생활습관이 모범적이다.	
개 수	

사회계열

내용	결과
생각과 말을 논리적으로 전달한다.	
말과 글을 통해 설득을 잘한다.	
문제의 해결방법을 적절하게 찾는다.	
사소한 논쟁의 원인을 잘 파악한다.	
갈등이 있을 때 중재를 할 수 있다.	
사람의 행동을 관찰하는 습관이 있다.	
사회탐구 과목을 좋아하고 잘한다.	
개 수	

의약계열

내용	결과
다른 사람을 돕는 것에 적극적이다.	
수학, 과학 과목에 자신이 있다.	
사람·생명에 대한 애정·존중감이 있다	
어떤 상황에서도 침착하게 대처한다.	
대인관계가 원만하고 친절하다.	
스트레스를 잘 감내하며 끈기가 있다.	
예리한 관찰력과 분석력이 있다.	
개 수	

공학계열

내용	결과
새로운 것에 호기심이 강하다.	
기계, IT기기를 분해·조립해봤다.	
문제가 있으면 끝까지 해결한다.	
과학·수학·컴퓨터 과목에 흥미가 있다.	
꼼꼼하고 끈기 있게 과학실험을 한다.	
아이디어가 기발하고 무궁무진하다.	
영어 공부에 흥미와 소질이 있다.	
개 수	

자연계열		
내용		결과
수학, 과학 과목에 자신이 있다.		
하고자 하는 일에 집중력이 강하다.		
영어 공부에 관심과 소질이 있다.		
새로운 것에 탐구심이 있다.		
자연현상을 관찰·분석하는 것이 좋다.		
실험·실습·기계 조작에 능숙하다.		
실험의 실패에도 끈기 있게 해낸다.		
개 수		

예체능계열		
내용		결과
틀에 박힌 것을 싫어한다.		
평범한 것을 독특하게 표현한다.		
변화와 다양성 있는 활동을 좋아한다.		
생각·감정을 적극적으로 표현한다.		
인문·예술학적 소양이 있다.		
상상력이 풍부하고 직관적이다.		
예체능에 대한 재능과 소질이 있다.		
개 수		

나에게 맞는 계열은?

●나에게 맞는 계열 찾기●

계 열	특성 및 관련학과	졸업 후 진로
인문계열	인간과 인간의 문화에 관심을 두거나 인간의 가치와 인간만이 지닌 자기표현능력을 바르게 이해하기 위한 과학적인 연구 방법에 관심을 두는 학문 분야 언어·문학, 역사학, 철학, 종교학 등	작가, 번역가, 언론인, 감정평가사, 통역사, 문화관광해설사, 문화재분석원, 큐레이터, 라이프코치
경영계열	상업과 경제의 전문분야에 대한 이론과 응용능력을 교육·연구하여, 창의력과 적응력을 겸비한 전문가 양성을 목적으로 하는 학문 경제학, 경영학, 회계학, 세무학, 무역학 등	기업체, 연구원, 공기업, 공인회계사, 세무사, 증권분석사, 투자상담사, 보험중개인, 보험계리인
교육계열	교사와 교육 지도자를 양성하고, 교육일반과 교과 교육원리의 교수 및 연구에 종사할 학자를 배출함을 목표로 함. 교과 교육학, 유아교육, 특수교육 등	교육연구원, 교사, 인터넷강의 강사, 평생교육사, 상담가, 교재개발자, 교육공무원, 심리상담사, 청소년상담사
사회계열	사회의 여러 현상을 과학적·체계적으로 연구하는 모든 경험과학에 그 바탕을 두며, 인간생활의 다양한 측면과 관련된 기초학문을 교육 및 연구함으로써 인간사회의 문제를 진단하고 처방하는 기본적 소양을 육성하는데 목표를 두고 있음. 사회학, 정치학, 경제학, 법학, 심리학, 광고홍보학 등	사회조사 분석사, 행정공무원, 정치여론조사 전문가, 임상심리사, PD, 기자, 스포츠마케터, 국제정치연구원, 은행, 증권회사, 법조인, 사회복지사
의약계열	인체에 관한 연구와 질병의 예방 및 치료를 연구하는 의학과 사람 또는 동물의 질병을 예방·치료하는 데 사용되는 의약품에 관한 기초 및 응용과학을 다루는 약학을 포함. 의학, 한의학, 약학, 간호학, 물리치료, 재활치료 등	의사, 한의사, 약사, 간호사, 의학연구원, 물리치료사, 병원코디네이터, 보건교사, 보건 및 의료기술직 공무원, 산업안전관리원, 위험관리연구원
공학계열	기계·장치 또는 가공된 재료 등 인위적인 자연을 대상으로 하고, 자연의 법칙을 탐구하여 무엇인가를 생산하는 실천 행동에 초점을 두는 분야 건축, 화학, 기계, 컴퓨터, 정보통신, 식품 등	화학공학기술자, 기계설계사, 건축감리기술자, 교통계획 및 설계사, 연구원, 식품연구원
자연계열	자연현상의 기본적인 원리를 탐구하고 새로운 자연법칙을 개발하는 기초과학, 우주와 물질의 기원으로부터 생명현상까지 다양한 물질세계의 원리를 과학적으로 탐구하는 학문 물리학, 화학, 생물학, 천문학, 지학 등	데이터마이너, 빅데이터전문가, 자연과학연구원, 생명정보학자, 지질, 기상학연구원, 일반기업체
예체능계열	미적 작품을 형성시키는 인간의 창조 활동인 예술과 건강한 신체와 운동능력의 육성을 목표로 하는 활동인 체육을 포함. 체육, 스포츠, 무용, 응용예술, 연극, 영화 등	방송작가, 큐레이터, 무용가, 연출가, 문화사업기획자, 음악인, 미술인

출처 : 2018 학과(전공)분류 자료집, 한국교육개발원

전공(계열)정보 수집하기

전공(계열)정보를 구체적으로 수집해서 정리하는 활동도 필요하다. 많이 찾아볼수록 학생의 학과를 보는 눈이 커지기 때문이다. 짬짬이 학생이 검색할 수 있도록 유도하자.

● 전공(계열)정보 수집하기 ●

구분	희망학과				
	1순위	( ) 학과		2순위	( ) 학과
희망 전공 (계열)의 특성					
배우는 과목					
졸업 후 진로					
관련자격증					
관련기관					
개설대학					

대학에서는 복수전공을 장려하고, 이중 전공, 부전공, 전과 등을 허용하면서 다양한 분야에서 공부할 기회를 주고 있다. 인문계열 학생이 자연계열 복수전공이나 전과를 허용하는 대학도 있다. 선발인원이 초과하면 학점, 면접, 학업 계획서 선(先)이수 과목 등으로 선발한다.(자격증을 획득하는 사범대, 의과대, 간호학과 등은 제한이 대다수)

종 류	내 용
복수전공	본인이 전공하는 학과(부) 이외에 다른 학과(부) 전공을 이수하는 제도로 졸업과 동시에 두 개 이상의 학사 학위를 받을 수 있는 제도이다. 주전공의 졸업 조건을 모두 충족한 후 그 다음 학기부터 최소 2~3학기 이상을 추가 이수해야 한다. 증명서는 주전공과 복수전공을 별도 발급한다.
이중전공	주전공을 이수하면서 다른 학과의 전공을 제2 전공으로 동시에 이수하는 것이다. 주전공을 배정받은 3학기 이상의 재학생이 자격이 되며, 졸업증서 한 장에 주전공과 제2 전공이 함께 표기된다.
부전공	주 전공 외에 다른 전공을 부가적으로 이수하는 것을 말한다. 복수전공보다 이수해야 할 학점이 절반 수준이라 부담이 적은 편이다. 복수전공을 하다 전공 이수 학점을 다 채우지 못할 상황이 되면 복수전공을 포기하고 '부전공'으로 전환하는 예도 있다. 복수전공과 달리 부전공은 4년 만에 졸업할 수 있다.
심화전공	심화전공이란 제2 전공의 하나로, 소속 학과의 기본전공과정을 이수하고 같은 전공의 심화전공과정을 이수하는 것을 말한다. 복수 전공한 과목에 대한 흥미나 적성이 없어 이수가 어려우면 제2 전공에 대한 복수전공을 포기하고 자신의 주전공을 심화 전공하는 경우가 많다.
자유전공	1학년 때 자유롭게 수업을 듣고 2학년부터 전공을 정하는 제도, 졸업 때까지 특정 전공에 소속되지 않고 별도의 교육과정을 이수하기도 한다. 최근에는 자유전공학부를 폐지하는 대학도 있다.
연계전공 (융합전공)	2개 이상의 전공을 연계하여 제공하는 새로운 전공이다. 학생이 필요로 하는 새로운 학문을 폭넓게 제공하려는 목적으로 실용 학문 및 인문·자연 융합 과정을 추구하는 데 의미를 둘 수 있는 전공이다.
학생설계전공 (자율설계전공)	학생이 스스로 교육과정을 구성하여 학교의 인정을 받은 후 전공을 이수하게 되는 새로운 개념의 전공 과정이다. 기존 학과의 전공 제한 속에서 달성하기 어려운 특별한 학문적 관심을 가진 학생들의 요구를 충족시키며, 학생 스스로 전공 및 교과과정을 설계함으로써 자기주도적 학습능력을 극대화할 수 있다.

계약학과란 기업 또는 정부·지방 자치단체가 사회·산업 수요에 맞추어 대학과 맞춤형 특별 교육과정을 설치·운영하는 학과를 말한다. 계약학과의 유형으로는 산업체 직원의 재교육을 위한 '재교육형'과 산업체 직원이 아닌 자가 특별 교육과정 이수 후 채용될 수 있는 '채용 조건형'이 있으며, 전문대학, 일반대학, 대학원 등에 설치되어 있다.

계 열	특성 및 관련학과	졸업 후 진로
고려대	사이버국방학과	4년간 장학금 지급, 졸업 후 장교임관
성균관대	반도체시스템공학과	등록금 2년간 전액 지급, 삼성전자 최소 채용절차 통과시 입사
세종대	국방시스템공학과	4년간 등록금 지급, 해군 장교 임관
세종대	항공시스템공학과	4년간 등록금 지급, 공군 장교 임관
한양대	국방정보공학과	4년간 등록금 지급, 해군 장교 임관
아주대	국방디지털융합학과	4년간 등록금 지급, 공군 장교 임관
경동대	(대명)레저&리조트학과	대명레저산업 취업
충남대	해양안보학전공	4년간 등록금 지급, 해군 장교 임관
경북대	전자공학부 모바일공학전공	4년 등록금 지급, 삼성전자 채용 보장(최소채용절차 통과자)
경일대	스마트팩토리융합학과 스마트전력인프라학과 스마트푸드테크학과	에스엘, 아진산업, 초록들코리아 등 지역 62개 우수기업 조기취업 확정
대구대	스마트시스템공학과	경북지역 중소기업 취업보장
영남대	인문자율전공학부 (항공운항계열)	4년간 장학금 지급, 공군 장교 임관
영남대	군사학과	4년간 장학금 지급, 육군 장교 임관
한동대	기계제어공학부 전산전자공학부 콘텐츠융합디자인	현대자동차그룹사, SL 외 37곳
전남대 (여수캠퍼스)	조기취업형계약학과	1학년은 전공기초능력과 현장실무 기본교육에 집중, 2~3학년은 기업에 근무하며 해당 직무 관련 심화교육과정 운영
목포대	조기취업형계약학과	1학년은 전공기초능력과 현장실무 기본교육에 집중, 2~3학년은 기업에 근무하며 해당 직무 관련 심화교육과정 운영

출처 : 대입정보매거진 2019 9월호

2

공부는 진로의 기반

공부는 진로의 기반

왜 대학은 자기주도적 학습 태도를 강조하는 것일까? 자기주도 학습의 좋은 점은 무엇이며, 어떻게 지도하는 것이 좋은지 알아본다.

가 학습 습관 개선

중간고사가 끝나고 나면 다시 학습법과 학습 내용에 대한 점검이 필요하다. 이를 학생에게만 맡겨두면, 아는데 실수를 했다거나 앞으로 더 열심히 하겠다는 두루뭉술한 후회와 다짐만으로 끝난다.

눈앞에 여러 음식이 있을 때 좋아하는 것과 좋아하지 않는 것 중 어떤 것을 먼저 먹는가? 보통은 좋아하는 것을 먼저 먹을 것이다. 일에서도 그렇지 않은가? 좋아하는 일을 먼저 시작하여 끝낼 것이다. 공부하는 학생도 마찬가지다. 성적이 계속 하락하거나 늘 저조한 학생은 계획만 세웠다가 작심삼일로 끝나 1단원만 반복한다. 늘 좋아하는 과목만을 공부하다가 하루가 지나가 버린다. 이런 상황이 반복되니 성적은 오르지 못하고 그나마 잘하는 한두 과목만 잘하고 못하는 과목과의 간격은 점점 더 벌어진다.

다음은 학습 습관 체크리스트이다. X가 많을수록 제대로 공부를 하는 것이고, O가 많으면 고쳐야 할 습관이 많은 것이다.

1. 책상에 앉고 나서 마음 잡기까지 시간이 걸리나요? (O / X)

2. 책장에 꽂힌 책을 훑어보고 '이것저것 꺼냈다, 덮었다'를 반복하고 있나요? (O / X)

3. 오늘의 계획표에 혹시 '국·영·수' 또는 '국어숙제', '영단어'라고 적혀 있지 않나요? (O / X)

4. 한 번 공부한 내용은 다시 보기 싫은가요? (O / X)

5. 좋아하는 과목 또는 잘하는 과목에 투자하는 시간이 제일 많은가요? (O / X)

6. 싫어하는 과목 또는 성적이 낮은 과목은 손에 잘 잡히지 않거나 뒤로 미루나요? (O / X)

7. 국·영·수 과목 중 며칠째 공부하지 못한 과목이 혹시 있나요? (O / X)

8. 수업 중 노트필기는 선생님이 칠판에 적어주신 것만 하나요? (O / X)

9. 선생님이 설명을 이어가시는데, 앞부분 필기를 하느라 바쁜가요? (O / X)

10. 방과 후 노트필기를 정리하느라 하루가 다 갔나요? (O / X)

학습플래너 사용

요즘에는 고등학교에서 학습플래너를 제작하여 학생에게 나눠주기도 한다. 학습플래너는 체계적인 공부 습관을 위해 도움이 된다. 학습플래너를 처음 작성할 때 형식대로 차근차근 해보는 연습이 필요하다. 사용하지 않아서 그렇지, 학습플래너를 잘만 사용하면 좋은 학습 습관이 들고 체계적으로 공부할 수 있다.

학습플래너를 이용하여 수학 공부 계획을 세우는 방법을 알아보자. 학생이 한 달 동안 40페이지 분량의 수학 Ⅱ의 1단원 '함수의 극한과 연속'과 2단원 '다항함수의 미분법'을 공부하기로 정했다. 월화는 교과서, 수목은 문제집, 금요일은 기출문제를, 주말에는 복습을 한다. 수학 시험은 교과서를 기반으로 출제되기 때문에 교과서 문제를 풀지 못하면 시험에서도 풀지 못한다. 교과서 문제풀이를 기본으로 월, 화요일에는 교과서 문제를 풀고 다른 요일에는 관련된 문제를 차근차근 풀어보게 한다. 보통의 수학 문제집은 기본 개념과 유형 문제, 심화 문제의 3단계로 구성되어 있다. 이것을 다음 요일에 차례로 풀어 보게 넣도록 조언해 준다. 그리고 매일 공부의 시작에는 반드시 전날 공부에서 틀렸던 문제를 다시 풀어보도록 조언하자.

	월	화	수	목	금	토
주	교과서 40쪽를 8등분하여 5쪽씩		개념 확인 문제	유형 확인 문제	심화문제나 기출 문제	이번 주 내용 복습

위의 주 단위의 계획을 모두 넣어서 한달 계획표를 완성하게 하자. 학생에게 지도할 때 매일 달라지는 상황에 따라 융통성을 발휘해도 괜찮다는 조언을 해야 한다. 계획을 조금씩 수정하여 실천해 나가는 경험이 중요하기 때문이다. 계획대로 실행하는 일에 실패한 학생은 포기를 쉽게 한다.

	월	화	수	목	금	토
1주	전날 복습 교과서 1단원 5쪽~10쪽	전날 복습 교과서 1단원 11쪽~15쪽	전날 복습 해당 부분 개념 문제	전날 복습 해당 부분 유형별 문제	전날 복습 해당 부분 기출 문제	일주일 복습 (틀린 것, 헷갈리 는 것 등)
2주	전날 복습 교과서 1단원 16쪽~20쪽	전날 복습 교과서 1단원 21쪽~25쪽	전날 복습 해당 부분 개념 문제	전날 복습 해당 부분 유형별 문제	현장체험학습 (주말 활용)	일주일 복습 (틀린 것, 헷갈리 는 것 등)
3주	전날 복습 교과서 2단원 26쪽~30쪽	전날 복습 교과서 2단원 31쪽~35쪽	전날 복습 해당 부분 개념 문제	전날 복습 해당 부분 유형별 문제	전날 복습 해당 부분 기출 문제	일주일 복습 (틀린 것, 헷갈리 는 것 등)
4주	전날 복습 교과서 2단원 36쪽~40쪽	전날 복습 교과서 2단원 41쪽~45쪽	전날 복습 해당 부분 개념 문제	전날 복습 해당 부분 유형별 문제	전날 복습 해당 부분 기출 문제	일주일 복습 (틀린 것, 헷갈리 는 것 등)

학습플래너 사용의 장점은 다음과 같다.

첫째, 자신이 학습한 부분을 시각적으로 확인하고 반성할 수 있다.

둘째, 방과 후에 활용할 수 있는 개인 공부 시간이 얼마나 되는지, 자신의 시간을 얼마나 더 효율적으로 쓸 수 있는지
계산할 수 있다.

셋째, 짧은 기간 동안 계획해서 실천하면 더 길게 장기적인 계획(한 달, 한 학기, 1년)으로 다음 계획을 세울 수 있다.

넷째, 책상에 앉아 공부할 마음을 잡을 때 불필요한 시간의 낭비를 줄일 수 있다.

나만의 스트레스 해소법

자기주도학습을 잘하는 학생은 자기 조절 능력도 뛰어나다고 알려졌다. 자기 조절은 해야 할 일이 하기 싫어도 미루지 않고 책임감 있게 완수하는 모습이라 할 수 있다. 또 스트레스를 완화하는 방법을 알고 스스로 실천하는 것을 의미한다.

학생도 공부를 포함한 여러 가지 과업에서 오는 스트레스를 스스로 조절할 수 있는 자신만의 방법을 찾을 수 있게 도와야 한다. 학생과 이야기하며 학생만의 스트레스 해소 방법과 스스로 주는 보상을 이야기하자.

너는 무엇을 할 때 가장 시간이 잘 가니?

게임이나 영화를 볼 때요.

게임을 하루에 얼마나 하니?

거의 4~5시간씩 하는 것 같아요.

게임을 무작정 하는 게 아니라 네가 일주일을 계획해서 열심히 보내고 그 보상으로 스스로에 게임 시간을 주는 게 어떨까? 이를테면 학습플래너에 계획한 일을 모두 했다면 주말에 네가 정한 시간 동안 게임을 하거나 영화를 하나 보는 거야.

자기주도학습 맞춤형 공부법

학습에서 자기주도성이라는 말을 많이 하는데, 요즘 부모님의 도움과 사교육으로 인해 학생이 스스로 공부하는 경우가 드물다. 외부자원에 의존하는 학생은 쉽게 남의 탓을 한다. '학원을 안 다녀서 성적이 나쁜 거야', '부모님이 나를 도와주시지 않아서 그래', '친구가 옆에서 떠들어서 집중할 수 없었어'라고 핑계를 대기 때문에 해결책을 찾기 힘들다. 이런 학생의 가장 큰 문제는 스스로 해결하기 위한 시도조차 하지 않는다는 것이다. 당장은 부모님과 사교육의 힘을 빌어 좋은 성적을 낼 수도 있다. 하지만 청소년은 고등학교 졸업 후 대학에 진학하고 취업 이후 가정을 꾸리며 스스로 삶을 개척해 나가야 한다. 대학은 스스로 주제를 찾아 연구하고 논문을 쓸 인재를 원한다. 취업한 직장에서 어려움이 있을 때마다 부모님 찬스를 쓰는 것도 불가능하다.

자기주도학습은 단순히 고등학교 공부만을 위한 것이 아니다. 대학 공부와 직장에서의 업무 해결을 위해 스스로 문제를 찾아 계획을 세워 해결하는 자기주도학습을 익혀두어야 한다. 〈부록 4〉의 자기주도 학습 체크를 통해 자신의 상황을 점검하고, 점차 Level 5의 방향으로 향상될 수 있도록 지도해 보자. 다음의 징검다리 플래너를 활용하여 종례 시간에 확인하는 시간을 갖는 것도 좋은 방법이 된다.

● 주간 자기주도학습 달인되기 실천 점검표 ●

202   년   월   기간 :   일 ~   일

주간 학습 목표	
주간 학교 행사	

월요일	
내 용	실천 사항
5분 예습	
2분 복습	
필기하기	
당일2차복습	
내용구분하기	
개념오답노트	

화요일	
내 용	실천 사항
5분 예습	
2분 복습	
필기하기	
당일2차복습	
내용구분하기	
개념오답노트	

수요일	
내 용	실천 사항
5분 예습	
2분 복습	
필기하기	
당일2차복습	
내용구분하기	
개념오답노트	

목요일	
내 용	실천 사항
5분 예습	
2분 복습	
필기하기	
당일2차복습	
내용구분하기	
개념오답노트	

금요일	
내 용	실천 사항
5분 예습	
2분 복습	
필기하기	
당일2차복습	
내용구분하기	
개념오답노트	

토/일요일	
내 용	실천 사항
교수학습법	
주말 3차복습	
월말 4차복습	
시험 5차복습	

주간 학교 행사	시간 분	주간 학교 행사	시간 분

주간 자투리 시간 학습계획	
주간 목표 달성 및 자기 칭찬	
주간 자기 반성 및 개선사항	
다음주 학습계획	1. 2.

주간 학습관리 점검						
	월	화	수	목	금	주말
잡담 않기						
졸지 않기						
게임 않기						
질문 하기						
독서 하기						

나에게 맞는 학습법

고등학교 공부의 기본은 수업을 열심히 듣고, 예습과 복습을 잘하는 것이라는 것을 누구나 알 것이다. 사람마다, 공신이라 할지라도 개인의 공부법은 차이가 있다. 유명한 사람이 혹은 공부를 잘하는 친구가 말하는 공부법을 무턱대고 따라 하면 낭패를 보기 쉽다. 학생에게 맞는 학습법을 찾는 것이 중요하다. 자신에게 맞는 공부법을 찾으려면 다양한 공부법을 찾아 적용해보고 가장 적합한 방법이 무엇인지 알아보는 게 좋다. 다음 인터뷰를 통해 학생이 다양한 공부 방법을 조사하도록 안내하자.

인터뷰하기 | 나에게 맞는 학습 방법 찾기

_____학년 ____반 ____번 이름 : _____

1 친구들과 나의 평소 학습 방법에 대해 토의해 보고, 학습 방법의 문제점을 찾아보자.

학습 방법의 문제점	

2 친구들을 인터뷰하여 자신에게 가장 효과적인 학습 방법을 생각해 보자.

교과	친구 이름 ( )	친구 이름 ( )	친구 이름 ( )	나만의 효과적인 학습 방법
국어				
영어				
수학				
과학				
한국사				

IV. 중벽을 넘어 2. 공부는 진로의 기반

계획표 작성하기 /

공부법 인터뷰에 따라 공부법을 실천할 계획표를 학생이 만들게 하자.

먼저, 공부할 수 있는 시간을 계산한다. 임의로 변경할 수 없는 시간, 반드시 해야 하는 일을 먼저 표시해 둡니다. 예를 들면 학교 수업, 이동시간, 학원에 갈 시간, 수면 및 식사시간, 병원진료 예약, 동아리 모임 등이다.

이제 전체계획과 일주일 단위로 계획을 세우게 지도하자. 학습계획은 학기별, 월간, 주간, 일일 계획으로 나누어 작성하는 것이 좋다. 학습계획이 구체적일수록 목표 달성에 도움이 되므로 최대한 자세히 짜도록 지도한다.

학습계획의 기본	● 긴 학습계획을 기반으로 짧은 기간의 계획을 세운다. ● 추상적인 것보다는 구체적인 학습계획을 세운다. (열심히 한다.X → 5시간 공부한다.○)
처음 해 보는 학생은?	● 주간계획을 세우고, 그에 따라 일일 계획을 세운다. ● 익숙해지고 나면 점차 월간, 학기별 계획으로 확장해 본다.
학기별 계획	● 계획이라기보다는 목표설정에 가깝다. ● 그 학기에 원하는 성적, 잘하고 싶은 과목을 구체적으로 명시한다. (예) 반에서 10위권 이내의 성적을 받는다. 수학 과목의 시험점수를 10점 이상 올리겠다.
월간계획	● 새로운 달이 시작되기 며칠 전까지 만든다.
주간 계획, 일일 계획	● 먼저 지금까지 하루, 일주일의 시간을 어떻게 활용하고 있는지 표를 만들어 스스로 점검한다. ● 그 후 주간 계획, 일일 계획을 세운다.

출처 : 고등학교 학부모를 위한 자녀교육, 국가평생교육진흥원

교사의 Tip

계획 시 꼭 안내해 주세요.

첫째, 학습 계획은 자기가 생각하는 분량의 80%만 세우기 (너무 빡빡하면 못해요.)
둘째, 학습 계획을 달성하면 꼭 자체 보상을 해주기
셋째, 계획은 기록중심이 아닌 계획, 실행, 평가, 점검, 수정 중심으로 작성하도록 하기

자기주도학습은 공부하는 방법의 측면도 있지만, 태도적인 면이 더 강하다. 학생이 공부에 대한 태도를 습관화하도록 하는 것이 가장 중요하다. 습관이 잘 되려면 앞서 언급했듯이 작은 성공 경험이 매우 중요하다. 계획을 세우는 초기에 부담이 적게 작성하고, 학습이 익숙해지면 조금씩 늘려가는 방향으로 지도하면 좋다.

정해진 시간을 어떻게 관리하고 사용하느냐는 매우 중요하다. 따라서 아래의 표를 사용하여 학생이 어떻게 시간을 사용하고 있는지 점검하도록 하면 좋다.

↑ 중요함	급박한 위기나 당면한 문제 내일까지 숙제를 제출해야 함. 다음주가 기말고사 시험 내일 수학 수행평가	준비, 예방, 계획관련 예습과 복습 개념원리, 오답노트 독서, 운동
중요도	제1영역 중요하면서 급한 일	제2영역 중요하지만 급하지 않은 일
	제3영역 급하지만 중요하지 않은 일	제4영역 급하지도 중요하지도 않은 일
↓ 덜중요함	사소하지만 바쁜 일 친구와 타인의 기대, 눈치 SNS를 수시로 확인 인기있는 활동	시간을 낭비하는 일들 지나친 TV시청이나 휴식 스마트폰 장시간 사용 늦잠

← 긴급함   긴급도   긴급하지 않음 →

제1영역 : 중요하면서 급한 일입니다. 우선순위 결정의 가장 핵심입니다. 일에 대한 몰입도를 높여 성과도 좋게 만들어야 합니다. 하지만 중요한 점은 제1영역의 일이 너무 많으면 피로도가 높아져서 중요한 일을 망칠 수 있습니다.

제2영역 : 중요하지만 급하지 않은 일입니다. 급하지 않기 때문에 미루면 제1영역으로 넘어갑니다. 따라서 중장기적인 일로서 그에 맞는 계획을 세워서 실행하는 것이 중요합니다.

제3영역 : 급하지만 중요하지 않은 일입니다. 당장 눈앞에 펼쳐져서 급한 일이지만 큰 의미가 없는 일입니다. 따라서 제3영역이 많아진다고 생각될 때는 과감히 줄이거나 없애버리는 것을 생각해 봐야 합니다.

제4영역 : 급하지도 중요하지도 않은 일입니다. 가장 필요없는 부분이겠지요. 자신의 목표를 바라보고 계획을 세우는 과정에서 이러한 부분은 과감히 없애버리는 것이 시간을 버는 일입니다.

교사의 Tip

시간 관리의 2가지 방법으로 시간중심 계획과 과제중심 계획이 있습니다. 좋아하는 일을 할 때는 정해진 시간으로 스스로 통제를 하는 것이구요. 학습활동이나 과제를 할 때는 할 일을 중심으로 계획을 세워 수행에 필요한 시간을 확인하는 것이 중요합니다.

노트 필기

수업을 들으며 노트필기만 잘해도 공부의 효과가 극대화된다. 시험 때마다 많은 양의 범위를 공부해야 하는 대학생에게 유명한 코넬식 노트필기 방법을 소개한다.

코넬식 노트필기법

A. 주제

C. 키워드

B. 수업내용 필기

D. 핵심 요약

✓ **A 주제** 수업 듣는 날짜, 과목명 및 주제를 적는다. 수업 전날 미리 적어두면 예습 효과가 있다.

✓ **B 노트필기 영역** 학습 도중에 나오는 지식을 최대한 자세히 적고 선생님이 강조하신 중요한 것들은 형광펜으로 체크하거나 색을 달리하여 필기하는 곳이다. 실질적인 강의, 학습 내용이 있는 곳이다. 이해가 안 된 곳은 1~2줄 공백으로 두어 나중에 보충한다.

✓ **C 힌트(핵심어) 영역** 핵심어나 중요한 것을 추려내서 적는다. 질문이 될 수도 있고 필기 내용을 하나의 작은 문장으로 집약할 때 적는 곳이다. 나중에 시험공부를 할 때는 이 키워드만 보고 관련 내용을 말하고 쓸 수 있어야 한다.

✓ **D 요약 영역** 필기 내용의 가장 핵심 내용, 시험에 나올만한 내용 등을 몇 줄로 요약해서 적는다.

코넬식 노트필기법-5단계

1단계	Record(기록)	수업시간에 들은 사실과 지식, 아이디어를 알아보기 쉽게 (B 내용 필기)면에 필기한다. 불필요한 단어는 적지 않고 중심단어만 적어서 간략하게 쓴다.
2단계	Reduce(축약)	수업 시간에 배우고 필기한 내용을 핵심단어와 간단한 구문으로 C 영역에 질문을 만들 수도 있다.
3단계	Retice(암기)	(B 수업내용 필기)면을 가리고 C면에 요약한 핵심어를 보면서 수업내용을 완전하게 말해보자. 그리고 (D의 요약)면에서 다시 확인하자. 제대로 암기할 때까지 한다.
4단계	Reflect(숙고)	노트에서 자신의 견해를 끌어내 배운 내용에 대해 확장적으로 사고한다. – 이 사실과 생각들이 내가 이미 아는 것과 어떻게 이어질까? – 내가 어떻게 이것을 적용할까? – 이런 사실과 생각이 의미하는 것은? 등의 질문
5단계	Review(복습)	매주 노트를 재빨리 복습하는데 10분을 보낸다. 복습을 여러 번 하면 이해력도 높아지고 높은 학업성취를 얻을 것이다.

다 공부의 효율성 높이기

무조건 많이 공부한다고 공부의 효율성도 높은 것은 아니다. 의자에 앉아 공부하는 시간도 중요하지만, 효율적인 결과가 나오도록 전략을 사용하는 것도 필요하다. 공부 효율성을 극대화 할 수 있는 방법을 다음에 소개한다.

여기에서 제시하는 것들은 시기에 상관없이 익혀서 자신의 것으로 만드는 것이 중요합니다. [학습습관 점검하기]를 3~4월에 학생들에게 제시하여 상담자료로 활용해도 좋습니다.

● 학습습관 점검하기 ●

1. 자신의 학습습관을 점검하고 점수를 적어봅시다.
   (전혀 그렇지 않다 1점, 그렇지 않다 2점, 보통 3점, 그렇다 4점, 항상 그렇다 5점)

번호	내 용	점수
1	학습과제가 어려워도 쉽게 포기하지 않는다.	
2	모르는 내용을 학습하는 것을 즐긴다.	
3	더 좋은 성적을 받을 수 있었다.	
4	교실을 떠나기 전에 해야 할 숙제와 숙제방법을 확인한다.	
5	공부할 때 빨리 공부를 끝내기 보다는 완전한 학습정리를 하는 편이 좋다.	
6	계획된 공부를 잘 미루지 않는다.	
7	나에게 좋은 성적은 중요하다.	
8	공부할 때는 정말로 열심히 한다.	
9	공부하기 위해 매일 일정한 시간을 정해놓는다.	
10	일정한 공부계획표를 가지고 있다.	
11	학습시간이 체계적이어서 시간이 낭비되지 않는다.	
12	매일, 공부에 우선순위를 두고 행동한다.	

번호	내 용	점수
13	하루 중 공부가 잘되는 시간을 안다.	
14	공부하기에 충분한 시간을 만들기 쉽다.	
15	한 과목 공부에 너무 많은 시간을 보내서 다른 과목 공부에 지장을 받는 일은 없다.	
16	공부할 때 전적으로 공부에 집중한다.	
17	과제를 시작하기 전에 얼마나 오랫동안 할 것이고 언제 끝낼 것인가를 정한다.	
18	공부할 때 집중할 수 있다.	
19	공부하기 위해 대체로 조용한 장소를 찾는다.	
20	공부할 때 잘 졸지 않는다.	
21	공부하고 싶지 않아도 공부한다.	
22	공상이 공부에 방해되는 일은 별로 없다.	
23	정말 싫어서 흥미를 갖기 곤란한 과목은 없다.	
24	매주 각 과목을 복습하기 위한 시간을 정해 놓는다.	
25	한 과목을 공부할 때마다 얼마간의 복습시간을 정한다.	
26	적어도 시험 전에는 노트를 복습한다.	
27	공부한 내용에 대해 많이 기억할 수 있다.	
28	수업 중 설명을 주의 깊게 들어서 기억을 잘한다.	
29	공부 내용을 읽기 전 주요 제목과 요약을 미리 검토한다.	
30	책을 읽기 전에 무엇을 배울 것인지를 정확히 알기 위해 제목을 질문으로 바꾸어 본다.	
31	교과서 한 단원을 전부 읽으면 참고서와 요점 정리를 읽기 전에도 내용 파악이 잘 된다.	
32	한 단원을 다 읽기 전에도 단원 끝에 있는 문제를 풀 수 있다	
33	읽은 후 바로 그 부분을 복습할 시간을 갖는다.	
34	공부 내용에 있는 도표, 그래프 그리고 목록을 자주 검토한다.	
35	수업받은 내용에 대해 잘 이야기할 수 있다.	
36	교과서 소단락을 읽은 후 내용을 확인해서 기억할 것을 정리한다.	

번호	1~8번	9~15번	16~22번	23~29번	30~36번
내용	학습에 대한 동기 및 적극성	학습에 대한 계획성 및 조직성	학습 집중력	기억을 잘하는 방법	학습전략 (핵심파악/요약)
점수					
점수	32~40점 : 잘함 24~31점 : 양호 23점 이하 : 부족	28~35점 : 잘함 21~27점 : 양호 20점 이하 : 부족	28~35점 : 잘함 21~27점 : 양호 20점 이하 : 부족	28~35점 : 잘함 21~27점 : 양호 20점 이하 : 부족	28~35점 : 잘함 21~27점 : 양호 20점 이하 : 부족

출처 : 창의적 진로개발, 한국직업능력개발원

가장 효과적인 공부 시간 찾기	● 야밤형인 사람 : 밤늦게까지 잘 견디지만, 새벽에 못 일어나는 사람 ● 새벽형인 사람 : 초저녁에는 잠이 쏟아지지만 비교적 새벽에는 일찍 일어나는 사람 ● 일반형인 사람 : 보통의 고교생처럼 1시에 자서 6시에 일어나는 사람
목표 의식을 갖고 공부하기	● 10분이든, 30분이든, 1시간이든 책을 들었으면 반드시 목표 의식을 갖고 공부한다. ● 목표 의식이 있는 공부와 목표 의식이 없는 공부는 효과가 2~3배 이상의 차이가 생긴다.
치밀한 학습계획 세우기	● 계획 없는 행동은 무모하고, 계획만 짜고 실천하지 않으면 탁상공론이 된다. ● 치밀한 계획과 결단력 있는 행동의 조화만이 학습의 승리자가 된다. 예) 연간계획 : 1년 동안 OO 참고서 2번 독파계획
수면 관리하기	● 수면 관리에 이긴 자만이 입시에서 살아남는다. ● 입시는 장거리 경주이다. 하루 이틀간의 벼락치기로 절대 해결되지 않는다. ● 잘 때는 편한 자세로 푹 자자. 다리는 따뜻하게 머리는 시원하게 잠자리를 마련하자.
두뇌 회전을 빨리하는 요령	● 환기를 자주 하여 뇌에 신선한 산소를 자주 공급한다. (공부방에 온도계를 설치하여 적정 온도 16~17도를 유지하자) ● 가끔 찬물로 세수해서 머리를 식혀준다. ● 적절한 휴식으로 뇌에 생기를 넣는다. ● 밥을 많이 먹어 위에 부담을 주는 것은 곧 머리에 부담을 주는 것이다.
공격적 학습과 방어적 학습의 효과	● 학습에도 공격과 방어가 있다. 예) 공격적 학습 : 점수를 얻기 위한 적극적 활동 예) 방어적 학습 : 아는 문제를 틀리지 않기 위한 신중한 학습, 산만하게 학습한 내용을 차근차근 정리 ● 예습은 공격적 학습이고, 복습은 방어적인 학습이다.
집중적 입체적 학습하기	● 보통의 학생이 공부하는 모습 : 책상에 앉아 눈으로 책을 읽어 간다. ● 조금 잘하는 학생의 모습 : 눈으로 읽고, 연습장에 써가며 공부한다. ● 아주 잘하는 학생의 모습 : 눈으로 읽고, 입으로 읽고, 귀로 듣고, 손으로 쓰며 공부한다.
학습 시 나쁜 습관을 버리기	● 한 손으로 볼펜을 돌리며 공부한다거나 이어폰을 끼고 음악을 들으며 공부한다거나 하는 행동 ● 다리를 흔들어 가며 공부한다거나 비스듬히 눕거나 엎드려서 공부한다거나 이방 저방, 거실 등을 왔다 갔다 하는 등의 행동 ● 단 10분도 책상에 앉아 있지 못하는 등의 나쁜 습관은 버린다. '기억력 좋은 머리보다 무딘 연필이 낫다.'

※ 크게 인쇄하여 교실에 붙이면 좋습니다.

결합법		결합법은 기억법의 기본입니다. 기억해야 할 사항을 결합하여 하나로 만드는 것 예) 호랑이 → 동생 → [호랑이를 동생이 때려잡았다.] *이렇게 하여 호랑이 하면 동생이 떠올리게 만드는 것
변환법	변환법이란?	변환법은 어떤 기억해야 할 사항을 기억하기 쉽게 변환하는 방법
	구체화법	추상적인 것을 눈에 보이는 구체적인 것으로 바꾸는 것. 예) 교통 → 자동차
	역순법	말의 순서를 바꾸어 보는 것. 예) 모세 → 세모
	첨부법	글자에다 몇 자 더하여 다른 의미가 되게 하는 것. 예) 김천택 → 김천택시
	유사음법	유사한 음으로 바꾸어 보는 것. 예) ruler(룰러) : 지배자 → 룰러(지배자는 룰러)
	축약법	글자를 축약하여 말을 만드는 것. 예) 국제수지 → 국수
	숫자변환법	숫자를 기억하기 쉬운 것으로 바꾸는 방법. 예) 이삿짐센터 전화번호 → 2424-2424
	유사연상법	내용이 일치하거나 비슷한 것으로 변환하는 것. 예) 손가락 → 발가락
	반대연상법	반대되는 말로 만들어 보는 것입니다. 예) 하룻강아지 → 범
	부착연상법	말할 때마다 자신의 머릿속에 제일 먼저 떠오른 것으로 바꾸는 것. 예) 전쟁 → 6.25.
	동음법	발음은 같지만, 뜻이 다른 것으로 변환하는 것. 예) 수도(나라의 중심도시) → 수도(수돗물이 나오는 것)
	분석법	무의미한 글자를 하나하나 풀이하듯 다른 뜻으로 만드는 것. 법상종(불교의 한 종파) → 법보다 상위에 있는 종파
심상법	심상법이란?	기억을 빨리 오래 남기기 위한 방법 예) 뱀 - 소나기
	과장법	냉장고와 소고기를 결합할 경우, '냉장고 속에 황소가 들어가 있다.'처럼 사물의 성질을 과장
	의인화법	굴뚝 위의 연기를 '굴뚝이 담배를 피우고 있다'처럼 사물을 의인화
	자극법	스스로 자극이 되도록 암시를 주는 것. 예) 뱀에 물렸다고 하면 진짜 물린 것처럼 아픔을 느끼도록 꼬집는 것
	감정법	기억사항을 기쁘다 슬프다는 식으로 감정을 느껴보는 것

'고기도 먹어본 사람이 많이 먹는다'라는 속담이 있다. 공부도 효율적으로 해본 사람이 더 잘하게 된다. 같은 시간을 앉아 공부해도 효율적으로 시간을 사용할 수 있다면 그 효과는 더 커진다.

V

마무리를 위해

1

시험을 잘 보기
위한 전략

시험을 잘 보기 위한 전략

학년이 거의 마무리 되어 간다. 마지막 시험인 2차 지필고사를 준비하게 하고, 과목별 세부능력 및 특기사항을 점검해야 한다. 학생이 원하는 진로를 위해서는 공부도 열심히 해야 함을 강조해주어야 한다. 예상보다 낮은 성적 때문에 후회하지 않도록 그 마무리를 위한 교사의 지도전략을 점검한다.

 시험 기간 시간관리 전략

시간별 자투리 시간 활용법

✓ 친구와 만날 때는 장소를 도서관, 서점 등으로 하고 기다리면서 책을 읽는다.

✓ 이동할 때 단어장, 공식집을 항상 휴대한다.

✓ 수업 끝나고 처음 2분(복습), 다음 수업 시작하기 2분(예습)을 잘 활용한다.

일일 학습계획 세워보기

일일 학습계획표는 과목별 학습 플랜, 21일 시험 플랜(본 도서의 [내신 성적의 의미] 부분에 있음)등이 있다. 기본 개념은 같지만, 양식은 참 다양하다. 교사의 판단 아래 우리 학교 학생에게 가장 맞는 양식을 취사선택하면 된다.

●일일 학습 플랜●

나에게 힘이 되는 한마디

시간	계획	계획
오전 5시		
오전 6시		
오전 7시		

시간	과목	활동
오전 8시		
오전 9시	1교시	
오전 10시	2교시	
오전 11시	3교시	
오후 12시	4교시	
오후 1시	점심	
오후 2시	5교시	
오후 3시	6교시	
오후 4시	7교시	
오후 5시		
오후 6시		
오후 7시		
오후 8시		
오후 9시		
오후 10시		
오후 11시		
오전 12시		
오후 12시		
오전 1시		

실 행	예상시간	실제시간
과목 :		
☐		
☐		
☐		
☐		
과목 :		
☐		
☐		
☐		
☐		
과목 :		
☐		
☐		
☐		
☐		
과목 :		
☐		
☐		
☐		
☐		

실천항목	예상항목	수업진도일지	일일플랜작성	예상학습시간	실제학습시간

사실	
느낌	
교훈	
선언	

출처 : 고등학교 학부모를 위한 자녀교육_국가평생교육진흥원

피드백과 오답노트 작성

오답노트를 꼭 작성해야 하나?

오답노트를 잘 작성하면 성적 향상에 도움이 되고 자신의 진로 목표를 실현하는데 긍정적 영향을 준다. 오답노트의 가장 큰 장점은 자신의 취약한 부분을 발견할 수 있다는 점이다. 오답노트 정리를 통해 학생은 자신이 자주 틀리는 유형을 발견할 수 있다. 또, 그 문제를 틀린 이유를 명확히 알 수 있다. 학생은 자신이 어떤 부분에 취약한지를 파악하고 앞으로 같은 실수를 반복하지 않도록 노력할 것이다. 오답노트 작성 시 주의할 점은 유익한 점이 많다 할지라도 오답노트 작성에 너무 많은 시간을 뺏기지 말아야 한다는 것이다.

오답노트 작성만큼 힘든 일도 없다. 상위권 학생들은 정리할 게 많이 없어 부담을 느끼지 않을 수도 있으나, 중위권이나 하위권으로 갈수록 더 힘들어진다. 그렇다 보니 학생은 오답노트 작성을 안 하거나 못하게 되고, 성적은 언제나 제자리거나 더 떨어지는 악순환이 생긴다. 오답노트는 부담을 최소화하는 방법으로 안내하는 것이 중요하다.

오답노트 작성 시 유의점

✓ 처음부터 완벽한 노트를 만들려고 하지 말자.

차근차근한다는 생각으로 만들고 첫 단원부터 시작하려 하지 말고 당장 오늘 푼 문제나 시험부터 시작하도록 합니다.

✓ 수학 영어 오답노트는 반드시 만들자.

수학에서 한번 틀린 문제는 자꾸 틀리므로 오답노트를 만들어 정확히 수정해야 합니다. 영어에서 많은 학생이 오답노트를 만드는 이유는 문법·단어·숙어 등 자신이 모르는 것을 정리하고 전체 지문을 통해 공부해야 하기 때문입니다.

✓ 잘라 붙이자.

노트에 모든 지문이나 해답을 직접 자기 손으로 적다 보면 시간도 오래 걸리고 쉽게 피로해지므로 과감하게 문제집이나 시험지를 자르거나 복사하여 노트에 붙입니다.

✓ 한 권으로 만들자.

오답노트를 만들기로 했으면 그 노트 하나에 모든 정보를 모아두는 것이 좋습니다. 정보가 여기저기 흩어져 있으면 시험 직전에 모두 훑어보기 어려울 뿐 아니라 정리가 산만해져서 효과를 보기 어렵습니다.

출처 : 내일신문 2015.05.19, https://www.naeil.com/news_view/?id_art=150693

오답노트 작성해 보기

문제를 옮겨 적는 일에 많은 에너지를 쏟지 않도록 안내하자. 틀린 부분을 아는 것이 중요하기 때문이다. 학생이 가진 빈 노트를 활용해도 좋다.

오답노트

틀린 문제를 오려 붙이세요

풀이과정 & 정답

핵심정리

날짜 ----------------------------

과목/단원 ----------------------------

복습 ☐ ☐ ☐ ☐ ☐

난이도 ☆ ☆ ☆ ☆ ☆

다 성적을 올리는 공부스타일

학생이 자신의 공부 성향을 정확히 알아 그에 맞는 공부 방법을 익힌다면 더 효율적으로 학습할 수 있는 전략이 된다. 공부는 습관의 문제이다. 늘 해오던 학생만의 공부방식을 객관적인 공부스타일로 파악한다면 더 발전하는 모습을 보여줄 수 있다고 격려해 주자.

● 공부스타일 검사 ●

1 문항을 잘 읽고 자신에게 해당하는 정도에 따라 점수를 적으세요.
(전혀 아니다 1, 거의 아니다 2, 보통이다 3, 그렇다 4, 매우 그렇다 5)

번호	문 항	점수
1	새로운 것을 배울 때, 시간과 노력이 들어도 새로 배워서 좋다.	
2	무조건 외우기보다 내용을 이해하면서 외우는 것이 중요하다고 생각해서 실천한다.	
3	내가 모르던 새로운 것을 배웠을 때 무척 즐겁다.	
4	쉬운 문제보다 어려운 문제를 풀었을 때의 성취감이 좋아 도전하는 편이다.	
5	점수를 잘 받는 것보다 내용을 이해하는 것이 더 중요하다고 생각한다.	
6	수업 시간에 다루는 내용을 잘 이해한다.	
7	나는 선생님께 칭찬을 많이 받는다.	
8	다른 친구들과 비교할 때 교과 내용을 잘 알고 있다.	
9	다른 친구들과 비교할 때 나의 공부 방법은 친구들보다 효과적이다.	
10	나는 친구들에 비해 능력 있는 학생이라고 생각한다.	
11	학교생활은 나의 성장에 중요한 바탕이 된다고 생각한다.	
12	학교 공부는 나의 미래에 영향을 끼친다.	
13	학교 공부는 나의 직업 선택에 큰 역할을 한다고 생각한다.	
14	학교에서 배우는 내용이 앞으로의 내 삶에 도움이 될 것이다.	
15	학교생활은 나의 사회활동에 도움이 될 것이다.	
16	이해하기 어려운 개념은 쉬운 말로 풀어 설명하고 다시 생각해 본다.	

번호	문 항	점수
17	새로운 내용을 공부할 때 머릿속으로 그려보면서 이해한다.	
18	이해하기 어려운 내용은 직접 도표를 그리거나 요약해 본다.	
19	중요한 내용은 나만의 방식이 있다.	
20	중요 개념을 모아 유기적 관계를 정리하면서 이해한다.	
21	공부를 시작하기 전에 미리 생각하고 시작한다.	
22	공부를 시작하기 전에 미리 시간과 분량을 정한다.	
23	공부하다가 반드시 스스로 잘 이해하는지 점검한다.	
24	공부에 집중하다 현재 내가 공부하고 있는 내용을 확인해 혼자 말해보고 다시 진행한다.	
25	중요한 내용이 무엇인지 핵심을 정리하면서 공부한다.	
26	공부해야 할 것을 정했으면 실천하고 미루지 않는다.	
27	공부가 힘들어도 목표한 것을 하려고 끝까지 최선을 다한다.	
28	공부하고 싶다고 생각하면 바로 실천하여 시작한다.	
29	공부할 때 몰입할 수 있다.	
30	내가 공부할 때 가족이 TV를 보고 있어도 나는 영향을 받지 않는다.	
31	공부하기 전에 미리 계획을 세운다.	
32	내가 가장 공부가 잘되는 시간을 알고 그 시간을 비워 공부한다.	
33	시험 전에 미리 계획표를 만들고 그 계획에 따라 준비한다.	
34	공부계획표나 플래너를 사용하여 계획대로 진행한다.	
35	계획한 대로 내용과 목표에 맞게 실천하는 경우가 많다.	
36	공부하다 잘 모를 때 필요한 내용을 찾아보고 이해하려 노력한다.	
37	공부하다 잘 모르면 선생님이나 선배에게 묻는다.	
38	수업시간에 잘 이해가 안되면 선생님께 질문한다.	
39	시험에 나올만한 것을 잘 아는 친구가 있으면 물어보거나 같이 공부한다.	
40	숙제나 공부를 하다가 잘 모르는 내용이 있으면 인터넷으로 정보를 탐색한다.	

2 점수집계표

문항구분		해당문항	합계점수
공부동기	공부 스타일	1번~5번	
	공부 자신감	6번~10번	
	공부하는 이유	11번~15번	
공부생각	공부하는 방법	16번~20번	
	공부계획과 점검	21번~25번	
공부행동	공부행동 조절	26번~30번	
	공부 관리	31번~35번	
	공부 의지	36번~40번	

3 결과 해석표를 참고하여 자신의 학습 스타일에서 상대적으로 강한 부분과 상대적으로 약한 부분을 표에 적고, 앞으로 어떻게 해야 할지를 생각해서 써 보세요.

구분	세부내용	앞으로 계획
강점		
약점		

※ 부족한 부분을 스스로 개선하려고 노력하는 과정에서 공부스타일이 개선됩니다.

공부스타일에 따른 상담 방법

가) 공부동기

문항구분	합산점수	해설
공부 스타일	1~14점 (도움필요)	좋은 점수를 받고 싶지만, 아직 공부가 어렵고 흥미도 낮은 것 같아요. 선생님이나 선배의 조언을 받아 공부하는 이유와 의미를 찾아보세요.
	15~19점 (자기점검)	공부할 때 처음 대하거나 어려운 내용은 회피하는 특징이 있네요. 처음부터 다 알기는 어렵지만, 너무 피하지는 마세요. 차근차근 이해하면서 공부하면 어느 순간 새로운 것을 알아가는 즐거움이 느껴질 거예요.
	20~25점 (공부달인)	새로운 것을 배우는 일에 관심과 흥미가 있군요. 그러니 어렵고 복잡한 내용도 이해하려 애쓰고, 끝까지 해내려 하네요. 지금처럼 계속하면 됩니다.
공부 자신감	1~14점 (도움필요)	공부에 대한 자신감이 없어서 힘들군요. 어떻게 공부할지 몰라서 답답할 수도 있고요. 선생님의 도움을 받아서 자신의 스타일에 맞는 공부법을 찾아서 작은 과제부터 천천히 해보세요.
	15~19점 (자기점검)	생각한 것만큼 성적이 잘 나오지 않죠? 공부하면서 중간 중간 이해한 것을 혼자 말로 설명해보세요. 확실히 알고 있는지 자꾸 점검하는 게 필요해요. 혼자 설명하다 막히는 부분이 바로 잘 모르는 부분이니 다시 읽어보고 이해하고 외우고 또 설명하면 점점 늘고 할 수 있다는 자신감도 커집니다.
	20~25점 (공부달인)	공부를 잘하고 있고 그 내용도 잘 파악하는 학생이군요. 지금처럼 꾸준히 하세요. 공부 자신감이 큰 만큼 성취감도 높을 것으로 예상됩니다.
공부하는 이유	1~14점 (도움필요)	학교 공부가 도움이 되지 않는다고 생각하고 있군요. 학교에서 공부해야 하는 이유와 어떤 도움이 되는지 선생님과 생각해보고 공부의 이유를 찾아보세요.
	15~19점 (자기점검)	학교 공부가 도움이 된다고 생각하고 있지만, 약간의 막연함이 있네요. 학생의 진로 목표에서 지금의 학교생활과 공부가 어떤 관련이 있고 도움을 주는지 찬찬히 생각하고 적어보세요. 정리된 것을 읽으면 공부하는 이유가 더 명확해질 거예요.
	20~25점 (공부달인)	학교 공부가 학생의 진로를 위해 많은 도움이 된다고 생각하고 있네요. 긍정적인 학교생활 태도는 더 학교생활을 즐겁게 하는 힘이 되어줍니다. 지금처럼 즐겁고 성실하게 학교생활 하면서 계획한 대로 차근차근 해 나가세요.

문항구분	합산점수	해설
공부 방법	1~14점 (도움필요)	공부를 잘하려면 학생의 성향에 맞는 공부법을 알아야 해요. 선생님의 도움을 받아서 학생의 공부 습관이나 공부법을 점검해보고, 좋은 방법을 찾아 실천해보세요.
	15~19점 (자기점검)	공부에 대한 자신만의 방법이 있네요. 지금처럼 미리 계획하고, 실천하고, 정리하는 방법을 꾸준히 해보세요. 혹시나 나에게 약한 부분이 없는지 찾아서 그 부분을 보완하면 더 효율적인 공부가 될 거예요.
	20~25점 (공부달인)	공부한 것을 오래 기억하는 법을 확실히 알고 실천하는군요. 공부한 내용을 이전에 공부한 것과 연결해 다시 정리하고, 그 관련성을 찾고 이해하는 등 적극적인 공부법을 실천하고 있어요. 지금처럼 쭉 하세요.
공부 계획과 점검	1~14점 (도움필요)	공부할 계획만 세우고 그것을 지키기가 어렵군요. 계획은 지켜야 하는데 자꾸 계획대로 실천하지 않으니 무너지는 거예요. 너무 무리한 계획 말고 아주 작은 것 하나만 세워서 일주일만 실천해보세요. 그럼 할 수 있다는 자신감이 들고 재미도 느껴질 거예요.
	15~19점 (자기점검)	공부하기 전에 공부할 내용과 양을 미리 계획하고 시작하는 학생이네요. 학생이 할 수 있는 부분을 계획을 세워 실천하고 꾸준히 지켜진다 싶으면 공부 분량을 늘이세요. 공부가 훨씬 쉬워지고 공부 시간도 늘게 됩니다. 이때 중요한 것은 공부한 것을 잘 알고 있는지 스스로 확인하는 것이랍니다.
	20~25점 (공부 달인)	공부계획이 왜 필요한지 그 중요함을 알고 계획을 세워 실천하는 모범적인 학생이군요. 학생만의 공부법과 몰입하는 즐거움이 있네요. 지금처럼 꾸준히 공부 내용과 분량을 잘 고려하고 목표를 달성하면 학생이 원하는 진로 목표에 이를 수 있을 거예요.

다) 공부행동

문항구분	합산점수	해설
공부 행동 조절	1~14점 (도움필요)	공부해야 한다고 생각하지만, 다른 것이 먼저 눈에 들어오지요? 거실에서 가족들이 TV를 보면 공부가 잘 안될 거예요. 일단은 공부가 가장 잘 되는 장소를 찾아야 해요. 그리고 그 장소에 눈길을 끌 것을 모두 치우세요. 짧은 시간 동안 할 일을 계획해서 성공하면 시간을 늘여 보세요. 그러다 보면 조금씩 공부 시간에 집중할 수 있을 거예요.
	15~19점 (자기점검)	공부를 일단 시작하면 괜찮은데, 시작할 때까지 약간의 문제가 있네요. 공부 시간을 정해놓고 공부를 충실히 하세요. 그리고 빨리 끝낸 후 다른 걸 해야지 하는 마음으로 공부하지 말고 공부를 시작하면 거기에만 온전히 몰입해야 해요. 이것을 조금만 연습하면 지금보다 공부 시간에 더 몰입하게 되고, 차츰 실력도 향상됩니다.
	20~25점 (공부달인)	일단 공부를 시작하면 인내하는 마음으로 끝까지 해내는 학생이네요. 자기 행동을 조절하는 능력이 대단해요. 공부에 몰입하는 집중력이 높아요. 학생은 지금처럼 쭉 하면 됩니다.
공부 시간 관리	1~14점 (도움필요)	우리에게 24시간은 누구에게나 동일하게 주어지나, 지나버린 시간을 돌이킬 수 없어요. 그 시간을 어떻게 사용하느냐에 따라 공부 성취도가 달라지는 거 같아요. 하고 싶은 일이 많고, 놀고 싶지만 중요한 일, 꼭 해야 할 일은 해야 해요. 선생님의 조언을 받아서 작은 일부터 시작해 보세요.
	15~19점 (자기점검)	학생은 시간의 주인이 되어 잘 관리하고 있네요. 계획을 세우고 그대로 하고자 노력하고 우선순위를 두어 공부를 차근차근 하고 있어요. 잘하다 중간에 계획이 틀어지지 않도록 꾸준히 효율적으로 시간을 사용하세요.
	20~25점 (공부달인)	공부를 효율적으로 하기 위해 시간 관리를 잘하는 학생이네요. 시간의 사용 계획과 관리 능력이 있어서 학생이 계획한 것을 잘 이룰 거예요.
공부 도움 요청	1~14점 (도움필요)	공부하다 보면 이해하기 어려운 내용이 나오는 것은 당연한 거예요. 질문하는 것을 망설이지 마세요. 모른다고 친구들이 놀릴까 봐 걱정하지 마세요. 모른 것을 꼭 선생님께나 친구에게 물어보세요. 자꾸 물어보면 그만큼 관심이 생기고요. 모르는 것을 알아가는 즐거움이 생긴답니다.
	15~19점 (자기점검)	공부하다 이해하기 어렵거나 잘 모르는 내용이 나오면 찾아서 탐색하는 학생이군요. 참고자료 찾기, 인터넷 검색 등 모르는 것을 찾는 방법을 알고 있고요. 잘 모를 때는 관련 자료를 찾아보는 것이 가장 좋은 방법입니다. 모를 때마다 자꾸 탐색해 보길 바라요.
	20~25점 (공부달인)	공부하다 어려운 내용이 나오면 꼭 주변 사람에게 묻는 적극적인 학생이군요. 학생은 공부가 아닌 다른 일에도 어려움이 생기면 포기하지 않고 당당히 부딪혀 이겨낼 거예요.

2

새로운 학년을 위하여

2

새로운 학년을 위하여

학년을 마친 학생은 여유 있는 시간을 활용하여 지난 시간을 점검하고, 앞으로의 계획을 세워 실천하는 과정이 필요하다. 이제 다음 학년으로 올라갔다고 생각하고 다음 학년의 활동을 계획하면 더 알차게 고등학교 생활을 할 수 있을 것이라 격려하자.

가 학년 돌아보기

학년을 돌아보며 학생의 학업성취도와 학교생활기록부의 진로 관련 영역이 어떻게 기록되어 있는지 파악하는 것이 중요하다. 앞서 1학기 돌아보기에 비슷한 내용이 있다. 학업성취도 점검하기, 교과 활동 정리하기, 비교과 활동 정리하기, 점검 결과를 통한 적합한 전형 생각해보기 등의 활동을 다시 하도록 학생에게 안내하자.

진로장벽 확인

● 진로장벽검사 ●

1 다음 문항을 읽고 해당하는 만큼 점수를 적어보자.
(전혀 그렇지 않다 1점, 그렇지 않다 2점, 보통이다 3점, 그렇다 4점, 매우 그렇다 5점)

번호	문 항	점수
1	나는 내가 어떤 일을 잘할 수 있는지 모르겠다.	
2	나는 나를 잘 몰라서 앞으로 무엇을 해야 할지 모르겠다.	
3	나는 나에게 중요한 것이 무엇인지 모르겠다.	
4	나는 내가 어떤 일을 좋아하는지 모르겠다.	
5	TV와 컴퓨터 등 주위 유혹을 이기지 못해서 미래가 걱정된다.	
6	나는 잠이 많아서 성공하지 못할 것 같다.	
7	내가 원하는 직업을 가질 만큼 실력이 안된다.	
8	나는 공부 방법을 몰라서 실력 발휘를 하지 못할 것이다.	
9	나는 친구가 내가 선택한 직업을 좋아하지 않을까 봐 걱정된다.	
10	앞으로 내 직업 선택은 부모님의 반대나 참견으로 인해 영향을 많이 받을 것이다.	
11	부모님이나 집안의 기대 때문에 내가 하고 싶은 일을 하지 못할 것이다.	
12	우리 선생님(학교, 학원, 과외 선생님 등)께서 내가 원하는 직업이 나와 맞지 않는다고 하면 포기할 것이다.	
13	나중에 내가 직업이 없는 사람이 될까 봐 두렵다.	
14	나는 앞으로 내가 원하는 직업을 찾지 못할까 봐 불안하다.	
15	내가 원하는 직업은 인기가 많아서 불안하다.	
16	내가 선택한 직업이 앞으로 인기가 떨어질까 봐 걱정이다.	
17	나는 내가 원하는 직업에서 사람들이 실제로 어떤 일을 하는지 모른다.	
18	내가 원하는 직업을 가지기 위해 어떤 준비를 해야 하는지 모른다.	
19	나는 직업의 다양한 종류에 대해서 모른다.	
20	나는 관심 있는 직업에 대한 정보를 어디서 얻을 수 있는지 모른다.	
21	우리집에 돈이 없어서 돈을 많이 벌 수 있는 직업을 선택해야만 한다.	
22	내가 원하는 직업(전공)을 갖기 위해서는 돈이 많이 들어 고민이 된다.	
23	대학을 생각하면 돈 걱정이 앞선다.	
24	원하는 학원(과외)에 다닐 형편이 안 돼서 꿈을 이룰 수 없을 것이다	

출처 : 황매향 외, 청소년용 여성 진로 장벽 척도의 개발 및 구인 타당도 검증, 2005

2 자신의 진로장벽 결과를 확인해보자.

진로장벽요인	해당문항	진로장벽 점수 총합	순위
자기 이해 부족	1~4		
자신감 부족	5~8		
중요한 타인과의 갈등	9~12		
미래에 대한 불확실성	13~16		
진로 및 직업정보의 부족	17~20		
경제적 어려움	21~24		

3 진로장벽 요인별 대처방법을 알아보자.

진로장벽요인	대처방법
자기 이해 부족	자신의 적성과 흥미를 진지하게 생각해 보는 것이 필요함
자신감 부족	앞으로의 삶에 대한 희망으로 자기 주도적으로 진로를 개척하고 준비해 나가려는 마음가짐이 필요함
중요한 타인과의 갈등	부모님이나 주변 사람들의 기대와 자신의 진로 방향과의 차이를 깊게 성찰하면서 대화로 갈등을 해결해 나가는 자세가 필요함
미래에 대한 불확실성	미래는 준비하는 사람의 것이라는 태도가 필요함
진로 및 직업정보의 부족	다양한 학과와 직업의 정보를 탐색하거나 직접 진로 체험활동의 기회를 가질 필요가 있음
경제적 어려움	경제적 현실만을 기준으로 삼지 않도록 하는 것이 필요함. 주변 사람들에게 적극적으로 상담해 도움을 받을 수 있는 여건을 마련하는 것이 중요함

진로장벽 극복

PMI(Plus, Minus, Interest) 기법으로 자신의 진로장벽과 진로갈등을 확인해보고 어떻게 해결할지 생각해 보도록 합니다.

● 나의 진로장벽과 진로갈등 ●

_____학년 _____반 _____번 이름 : _____

1 자신의 진로장벽을 적고 대안을 찾아보자.

자신의 진로장벽 (여러 가지라면 가장 시급한 것)	
대안	

2 '대안'을 PMI 기법으로 평가하자.

P(긍정요소)	M(부정요소)

I(개선할 점)

3 PMI 기법으로 평가한 결과를 바탕으로 최선의 대안을 써 보자.

최종 대안	
선택한 이유	

SWOT 분석을 통한 진로장벽 극복

SWOT 분석은 내부능력을 분석하여 강점과 약점을 발견하고, 외부환경을 분석하여 기회와 위협요인을 찾아낸 다음, 이를 토대로 강점은 살리고 약점은 보완하며, 기회는 활용하고, 위협은 억제하여 궁극적으로 진로장벽을 극복하는 전략을 수립하는 방법이다.

● SWOT을 활용한 진로장벽 극복 ●

1 아래의 SWOT 분석표에 내용을 써 보자.

S (Strength) 강점	W(Weakness) 약점
남보다 우세하거나 더 뛰어난 점	모자라거나 부족해서 남에게 뒤떨어지는 점
어떤 일을 하는데 이익을 주는 환경	진로 선택에 방해되는 요소
O(Opportunity) 기회	T(Threat) 위협

2 SWOT 분석 결과를 바탕으로 나의 강점을 발전시키고, 약점을 보완하는 전략을 생각해 보도록 합니다.

SO 전략	
WO 전략	
ST 전략	
선택한 이유	

3 1, 2단계에서 활동한 SWOT 분석을 바탕으로, 진로장벽을 극복할 수 있는 종합적인 전략을 수립해 봅시다.

진로장벽 극복 방법

"깨트려라" 각종 편견과 고정관념, 차별적 인식 등 부정적이고 합리적이지 않은 믿음이나 의지를 긍정적으로 바꿔라.

"넘어서라" 개인의 실력이나 재능 등 역량이 조금 부족하더라도 해결 방안을 적극적으로 모색하고 실천해 한계를 극복하라.

"돌아가라" 자신의 역량이나 환경을 개선하기 어려울 때는 단기간에 해결하려는 마음을 비우고, 장기적인 관점에서 재점검하고 대안을 모색하라.

"돌아서라" 잘못된 정보로 자신에게 맞지 않는 진로 목표를 설정했을 경우, 실현 가능성이 희박하므로 현실에 맞게 진로 목표를 수정하거나 변경하라.

출처 : 창의적 진로개발, 교육부

자신의 상황을 객관적으로 볼 수 있어야 앞으로 한발 나아갈 수 있다. 학생이 자신의 진로장벽과 현실을 명확하게 이해한다면 다가올 학년의 시간을 자기주도적으로 보낼 수 있다. 이는 학생의 진로 목표를 이루기 위해 중요한 일이다.

방학 계획하기

겨울방학의 계획이 다른 어떤 때보다도 치밀하도록 지도해야 하고 학년 전체를 돌아보면서 점검해야 할 부분도 세세하게 알려주어야 한다.

학년 말 학교생활기록부 체크 사항

학생 본인의 진로목표와 부합하도록 학교생활기록부가 잘 잘성되었는지 확인하는것이 중요하기 때문에 학교생활기록부를 꼼꼼하게 체크하도록 지도한다.

학교생활기록부 체크리스트

1. 수상내역
2. 진로희망-학생의 최종 희망과 일치하는지 확인(단, 변동이 있을 경우 이유 확인)
3. 창의적 체험활동-누락되는 내용이 없도록 확인
4. 교과세부능력 및 특기사항-본인의 성적과 수업에 대한 참여도를 바탕으로 기록된 내용 확인
5. 음/미/체의 기록도 누락되지 않도록 확인
6. 독서활동상황의 기록 내용이 중복되지 않았는지 확인-과목별 독서 중복 확인

※ 이 책의[1학기 돌아보기]의 내용을 다시 한 번 확인하면 좋습니다.

겨울방학계획 잡기

겨울방학은 언제부터일까? 대개는 겨울방학이 시작되는 날부터라고 생각하나 고등학생들에게 겨울방학은 12월 기말고사가 끝난 다음부터다. 12월 중순부터 계획을 잡고 체계적으로 준비해야 한다. 특히, 방학 중 학습계획 외에 학생이 자신의 진로를 탐색하고 확장할 수 있는 시간을 가질 수 있도록 지도한다.

● 진로체험활동 계획서 ●

여유 있는 방학을 활용하여 자신의 진로에 맞는 여러 가지 활동을 계획해 봅시다.

	활동	활동 내용	실행 여부/느낀 점
진로 관련	봉사활동		
	독서활동	※ 학과별 추천도서 목록은 [부록 8]을 참고하세요.	
	동아리활동		
	직업체험활동		
	보고서 쓰기		
	기타		

독서기록

독서 활동은 학생의 진로 관심 분야를 보여준다. 학생이 읽은 책을 보면 장차 무엇을 하고 싶은지 짐작할 수 있다. 책을 읽은 이유를 통해 그 연계성과 확장성도 파악된다. 책을 많이 읽는 것도 좋지만 제대로 읽는 게 더 중요하다. 책을 읽은 후, 꼭 독서기록장을 쓰도록 지도하자. 그래야 학생의 기억이 오래가고 입시에서 중요한 순간에 잘 활용할 수 있다.

● 독서기록장 ●

책 제목		저자	
		출판사	
주제와 분야		목차	
		페이지	
읽은기간	년　월　일 ~　월　일(　일간)		
책 선택 동기			
줄거리 요약			
마음에 드는 한 문장 또는 장면 & 이유 (관련된 세상 일, 또는 나의 경험)			
나에게 주는 의미나 영향			

지금까지 겨울방학 동안 해야 할 일에 대해서 알아봤다. 계획한 대로 모두 다 이루어진다면 얼마나 좋을까? 애초 지켜지지 않을 거라는 생각에 계획조차 하지 않는 것은 대단히 큰 문제다. 계획대로 되지 않으면 다시 세우면 된다. 작심삼일(作心三日)이라는 속담을 반대로 3일마다 계획을 세우면 된다는 말로도 해석이 가능하다는 것을 학생에게 알려주자.

과목별 세부능력 및 특기사항 내용 부족은 선생님 탓?

학교생활기록부는 담임선생님과 각 과목별 선생님들께서 학생 개인을 관찰하여 기록하는 것이다. 그러나 학생이 움직이지 않으면 선생님은 학교생활기록부에 기록할 내용이 없다. 따라서 학교생활기록부의 내용이 부족하다면 학교나 선생님을 탓하기 전에 정작 학교생활기록부 내용을 채우기 위해 자신이 얼마나 노력했는지를 곱씹어봐야 한다. 물론 일차적으로는 학교가 다양한 활동을 통해 학교생활기록부의 내용을 풍부하게 하는 것이 필요하다. 그러나 그것보다도 더 중요한 것은 학생들이 학교생활기록부 내용을 풍부하게 하기위해 더 많은 노력이 필요하다는 것을 안내해 주어야 한다.

세특의 양과 질, 어떻게 높일 것인가?

1. 교사에게 인정받는 인성부터 기르자

세특은 학생에 대한 선생님의 애정이 반영되는 부분이다. 수업 시간에 잠을 자거나 참여도가 저조한 경우나 수행평가의 내용이 부실하다면 세특 내용은 풍성하게 나올 수 없다.

2. 발표, 질문, 토론에 충실하자

세특은 교과수업의 결과보다 과정을 측정한다. 따라서 수업 시간 중 발생하는 발표, 질문, 토론 등과 관련된 활동에 성의를 다하자. 특히 전공이나 진로와 관련된 교과의 경우 세특 내용이 대입 시 추천서가 될 수 있다는 생각을 잊지 말고 수업에 임해야 한다.

3. 자신의 세특 자료, 스스로 정리해두자

연말이 되면 학교생활기록부를 꼼꼼하게 채워야 하기에 교사들의 시간과 정보가 절대적으로 부족하다. 그렇다고 입시에 활용되는 자료인데 대충 쓸 수도 없다. 그러니 요즘은 교사가 쓴 내용을 학생에게 확인시키고 추가할 내용을 추가하라는 방식이나 수업활동 보고서 등을 작성하고 선생님께 제출하여 세특 기록할 때 활용하는 방법 등이 활용되고 있다. 이는 교사입장에서 학생을 위해 더 추가해줄 수 있는 내용을 찾아주기 위한 노력이라고 할 수 있다. 따라서 월 2회 정도는 주요교과 중심으로 자신이 활동했던 내용을 정리해두자. 그 내용은 구체적일수록 좋다.

4. 내가 한 일은 적극적으로 알리자

이렇게 기록한 세특 내용을 연말이 되어 자신의 과목별 세특 내용을 확인하고 수정할 기회가 있을 때 교사에게 요청하는 적극성을 갖자. 선생님이 싫어할까 봐, 또는 선생님이 시키지도 않았는데 라며 주저하는 마음은 이제 과감히 없애자. 고등학생이 되면 입시 준비는 내가 하는 것이다.

출처 : 에듀동아 2018.04.19
http://edu.donga.com/?p=article&ps=view&at_no=20180419134346391092

부록

부록1. 대입정보포털(www.adiga.kr)

대입정보포털(어디가) 활용 팁

고교 진학도우미 대입정보포털 '어디가'는 교육부가 사교육시장에서 제공하던 입시정보를 정부에서 제공하기 위해 만든 입시 정보 사이트입니다. 대학입시정보분만 아니라 다양한 진학정보를 제공하여 학생과 학부모의 맞춤형 진학·설계를 지원합니다.

1 대입정보포털로에서 얻을 수 있는 정보

- 진로정보 직업, 적성분류별 정보
- 대학, 학과, 전형정보 제공
- 성적 분석 성적을 통한 입시분석정보
- 대입상담 대학입학상담서비스
- 대입정보센터 대입정보 매거진
  대학별 입시정보

2 대입제도 확인할 관련 사이트로 연결

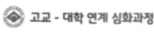

3 진로정보-진로와 적성에 맞는 학과와 대학 탐색

직업분류와 적성분류별 진로정보

내 꿈에 더 가까운 **직업정보**를 확인하세요!

● 키워드별   ○ 조건별

키워드를 입력해주세요   Q

직업분류
국내 모든 직업을 분야별로 분류,
직업에 대한 상세한 정보를 제공합니다.

테마별 직업여행
여행, 음식, 호텔, 방송/언론, 영화 등
흥미로운 분야의 다양한 직업을 소개합니다.

■ 직업분류별, 적성분류별 직업정보를 검색 가능 연봉, 일자리전망, 발전가능성, 고용평등의 정보를 알 수 있음
유사직업, 관련학과 정보를 알 수 있음

4 대학입학전형 정보-희망대학, 학과 전형 분석

일반대학과 전문대학의 대학정보 확인

대학입학정보 스마트하게 검색하고 비교하고 분석할 수 있도록 도와드립니다.

🏳 일반대학   🏳 전문대학

● 대학정보   ○ 학과정보   ○ 전형정보

대학명을 입력해주세요.   Q

지 역 ☑전체 □강원 □경기 □경남 □경북 □광주 □대구 □대전 □부산
□서울 □세종 □울산 □인천 □전남 □전북 □제주 □충남 □충북

■ 일반대학과 전문대학은 별도 구성

■ 검색조건 지역/학교유형/설립유형/취업률/
등록금)은 다중 선택이 가능

■ 대학명을 직접 입력하여 검색
지역, 모집인원, 지난해 경쟁률, 취업률,
등록금, 장학금, 기숙사수용률을 알 수 있음

학과정보   ⓘ + - 🖨

🔄 검색조건 초기화   💾 검색조건 저장   ● 일반대학 ○ 전문대학 2021 학년도(현재 고3) ∨

대학 대학명을 입력해주세요.   Q

기계공학   Q

대계열	중계열	소계열	학과명
자연과학계열	농림·수산	농림수산바이오시스템공학	□농업토목·생물산업공학부(농업토목공학전공,생물산업기계공학전공)
자연과학계열	농림·수산	농림수산바이오시스템공학	□바이오시스템기계공학과
		농림수산바이오시스템공학	

■ 일반대학과 전문대학은 별도 구성

■ 학과명과 대학명을 직접 입력하여 검색 가능

■ 검색 결과에서 학과명을 클릭하시면 학과가
개설 된 대학과 모집인원, 지난해 경쟁률, 지
난해 입시결과를 확인 가능

전형정보

ⓘ + −

↻ 검색조건 초기화	⊡ 검색조건 저장	● 일반대학 ○ 전문대학 　2021 학년도(현재 고3)

대학	대학명을 입력해주세요. 🔍
모집시기	☑전체 □수시 □정시(가) □정시(나) □정시(다) □추가
전형유형	☑전체 □학생부위주(교과) ☑ □학생부위주(종합) ☑ □실기/실적위주 ☑ □논술위주 ☑ □수능위주 ☑ □기타
전형조건	☑전체 일반전형　　□일반전형

■ 일반대학과 전문대학은 별도 구성

■ 모집시기, 지역, 계열을 순서대로 선택하면 해당 검색 결과를 확인

■ 대학명, 모집단위(학과)를 직접 입력하여 검색 가능

■ 검색 결과에서 대학명의 학과별 모집단위, 전형명, 전형방법 등의 상세 정보 확인 가능

---

5 학습진단-내 점수로 어디 가지

■ 로그인을 하면 대학입학에 대한 정보와 다양한 서비스 사용 가능

---

6 대입정보매거진

대입정보 매거진을 클릭하면 다양한 대입정보를 알 수 있음

7 대학캐스트

대학의 입학자료, 홍보자료, 보도자료로 대학 정보를 알 수 있음

대학캐스트   + - 🖶

| •지역 서울 ∨ | •대학구분 일반대학 ∨ | •분류 보도자료 ∨ | 내용 ∨ | | 검색 |

총 107건이 있습니다.   15개씩 출력

번호	대학명	구분	제목	작성자	등록일 ▼
107	명지대학교[제2캠퍼스]	보도자료	명지대학교, 라오스서 해외봉사활동	우동훈	2020-01-20
106	명지대학교[제2캠퍼스]	보도자료	명지대학교 '2019년 제2차 MJ전공체험, 꿈웅…	우동훈	2020-01-20
105	명지대학교[제2캠퍼스]	보도자료	명지대학교 '2019년 함께 고민하는 MJ대입모…	우동훈	2020-01-20
104	명지대학교[제2캠퍼스]	보도자료	명지대 만화애니-디자인과, 제 1회 워크샵 작…	우동훈	2020-01-20

글번호	1229				
제목	[홍보자료] 사회복지학부 학술제 통해 가지는 선배와의 소통 기회				
작성자	이러쿵	등록일	2016-11-09 13:28:38	조회수	2
첨부	업로드된 파일이 없습니다.				

"선배의 이야기를 들어요! 사회복지학부 학술제!"

2016년 10월 28일 금요일 현장에 계신 선배님과 함께 학술제를 진행하였다. 전공에 대한 특강을 통해 학생들이 전문적인 지식과 정보를 취득하며, 관심분야를 세부적으로 알아가는 시간을 가졌다.

특강의 주제는 공무원으로, 사회복지 공무원을 진로로 정한 학생들에게 선배님이 공무원이 되기 위해 노력한 것들과 현장에서 직접 경험한 일들을 자세하게 알려주는 시간이었다. 선배님과의 질의응답을 통해 궁금증을 해소하며 진로에 대해 다시 한 번 생각할 수 있는 기회가 되었으며 나아가 전공과 연계된 교외활동과 연결되어 지속적으로 활동할 수 있도록 도움이 되었다.

8 대입상담-전화, 온라인

상담방법	내용
온라인 상담	상담방법 [대학입학정보 HOME〉대입상담〉온라인대입상담〉상담신청]에 상담 받고 싶은 내용을 작성 상담내용 진로에 기반한 진학상담, 맞춤형 대입전략 수립 등
온라인 전공상담	상담방법 [대학입학정보 HOME〉대입상담〉온라인전공상담〉전공선택〉상담신청]에 상담 내용을 작성하면 됩니다. 전공 상담자 대학생 전공상담 기부단이나 대입 상담교사단 상담내용 전공, 진로, 학사제도, 대학생활, 학회, 연구 활동 등
전화상담 안내	상담시간 1월~6월: 평일 09:00~18:00 / 7월~12월: 평일 09:00 ~ 22:00 상담내용 진로에 기반한 진학상담, 맞춤형 대입전략 수립 등

전문가 Tip

대입정보포털에서 이용 가능한 서비스

✓ 진로적성에 맞는 학과와 대학 탐색
✓ 희망대학, 학과, 전형정보 분석
✓ 자기 성적에 기초한 전형결과 비교 분석
✓ 대입 상담(온라인, 전화)

부록

부록 2. 1학년 3월(학기초) 활동지

[나의 진로 탐색] 활동지

'나'에 대한 마인드맵을 자유롭게 그려보세요.
나의 적성, 흥미, 가치관, 강점, 약점, 잘하는 과목, 좋아하는 과목 등을 자연스럽게 알 수 있을 거예요.

나

마인드맵을 통해 자신의 관심 분야를 탐색해 보았나요?

나의 관심 분야는 (   )입니다.

이제부터는 교육과정의 여러 분야에 대해 살펴보고

나에게 맞는 분야를 찾아보세요.

아래의 분야를 참고하여 다음의 나만의 진로나무를 완성해 보세요.

[나의 진로나무 키우기] 활동지

분야는 크게 [인문, 사회, 자연과학, 공학, 예술·체육, 교육]으로 나눌 수 있어요.
진로나무에 희망하는 분야를 구체적으로 적다 보면자신이 어느 분야에 많은 관심을 갖고 있는지 알 수 있을 거예요.
관심있는 분야를 찾아서 진로나무에 적어보세요.

출처 : 미리보는 서울형 고교학점제 워크북, 서울특별시교육청

부록

['나 광고'만들기] 활동지

●‘나 광고’ 만들기 ●

모임에서 자신을 소개하고 홍보한다고 생각하고 나에 대한 광고를 만들어보자.

1) 어떤 상황에서 자신을 광고하는 것인지를 먼저 생각한다.

2) 간결하고 정확한 단어를 써서 자신에 대한 광고 문구를 만들어보자.

3) 캐릭터 등을 활용하여 광고에 맞는 이미지를 그려 보자.

예시

1) 상황: 3월 새로운 학기가 시작되어 학급에서 자기 소개

2) 광고문구: 2-5반 친구들의 도움이 필요한 곳이면 어디든지 달려가는 김긍정

3) 나의 이미지

1) 상황 :

2) 광고 문구 :

3) 광고 제작하기 :

[나를 상징하기] 활동지

● 나를 상징하기 ●

3분간 조용하게 자신에 대하여 생각한 후 상징물(사물, 자연 등)을 활용하여 자신을 표현해보자.

나는_____이다

왜냐하면

....

....

....

....

....

....

....

....

....

출처 : 미리보는 서울형 고교학점제 워크북, 서울특별시교육청

부록 3. 2015 개정 교육과정 고등학교 교과목 목록

교과 영역	교과(군)	공통과목	선택과목	
			일반선택	진로선택
기초	국어	국어	화법과 작문, 독서 언어와 매체, 문학	실용 국어, 심화 국어, 고전 읽기
	수학	수학	수학Ⅰ, 수학Ⅱ, 미적분, 확률과 통계	실용 수학, 기하, 경제 수학, 수학과제 탐구
	영어	영어	영어 회화, 영어Ⅰ, 영어 독해와 작문, 영어Ⅱ	실용 영어, 영어권 문화, 진로 영어, 영미 문화 읽기
	한국사	한국사		
탐구	사회 (역사/도덕포함)	통합사회	한국지리, 세계지리, 세계사, 동아시아사, 경제, 정치와 법, 사회·문화, 생활과 윤리, 윤리와 사상	여행지리, 사회문제 탐구, 고전과 윤리
	과학	통합과학 과학탐구실험	물리학Ⅰ, 화학Ⅰ, 생명과학Ⅰ, 지구과학Ⅰ	물리학Ⅱ, 화학Ⅱ, 생명과학Ⅱ, 지구과학Ⅱ, 과학사, 생활과 과학, 융합과학
체육 · 예술	체육		체육, 운동과 건강	스포츠 생활, 체육 탐구
	예술		음악, 미술, 연극	음악 연주, 음악 감상과 비평, 미술 창작, 미술 감상과 비평
생활 · 교양	기술 · 가정		기술 · 가정, 정보	농업 생명 과학, 공학 일반, 창의 경영, 해양 문화와 기술, 가정과학, 지식 재산 일반
	제2외국어		독일어Ⅰ, 일본어Ⅰ, 프랑스어Ⅰ, 러시아어Ⅰ, 스페인어Ⅰ, 아랍어Ⅰ, 중국어Ⅰ, 베트남어Ⅰ	독일어Ⅱ, 일본어Ⅱ, 프랑스어Ⅱ, 러시아어Ⅱ, 스페인어Ⅱ, 아랍어Ⅱ, 중국어Ⅱ, 베트남어Ⅱ
	한문		한문Ⅰ	한문Ⅱ
	교양		철학, 논리학, 심리학, 교육학, 종교학, 진로와 직업, 보건, 환경, 실용 경제, 논술	

※ 1학년 때는 공통과목을 배우고 2, 3학년 때는 학생의 적성과 진로를 고려하여 배우고 싶은 과목을 선택해서 이수하도록 편성됩니다.

2009 개정 교육과정의 보통 과목의 심화수준에 해당하는 성격으로 특목고의 설립취지를 살릴 수 있도록 편성하는 과목이지만 일반고와 자율고도 학생의 필요에 따라 개설할 수 있습니다.

상담방법	과목			
과학 계열	심화 수학 Ⅰ 고급물리학 물리학 실험 정보과학	심화수학 Ⅱ 고급 화학 화학 실험 융합과학 탐구	고급수학 Ⅰ 고급 생명과학 생명과학 실험 과학과제 연구	심화 수학 Ⅰ 고급물리학 물리학 실험 정보과학
체육 계열	스포츠개론 체조 운동 체육 전공 실기 기초 스포츠 경기 체력	체육과 진로탐구 수상 운동 체육 전공 실기 심화 스포츠 경기 실습	체육 지도법 개인·대인 운동 체육 전공 실기 응용 스포츠 경기 분석	육상 운동 단체 운동
예술 계열	음악 이론 합창 미술 이론 입체 조형 무용의 이해 무용 음악 실습 문예 창작 입문 고전문학 감상 극 창작 연극의 이해 연극 감상과 비평 영화 제작 실습 사진의 이해 사진 표현 기법	음악사 합주 미술사 매체 미술 무용과 몸 안무 문학 개론 현대문하 감상 연기 영화의 이해 영화 감상과 비평 기초촬영 영상 제작의 이해	시창·청음 공연 실습 드로잉 미술 전공 실기 무용 기초 실기 무용과 매체 문장론 시 창작 무대기술 영화 기술 암실 실기 사진 영상 편집	음악 전공 실기 평면 조형 무용 전공 실기 무용 감상과 비평 문학과 매체 소설 창작 연극 제작 실습 시나리오 중급 촬영 사진 감상과 비평
외국어 계열	심화 영어 회화 Ⅰ 심화 영어 독해 Ⅰ 전공 기초 독일어 독일어 독해와 작문 Ⅱ 전공 기초 프랑스어 프랑스어 독해와 작문 Ⅱ 전공 기초 스페인어 스페인어 독해와 작문 Ⅱ 전공 기초 중국어 중국어 독해와 작문 Ⅱ 전공 기초 일본어 일본어 독해와 작문 Ⅱ 전공 기초 러시아어 러시아어 독해와 작문 Ⅱ 전공 기초 아랍어 아랍어 독해와 작문 Ⅱ 전공 기초 베트남어 베트남어 독해와 작문 Ⅱ	심화 영어 회화 Ⅱ 심화 영어 독해 Ⅱ 독일어 회화 Ⅰ 독일어권 문화 프랑스어 회화 Ⅰ 프랑스어권 문화 스페인어 회화 Ⅰ 스페인어건 문화 중국어 회화 Ⅰ 중국 문화 일본어 회화 Ⅰ 일본 문화 러시아어 회화 Ⅰ 러시아 문화 아랍어 회화 Ⅰ 아랍 문화 베트남어 회화 Ⅰ 베트남 문화	심화 영어 Ⅰ 심화 영어 작문 Ⅰ 독일어 회화 Ⅱ 프랑스어 회화 Ⅱ 스페인어 회화 Ⅱ 중국어 회화 Ⅱ 일본어 회화 Ⅱ 러시아어 회화 Ⅱ 아랍어 회화 Ⅱ 베트남어 회화 Ⅱ	심화 영어 Ⅱ 심화 영어 작문 Ⅱ 독일어 독해와 작문 Ⅰ 프랑스어 독해와 작문 Ⅰ 스페인어 독해와 작문 Ⅰ 중국어 독해와 작문 Ⅰ 일본어 독해와 작문 Ⅰ 러시아어 독해와 작문 Ⅰ 아랍어 독해와 작문 Ⅰ 베트남어 독해와 작문 Ⅰ
국제 계열	국제 정치 한국 사회의 이해 현대 세계의 변화	국제 경제 비교 문화 사회 탐구 방법	국제법 세계 문제와 미래 사회 사회과제 연구	지역 이해 국제 관계와 국제기구

출처: 2015 개정 교육과정 총론 해설서(중·고등학교) 개발 연구, 한국교육과정평가원

학생의 희망 계열(학과)별 과목 선택 시 참고해보세요.

학과	선택 권장 과목
고고학과	영어권 문화, 세계지리, 세계사, 동아시아사, 경제, 정치와 법, 사회·문화, 윤리와 사상, 제2외국어Ⅰ, 제2외국어Ⅱ, 한문Ⅰ, 한문Ⅱ, 수학Ⅰ, 수학Ⅱ 등
국어국문학과	심화 국어, 고전 읽기, 한국지리, 사회 문화, 논술, 한문Ⅰ, 한문Ⅱ 등
동양어학과	세계사, 세계지리, 사회·문화, 일본어Ⅰ, 일본어Ⅱ, 중국어Ⅰ, 중국어Ⅱ, 한문Ⅰ, 한문Ⅱ, 아랍어Ⅰ, 아랍어Ⅱ, 베트남어Ⅰ, 베트남어Ⅱ등
문헌정보학과	윤리와 사상, 사회 문화, 세계사, 동아시아사, 생활과 과학, 수학Ⅰ, 수학Ⅱ, 확률과 통계 등
문화재보존학과	한국지리, 세계지리, 세계사, 동아시아사, 사회·문화, 화학Ⅰ, 지구과학Ⅰ, 한문Ⅰ, 한문Ⅱ, 수학Ⅰ, 수학Ⅱ 등
문화콘텐츠학과	한국지리, 세계지리, 세계사, 동아시아사, 사회·문화, 사회문제 탐구, 심리학, 수학Ⅰ, 수학Ⅱ, 확률과 통계 등
사학과	한국지리, 세계지리, 세계사, 동아시아사, 윤리와 사상, 한문Ⅰ, 한문Ⅱ, 제2외국어Ⅰ, 제2외국어Ⅱ, 수학Ⅰ, 수학Ⅱ 등
서양어학과	세계사, 세계지리, 윤리와 사상, 러시아어Ⅰ, 러시아어Ⅱ, 독일어Ⅰ, 독일어Ⅱ, 프랑스어Ⅰ, 프랑스어Ⅱ, 스페인어Ⅰ, 스페인어Ⅱ 등
심리학과	사회·문화, 생활과 윤리, 윤리와 사상, 생명과학Ⅰ, 심리학, 수학Ⅰ, 수학Ⅱ, 확률과 통계 등
영어영문학과	영어권 문화, 진로영어, 영미문학읽기, 세계사, 세계지리, 윤리와 사상, 사회·문화 등
인류학과	사회·문화, 한국지리, 세계지리, 세계사, 동아시아사, 수학Ⅰ, 수학Ⅱ 등
철학과	세계사, 동아시아사, 생활과 윤리, 윤리와 사상, 고전과 윤리, 철학, 논리학, 수학Ⅰ, 수학Ⅱ 등
통번역학과	세계지리, 세계사, 동아시아사, 사회·문화, 영어권문화, 진로영어, 제2외국어Ⅰ, 제2외국어Ⅱ 등
경영학과	경제, 정치와 법, 사회·문화, 심리학, 논술, 수학Ⅰ, 수학Ⅱ, 미적분, 확률과 통계, 기하, 경제 수학 등
경제학과	경제, 정치와 법, 사회·문화, 사회문제 탐구, 논술, 수학Ⅰ, 수학Ⅱ, 미적분, 확률과 통계, 기하, 경제 수학 등
광고홍보학과	경제, 정치와 법, 사회·문화, 세계사, 세계지리, 과학사, 논리학, 논술, 수학Ⅰ, 수학Ⅱ, 확률과 통계 등
국제학과	세계지리, 세계사, 경제, 정치와 법, 사회·문화, 사회문제 탐구, 수학Ⅰ, 수학Ⅱ 등
금융보험학과	경제, 정치와 법, 사회·문화, 사회문제 탐구, 수학Ⅰ, 수학Ⅱ, 미적분, 확률과 통계, 경제 수학 등
농업경제학과	한국지리, 세계지리, 경제, 정치와 법, 사회·문화, 사회문제 탐구, 수학Ⅰ, 수학Ⅱ, 미적분, 확률과 통계, 경제 수학, 생명과학Ⅰ, 지구과학Ⅰ 등
무역학과	경제, 정치와 법, 사회·문화, 사회문제 탐구, 영어권 문화, 진로 영어, 제2외국어Ⅰ, 제2외국어Ⅱ, 수학Ⅰ, 수학Ⅱ, 미적분, 경제 수학 등
법학과	생활과 윤리, 윤리와 사상, 정치와 법, 사회·문화, 경제, 사회문제 탐구, 논술, 수학Ⅰ, 수학Ⅱ, 확률과 통계 등
보건행정학과	정치와 법, 사회·문화, 경제, 수학Ⅰ, 수학Ⅱ, 확률과 통계, 생명과학Ⅰ 등
부동산학과	경제, 정치와 법, 사회·문화, 한국지리, 수학Ⅰ, 수학Ⅱ, 미적분, 확률과 통계, 경제 수학 등
사회복지학과	경제, 사회·문화, 생활과 윤리, 윤리와 사상, 사회문제 탐구, 수학Ⅰ, 수학Ⅱ, 확률과 통계 등
사회학과	윤리와 사상, 사회·문화, 생활과 윤리, 사회문제 탐구, 정치와 법, 수학Ⅰ, 수학Ⅱ, 확률과 통계 등

학과	선택 권장 과목
산업경영학과	경제, 실용 경제, 심리학, 수학Ⅰ, 수학Ⅱ, 미적분, 확률과 통계, 정보 등
세무회계학과	경제, 실용 경제, 수학Ⅰ, 수학Ⅱ, 미적분, 확률과 통계 등
신문방송학과	심화 국어, 고전 읽기, 경제, 정치와 법 등
아동복지학과	사회·문화, 생활과 윤리, 윤리와 사상, 사회문제 탐구, 심리학, 교육학 등
정치외교학과	정치와 법, 사회·문화, 윤리와 사상, 사회문제 탐구, 세계지리, 세계사 등
항공서비스학	실용영어, 심화영어, 세계사, 세계지리, 여행지리, 생활과 윤리, 사회·문화, 제 2외국어Ⅰ, 제2외국어Ⅱ 등
행정학과	정치와 법, 사회 문화, 사회문제 탐구, 수학Ⅰ, 수학Ⅱ, 확률과 통계 등
호텔경영학	경제, 사회·문화, 세계사, 세계지리, 심화영어, 여행지리, 영어권문화 등
회계학과	경제, 수학Ⅰ, 수학Ⅱ, 미적분, 확률과 통계, 경제 수학 등
농생물학과	수학Ⅰ, 수학Ⅱ, 미적분, 확률과 통계, 기하, 화학Ⅰ, 화학Ⅱ, 생명과학Ⅰ, 생명과학Ⅱ 등
대기과학과	수학Ⅰ, 수학Ⅱ, 미적분, 확률과 통계, 기하, 물리학Ⅰ, 물리학Ⅱ, 화학Ⅰ, 화학Ⅱ, 생명과학Ⅰ, 생명과학Ⅱ, 지구과학Ⅰ, 지구과학Ⅱ 등
동물자원학과	수학Ⅰ, 수학Ⅱ, 미적분, 확률과 통계, 화학Ⅰ, 화학Ⅱ, 생명과학Ⅰ, 생명과학Ⅱ, 생활과 윤리, 윤리와 사상 등
물리학과	수학Ⅰ, 수학Ⅱ, 미적분, 기하, 확률과 통계, 물리학Ⅰ, 물리학Ⅱ, 화학Ⅰ, 화학Ⅱ, 생명과학Ⅰ, 지구과학Ⅰ, 지구과학Ⅱ, 과학사, 융합과학 등
생명과학과	수학Ⅰ, 수학Ⅱ, 미적분, 확률과 통계, 화학Ⅰ, 화학Ⅱ, 생명과학Ⅰ, 생명과학Ⅱ, 생활과 윤리, 환경 등
생명자원공학과	수학Ⅰ, 수학Ⅱ, 미적분, 확률과 통계, 기하, 화학Ⅰ, 화학Ⅱ, 생명과학Ⅰ, 생명과학Ⅱ, 지구과학Ⅰ, 지구과학Ⅱ, 환경 등
수의학과	수학Ⅰ, 수학Ⅱ, 미적분, 확률과 통계, 기하, 화학Ⅰ, 화학Ⅱ, 생명과학Ⅰ, 생명과학Ⅱ, 생활과 윤리, 윤리와 사상 등
수학	수학Ⅰ, 수학Ⅱ, 미적분, 확률과 통계, 기하, 수학과제 탐구 등
식품영양학과	수학Ⅰ, 수학Ⅱ, 미적분, 확률과 통계, 기하, 화학Ⅰ, 화학Ⅱ, 생명과학Ⅰ, 생명과학Ⅱ, 기술·가정, 가정 과학 등
원예학과	수학Ⅰ, 수학Ⅱ, 미적분, 확률과 통계, 기하, 물리Ⅰ, 화학Ⅰ, 화학Ⅱ, 생명과학Ⅰ, 생명과학Ⅱ, 지구과학Ⅰ, 지구과학Ⅱ 등
의류학과	기술·가정, 미술, 미술 감상과 비평, 미술 창작, 세계사, 경제, 심리학, 화학Ⅰ, 화학Ⅱ 등
조경학과	수학Ⅰ, 수학Ⅱ, 확률과 통계, 물리학Ⅰ, 화학Ⅰ, 생명과학Ⅰ, 생명과학Ⅱ, 지구과학Ⅰ, 지구과학Ⅱ, 융합과학 등
지질학과	수학Ⅰ, 수학Ⅱ, 미적분, 확률과 통계, 기하, 물리Ⅰ, 물리Ⅱ, 화학Ⅰ, 화학Ⅱ, 지구과학Ⅰ, 지구과학Ⅱ 등
천문학과	수학Ⅰ, 수학Ⅱ, 미적분, 확률과 통계, 기하, 물리Ⅰ, 물리Ⅱ, 지구과학Ⅰ, 지구과학Ⅱ 등
통계학	수학Ⅰ, 수학Ⅱ, 확률과 통계, 미적분, 경제 수학, 수학과제 탐구 등
화학	수학Ⅰ, 수학Ⅱ, 미적분, 확률과 통계, 기하, 물리Ⅰ, 물리Ⅱ, 화학Ⅰ, 화학Ⅱ, 생명과학Ⅰ, 생명과학Ⅱ 등
건축공학과	수학Ⅰ, 수학Ⅱ, 미적분, 기하, 물리학Ⅰ, 물리학Ⅱ, 화학Ⅰ, 화학Ⅱ 등
건축학과	수학Ⅰ, 수학Ⅱ, 미적분, 기하, 물리학Ⅰ, 물리학Ⅱ, 화학Ⅰ, 기술 가정, 미술, 미술창작, 미술 감상과 비평 등

학과	선택 권장 과목
고분자공학과	수학Ⅰ, 수학Ⅱ, 미적분, 기하, 물리학Ⅰ, 물리학Ⅱ, 화학Ⅰ, 화학Ⅱ 등
교통공학과	수학Ⅰ, 수학Ⅱ, 미적분, 확률과 통계, 기하, 물리학Ⅰ, 물리학Ⅱ, 화학Ⅰ, 화학Ⅱ, 융합과학, 정보 등
기계공학과	수학Ⅰ, 수학Ⅱ, 미적분, 확률과 통계, 기하, 물리학Ⅰ, 물리학Ⅱ, 화학Ⅰ, 생명과학Ⅰ 등
기계설계공학	수학Ⅰ, 수학Ⅱ, 미적분, 확률과 통계, 기하, 물리학Ⅰ, 물리학Ⅱ 등
도시공학과	수학Ⅰ, 수학Ⅱ, 미적분, 확률과 통계, 기하, 경제, 한국지리, 세계지리, 사회·문화 등
멀티미디어학과	수학Ⅰ, 수학Ⅱ, 미적분, 확률과 통계, 기하, 물리학Ⅰ, 화학Ⅰ, 음악, 미술, 정보, 생활과 과학 등
산업공학과	수학Ⅰ, 수학Ⅱ, 미적분, 확률과 통계, 기하, 경제 수학, 경제, 물리학Ⅰ, 물리학Ⅱ, 화학Ⅰ, 화학Ⅱ, 정보 등
생명공학과	수학Ⅰ, 수학Ⅱ, 미적분, 확률과 통계, 기하, 물리학Ⅰ, 물리학Ⅱ, 화학Ⅰ, 화학Ⅱ, 생명과학Ⅰ, 생명과학Ⅱ 등
섬유공학과	수학Ⅰ, 수학Ⅱ, 미적분, 확률과 통계, 물리학Ⅰ, 물리학Ⅱ, 화학Ⅰ, 화학Ⅱ, 생명과학Ⅰ, 생명과학Ⅱ, 기술·가정 등
소프트웨어공학과	수학Ⅰ, 수학Ⅱ, 미적분, 확률과 통계, 기하, 물리학Ⅰ, 화학Ⅰ, 생명과학Ⅰ, 정보 등
식품공학과	수학Ⅰ, 수학Ⅱ, 미적분, 확률과 통계, 기하, 물리학Ⅰ, 물리학Ⅱ, 화학Ⅰ, 화학Ⅱ, 생명과학Ⅰ, 생명과학Ⅱ, 융합과학 등
신소재공학과	수학Ⅰ, 수학Ⅱ, 미적분, 확률과 통계, 기하, 물리학Ⅰ, 물리학Ⅱ, 화학Ⅰ, 화학Ⅱ 등
에너지자원공학과	수학Ⅰ, 수학Ⅱ, 미적분, 확률과 통계, 기하, 물리학Ⅰ, 물리학Ⅱ, 화학Ⅰ, 화학Ⅱ, 지구과학Ⅰ, 지구과학Ⅱ 등
자동차공학과	수학Ⅰ, 수학Ⅱ, 미적분, 확률과 통계, 기하, 물리학Ⅰ, 물리학Ⅱ, 화학Ⅱ, 정보, 기술·가정 등
재료공학과	수학Ⅰ, 수학Ⅱ, 미적분, 확률과 통계, 기하, 물리학Ⅰ, 물리학Ⅱ, 화학Ⅰ, 화학Ⅱ, 융합과학 등
전기공학과	수학Ⅰ, 수학Ⅱ, 미적분, 확률과 통계, 기하, 물리학Ⅰ, 물리학Ⅱ, 화학Ⅰ, 화학Ⅱ, 지구과학Ⅰ, 정보, 환경 등
전자공학과	수학Ⅰ, 수학Ⅱ, 미적분, 확률과 통계, 기하, 물리학Ⅰ, 물리학Ⅱ, 화학Ⅰ, 화학Ⅱ, 지구과학Ⅰ, 정보 등
정보통신공학과	수학Ⅰ, 수학Ⅱ, 미적분, 확률과 통계, 기하, 물리학Ⅰ, 물리학Ⅱ, 화학Ⅰ, 지구과학Ⅰ, 정보 등
제어계측공학과	수학Ⅰ, 수학Ⅱ, 미적분, 확률과 통계, 기하, 물리학Ⅰ, 물리학Ⅱ, 화학Ⅰ, 화학Ⅱ, 지구과학Ⅰ 등
컴퓨터공학과	수학Ⅰ, 수학Ⅱ, 미적분, 확률과 통계, 기하, 물리학Ⅰ, 물리학Ⅱ, 정보 등
토목공학과	수학Ⅰ, 수학Ⅱ, 미적분, 확률과 통계, 기하, 물리학Ⅰ, 물리학Ⅱ, 화학Ⅰ, 화학Ⅱ, 지구과학Ⅰ, 지구과학Ⅱ, 정보, 환경 등
항공우주공학과	수학Ⅰ, 수학Ⅱ, 미적분, 확률과 통계, 기하, 물리학Ⅰ, 물리학Ⅱ, 화학Ⅰ, 화학Ⅱ, 지구과학Ⅰ, 지구과학Ⅱ, 융합과학, 정보 등
항공운항학과	수학Ⅰ, 수학Ⅱ, 미적분, 확률과 통계, 기하, 물리학Ⅰ, 물리학Ⅱ, 화학Ⅰ, 지구과학Ⅰ, 정치와 법 등
해양공학과	수학Ⅰ, 수학Ⅱ, 미적분, 확률과 통계, 기하, 물리학Ⅰ, 물리학Ⅱ, 화학Ⅰ, 화학Ⅱ, 지구과학Ⅰ, 지구과학Ⅱ 등
화장품과학과	수학Ⅰ, 수학Ⅱ, 미적분, 확률과 통계, 기하, 물리학Ⅰ, 물리학Ⅱ, 화학Ⅰ, 화학Ⅱ, 생명과학Ⅰ, 생명과학Ⅱ, 융합과학, 정보, 환경 등
화학공학과	수학Ⅰ, 수학Ⅱ, 확률과 통계, 미적분, 기하, 물리학Ⅰ, 물리학Ⅱ, 화학Ⅰ, 화학Ⅱ, 정보 등
환경공학과	수학Ⅰ, 수학Ⅱ, 미적분, 확률과 통계, 기하, 물리Ⅰ, 물리Ⅱ, 화학Ⅰ, 화학Ⅱ, 생명과학Ⅰ, 생명과학Ⅱ, 지구과학Ⅰ, 지구과학Ⅱ, 융합과학 등

학과	선택 권장 과목
간호학과	수학Ⅰ, 수학Ⅱ, 확률과 통계, 화학Ⅰ, 화학Ⅱ, 생명과학Ⅰ, 생명과학Ⅱ, 생활과 과학, 정치와 법, 사회·문화, 생활과 윤리, 보건, 심리학 등
물리치료학과	수학Ⅰ, 수학Ⅱ, 확률과 통계, 물리학Ⅰ, 화학Ⅰ, 화학Ⅱ, 생명과학Ⅰ, 생명과학Ⅱ, 운동과 건강, 정치와 법, 생활과 윤리, 심리학, 보건 등
약학과	수학Ⅰ, 수학Ⅱ, 확률과 통계, 물리Ⅰ, 화학Ⅰ, 화학Ⅱ, 생명과학Ⅰ, 생명과학Ⅱ, 생활과 윤리, 윤리와 사상, 정치와 법, 보건 등
응급구조학과	화학Ⅰ, 화학Ⅱ, 생명과학Ⅰ, 생명과학Ⅱ, 정치와 법, 심리학, 생활과 윤리, 사회·문화, 보건 등
의예과	수학Ⅰ, 수학Ⅱ, 확률과 통계, 생명과학Ⅰ, 생명과학Ⅱ, 화학Ⅰ, 화학Ⅱ, 생활과 윤리, 윤리와 사상, 심리학, 정치와 법 등
임상병리학과	수학Ⅰ, 수학Ⅱ, 확률과 통계, 물리Ⅰ, 화학Ⅰ, 화학Ⅱ, 생명과학Ⅰ, 생명과학Ⅱ, 사회·문화, 생활과 윤리, 보건, 심리학 등
재활치료학과	화학Ⅰ, 화학Ⅱ, 생명과학Ⅰ, 생명과학Ⅱ, 운동과 건강, 심리학, 보건 등
치기공학과	수학Ⅰ, 수학Ⅱ, 확률과 통계, 물리Ⅰ, 화학Ⅰ, 화학Ⅱ, 생명과학Ⅰ, 생명과학Ⅱ, 정치와 법, 미술, 보건 등
치위생학과	수학Ⅰ, 수학Ⅱ, 확률과 통계, 물리Ⅰ, 화학Ⅰ, 화학Ⅱ, 생명과학Ⅰ, 생명과학Ⅱ, 정치와 법, 생활과 윤리, 보건, 심리학 등
치의예과	수학Ⅰ, 수학Ⅱ, 확률과 통계, 물리학Ⅰ, 화학Ⅰ, 화학Ⅱ, 생명과학Ⅰ, 생명과학Ⅱ, 정치와 법, 생활과 윤리, 윤리와 사상, 심리학, 보건 등
한의예과	수학Ⅰ, 수학Ⅱ, 확률과 통계, 화학Ⅰ, 화학Ⅱ, 생명과학Ⅰ, 생명과학Ⅱ, 지구과학Ⅰ, 한국지리, 정치와 법, 생활과 윤리, 윤리와 사상, 심리학, 한문Ⅰ, 한문Ⅱ, 중국어Ⅰ, 중국어Ⅱ 등
과목관련교육과	해당 교과의 일반 선택 과목, 해당 교과의 진로 선택 과목, 각 교과별 학문 관련 과목, 교육학, 심리학, 논술 등
교육학과	세계사, 사회·문화, 생활과 윤리, 윤리와 사상, 철학, 논리학, 심리학, 교육학, 진로와 직업, 수학Ⅰ, 수학Ⅱ, 확률과 통계 등
초등교육과	수학Ⅰ, 수학Ⅱ, 확률과 통계, 한국지리, 사회·문화, 생활과 윤리, 윤리와 사상, 사회문제 탐구, 물리Ⅰ, 화학Ⅰ, 생명과학Ⅰ, 지구과학Ⅰ, 생활 과학, 체육, 운동과 건강, 음악, 미술, 심리학, 교육학 등

출처 : 2015 개정 교육과정에 따른 선택과목 안내서, 서울특별시교육청 교육연구정보원

부록

부록 4. 자기주도 학습 체크

공부습관 바로잡기

이름: _____

자기주도학습 공부공식™

학습시간			Lv.0	Lv.1	Lv.2	Lv.3	Lv.4	Lv.5
학습시간	양적학습시간	자기학습시간	나는 스스로 혼자 공부하는 것이 어렵기 때문에 혼자 공부하는 시간을 갖지 않는다.	나는 스스로 혼자 공부하는 시간이 매일 1시간 미만이다.	나는 매일 1시간씩 스스로 혼자 공부하며, 주 2회 정도는 2시간씩 공부한다.	나는 스스로 혼자 공부하는 시간을 매일 3시간정도 확보하여 주 4회 이상 실천한다.	나는 스스로 혼자 공부하는 시간을 매일 4시간 확보하여 주 4회 이상 실천한다.	나는 스스로 혼자 공부하는 시간을 매일 5시간 이상씩 확보해서, 하루도 빠짐없이 실천하고 있다.
	질적학습시간	절제력	나는 공부할 때 친구가 부르거나 TV, 게임이 하고 싶으면 망설임 없이 공부를 뒤로 미루고 바로 뛰쳐나가고 공부를 멈춘다.	나는 공부할 때 친구가 부르거나 TV, 게임이 하고 싶으면, 하던 공부를 뒤로 미루고 뛰쳐나가거나 후에 실천하지 못하여 후회한다.	나는 공부할 때 친구가 부르거나 TV, 게임이 하고 싶으면 해야 할 공부를 대충이라도 일단은 끝내고 뛰쳐나간다.	나는 공부할 때 친구가 부르거나 TV, 게임이 하고 싶어도 나가지 않고 공부를 계속하나, 공부에 집중하기 힘들다.	나는 공부할 때 친구가 부르거나 TV, 게임이 하고 싶어도 꾹 참고 해야 할 공부를 집중하여 마친다.	어떤 것도 나의 학습을 방해할 수 없기 때문에 어떤 환경에서도 흔들림 없이 공부한다.
		집요함	나는 공부를 하다가 모르는 내용이 들어 답답한 마음이 들어 공부하는 것을 포기한다.	나는 공부를 하다가 모르는 내용을 고민하지 않고, 바로 건너뛰고 공부한다.	나는 공부를 하다가 모르는 내용이 나오면 고민하지 않고, 바로 암기하고 넘어간다.	나는 공부를 하다가 모르는 내용이 나오면 바로 도움을 요청하고 그 내용을 암기한다.	나는 공부를 하다가 모르는 내용이 나오면 다시 복습한 뒤 도움을 요청하여 해결한다.	나는 공부를 하다가 모르는 내용이 나오면 완벽하게 이해할 때까지 몇 번이고 반복학습을 한 후 그 내용이 맞는지 확인한다.
		집중력	나는 집중해서 공부해 본 적이 없다.	나는 공부시간의 절반 이상을 화장실, 물마시기 등의 딴 짓을 하느라 보낸다.	나는 공부에 대한 집중력을 빨리 잃지만 공부시간의 절반은 집중하는 편이다.	나는 대체로 집중하여 공부하지만 가끔씩 딴 짓을 하며 시간을 보낸다.	나는 집중해서 공부하다 보면 나도 모르게 2~3시간이 훌쩍 지나간다.	나는 밥 먹는 시간과 화장실 가는 시간 외에 항상 학습에 완전 집중한다.

자기주도학습 공부공식™

			Lv.0	Lv.1	Lv.2	Lv.3	Lv.4	Lv.5
학습 전략	학습 준비	자가 진단	나는 나의 학습의 부족한 점과 문제점을 고민해 본 적이 없다.	나는 나의 학습의 부족한 점과 문제점을 알려주면 겨우 이해할 수 있다.	나는 나의 학습의 부족한 점과 문제점을 어렴풋이 알고 있으나, 해결 방법을 찾을 수 없다.	나는 나의 학습의 부족한 점과 문제점에 성명에 성명없이 주요과목에 우선순위와 비중을 두어 공부한다.	나는 나의 학습의 부족한 점과 문제점을 알고 전 과목에 우선순위와 비중을 정하지만 불안할 때가 있다.	나는 나의 학습의 부족한 점과 문제점을 알고, 이를 바탕으로 전 과목의 우선순위와 비중을 정확히 정할 수 있다.
		학습 도구 탐색	나는 내 수준에 알맞은 교재나 강의가 무엇인지 전혀 모르고 찾아본 적도 없다.	나는 나에게 알맞은 교재나 강의가 무엇인지 모르기 때문에 주위에서 시키는 것만 선택한다.	나는 주위에 물어서 유명한 교재나 강의를 선택한다.	나는 지금 나에게 필요한 교재나 강의를 직접 찾아서 본 뒤 평이 좋고 유명한 것 위주로 선택한다.	나는 지금 나에게 필요한 교재나 강의를 직접 찾아서 본 뒤 가장 도움이 될 것을 선택한다.	나는 교재나 강의를 목적과 시기에 맞게 분석 하여 필요에 따라 가장 효과적인 것을 선택한다.
		학습 플래너	나는 학습 플래너를 전혀 사용하지 않는다.	나는 학습 플래너를 거의 사용하지 않지만 사용할 때는 오늘 공부할 과목만 써 넣는다.	나는 학습 플래너를 생각날 때만 가끔 사용 하며 오늘 공부할 과목과 시간을 써 넣는다.	나는 학습 플래너를 시험 대비 등 목적이 있을 때만 사용하며 오늘 공부할 과목, 시간, 분량을 써 넣는다.	나는 학습 플래너를 매일 사용하며 오늘 공부할 과목, 시간, 분량을 모두 써 넣는다.	나는 학습 플래너를 매일 빠짐없이 사용하며 오늘 공부할 과목, 시간, 분량을 모두 써 넣는다.
	계획 수립	(팀스케줄러/연간 포트폴리오) 중/장기 계획표	나는 중/장기 계획표와 같은 긴 계획을 전혀 세우지 않는다.	나는 시험이 있는 달에만 팀 스케줄러를 대충 생각 하지만 작지 않는다.	나는 시험이 있는 달에 팀 스케줄러를 작성한다.	나는 나의 현 상태는 크게 고려하지 않고 이상적으로 생각되는 팀 스케줄러와 연간 포트폴리오를 작성한다.	나는 나의 현 상태를 고려한 팀 스케줄러와 연간 포트폴리오를 참고하여 작성한다.	나는 시기마다 나의 현 상태를 고려하여 적절 하고 구체적인 팀 스케줄 러와 연간 포트폴리오를 스스로 작성한다.

자기주도학습 공부공식™

		Lv.0	Lv.1	Lv.2	Lv.3	Lv.4	Lv.5
CHAMP 흐름	CHAMP 학습 흐름	나는 학습 교재를 일정한 순서 없이 내키는 대로 공부한다.	나는 자습서에 정리된 내용을 한 번 읽어 본 후 바로 문제를 푼다.	나는 자습서에 정리된 내용을 한 번 읽어 본 후 굵은 글자만 암기한 뒤 문제를 푼다.	나는 자습서에 정리된 내용을 한 번 읽고 정리한 후 노트에 중요한 내용을 정리한 뒤 문제를 푼다.	나는 교과서를 읽고 보조 자료를 활용하여 완벽하게 내용을 숙지한 뒤 정리한 뒤 암기하여 문제를 풀어 점검한다.	나는 과목의 특성과 나의 상황에 맞게 교과서, 참고서, 노트정리, 암기, 문제풀이 등 학습흐름을 조정한다.
이해 (C)	문장 이해력	나는 이해되지 않는 문장이 많아 읽다가 중간에 포기한다.	나는 이해되지 않는 문장이 있으면 바로 건너뛰고 다음 문장으로 넘어간다.	나는 이해되지 않는 문장이 있으면 몇 번 더 읽어보고 넘어간다.	나는 모르는 단어나 용어가 나오면 뜻을 찾아본 뒤 문장을 다시 한 번 읽어본다.	나는 모르는 단어나 용어는 문맥 속에서 의미를 파악하여 뜻을 추론하고 해석한다.	나는 모르는 단어나 용어는 문맥 속에서 의미를 파악하여 뜻을 추론한 뒤 정확한 뜻을 확인한다.
	배경 지식	새로운 학습 내용을 배울 때 이전에 워낙 배워놓은 것이 없어 학습 진행이 어렵다.	새로운 학습 내용을 배우고 나면 이전에 배운 내용과 뒤섞여 이미 알고 있던 것 까지 헷갈린다.	새로운 학습 내용을 배울 때 이전에 배운 내용과 어떻게 연관되어 있는지 누군가의 도움이 있을 때만 알 수 있다.	새로운 학습 내용을 배울 때 이전에 배운 내용과 어떻게 연관되어 있는지 찾을 수 있으나 다시 살펴봐야 정확히 알 수 있다.	새로운 학습 내용을 배울 때 이전에 배운 내용을 찾아보지 않고도 연관 지어 설명할 수 있다.	새로운 학습 내용을 배울 때 이전에 배운 내용을 찾아보지 않고도 연관 지을 수 있으며, 아직 배우지 않은 부분 까지도 추측할 수 있다.
	수업 듣기	대부분의 수업 시간을 주로 졸거나 딴 짓을 하느라 수업을 거의 듣지 않는다.	내가 좋아하는 몇몇 과목의 수업을 잘 듣는 편이나 나머지 과목 수업은 잘 듣지 않는다.	대체로 수업을 잘 들으려 고 노력하지만 그 때 그 컨디션에 따라 수업을 잘 듣지 않을 때가 있으며, 이를 보충하지 않는다.	모든 수업을 잘 듣는 편이며, 컨디션이 나빠 수업을 듣지 못했을 경우에는 친구에게 필기를 빌려서 보충한다.	모든 수업시간에 항상 집중하며, 수업 내용 중 중요한 사항은 꼼꼼히 필기한다.	모든 수업시간에 항상 집중하고 적극적으로 참 여하며, 수업 내용과 관 련된 선생님의 농담까지 도 빠짐없이 필기한다.

CHAMP학습법

자기주도학습 공부공식™

CHAMP 학습법 / 사고(H)		Lv.0	Lv.1	Lv.2	Lv.3	Lv.4	Lv.5
	공식·법칙 사고력	공식과 법칙 유도는 이해가 안 되기 때문에 건너뛰고 무조건 암기한다.	교재에 나와 있는 공식과 법칙의 유도 과정을 한 번 훑어본 후 결과만 암기한다.	교재에 나와 있는 공식과 법칙의 유도 과정을 쓰고 왜 그런지 고민하지만 잘 이해되지 않아 암기한다.	교재에 나와 있는 공식과 법칙의 유도 과정을 통해 왜 그런지 이해하고, 그 과정을 암기한다.	교재에 나와 있는 공식과 법칙의 유도 과정을 도출할 수 있고 왜 그런지 대략적으로 설명할 수 있다.	공식과 법칙의 유도를 직접 써서 증명할 수 있고, 유도 과정이 왜 그런지 정확하게 설명할 수 있다.
	그래프·실험·결과 사고력	그래프와 실험은 학습 범위가 아니라고 생각한다.	그래프와 실험은 무엇을 공부해야 할지 몰라 한 번 훑어보고 결과만 암기한다.	그래프와 실험에 대한 내용을 정리하고는 있지만 잘 이해되지 않은 부분이 많아서 주로 결과나 풀이를 암기해서 학습한다.	그래프와 실험의 도출 과정을 참고서를 보면서 이해했으며, 그 결과만 대략적으로 설명할 수 있다.	그래프와 실험이 논리적 도출 과정을 이해하고 있으며 왜 그런지 대략적으로 설명할 수 있다.	그래프와 실험이 논리적 도출 과정을 이해하고 있으며 왜 그런지 정확하게 설명할 수 있다.
	지도·도표 사고력	지도와 도표도 학습 범위가 아니라고 생각한다.	지도와 도표의 내용을 정리하고 있지만, 학습 내용과 연관 짓기 힘들어서 그림자체로 암기한다.	지도와 도표를 최소 2번 이상 그려서 정리하고 이해했으나, 막상 지도와 도표를 제시했을 때 교재를 봐도 설명하기 힘들다.	지도와 도표의 내용을 그려서 이해하고 설명할 수 있으며, 이를 교재 내용을 참고하여 해석할 수 있다.	지도와 도표를 학습 내용과 연관 지어 이해하고 있으며, 백지에 그릴 수 있다.	학습 내용을 이해하는데 도움이 되는 지도와 도표를 그릴 수 있으며 이를 연관 지어 설명할 수 있다.
	독해 사고력	영어 지문을 보면 아는 단어만 몇 개는 보이지만 문장 전체가 무슨 뜻인지 파악하기 힘들다.	영어 지문에서 아는 단어를 바탕으로 문장의 의미를 추측할 수 있으나 의미를 활용하지 못하여 어려운 문장은 내가 아는 원래 의미로 다른 경우가 많다.	끊어읽기와 직독직해가 무엇인지는 알고 있으나 자유롭게 활용하지 못하여 어려운 문장은 내 마음대로 해석하곤 한다.	끊어읽기와 직독직해를 어느 정도 활용하고 있으며, 어려운 문장은 해설을 보면 아는 정도 해석을 할 수 있다.	끊어읽기와 직독직해를 크게 어려움 없이 자유롭게 활용하며 웬만한 영어 지문의 흐름을 이야기할 수 있다.	끊어읽기와 직독직해가 완벽하게 가능하며 지문의 해석은 물론 글의 전체 구조에 대해 정확한 설명을 할 수 있다.

자기주도학습 공부공식™

	Lv.0	Lv.1	Lv.2	Lv.3	Lv.4	Lv.5
노트 필기법	자습서에 중요 내용이 정리되어 있으므로, 노트 필기는 귀찮고 번거로워서 하지 않는다.	노트 필기는 스스로 하기보다는 주로 정리되어 있는 프린트나 교재를 그대로 따라 적는다.	노트 필기를 하긴 하지만 요약해서 정리하지 못하며, 무엇이 중요한 내용인지 노트에 잘 드러나지 않는다.	노트에 중요한 내용을 요약하여 정리하거나 간혹 빼먹은 내용이 있어 나중에 책을 찾아보곤 한다.	노트에 학습 내용을 체계적으로 요약하여 정리해 둔 뒤 학습의 보조 자료로 활용한다.	노트에 학습 내용이 한눈에 알아볼 수 있는 구조로 정리되어 있어 노트만으로도 완전학습이 가능하다.
단어장 활용법	단어는 따로 공부하지 않는다.	단어장을 직접 만들기보다 시중에 있는 단어장을 사서 본다.	단어장에 모르는 단어와 뜻을 써놓고 한두 번 정도 암기한 뒤 다시 확인하지 않는다.	단어장에 모르는 단어와 뜻을 써놓고 암기한 뒤 단어장을 매주 2회 이상 읽어본다.	단어장에 모르는 단어와 뜻, 파생어, 예문을 정리하여 암기한 뒤 주 1~2회 테스트한다.	단어장에 모르는 단어와 뜻, 파생어, 예문을 정리하여 암기한 뒤 매일 테스트하며, 항상 휴대하여 수시로 본다.
연습장 활용법	문제풀이는 교재나 시험지의 빈 공간에 바로 풀이하기 때문에 따로 연습장이 없다.	문제풀이를 할 때에는 아무 종이나 사용하고, 그대로 버린다.	문제풀이를 할 때 사용하는 연습장이 있으나, 쓰고 나서 다시 보지 않는다.	연습장을 사용하여 문제 풀이를 깨끗이 정리하며, 나의 풀이나 설명을 답안지와 한번 비교한다.	연습장은 항상 반으로 접어 한 쪽에는 나의 문제풀이를 적고, 다른 한쪽에는 답안지의 문제 풀이를 적어 비교한다.	연습장은 항상 반으로 접어 한 쪽에는 나의 문제풀이를 적고, 다른 한 쪽에는 답안지에서 정리한 한 점만 보충하여 정리한 뒤, 매주 확인한다.
오답 정리법	틀린 문제는 채점하지 않거나 답만 체크하고 그냥 넘어간다.	틀린 문제는 답과 해설을 한번 읽어보고 넘어간다.	모든 틀린 문제를 과목별 노트에 문제와 교재의 해설을 보기 좋게 정리해 모아둔다.	모든 틀린 문제를 과목별 노트에 오답을 정리한 후, 문제와 해설을 정리하며 다시 본다.	실수로 틀린 문제를 제외하고 과목별 노트에 오답을 정리하며, 틀린 문제의 해설, 관련 개념을 찾아 공부한 뒤 다시 본다.	실수로 틀린 문제를 제외하고 틀린 문제의 해설과 관련 개념을 기본서에 한건 옮기고 수시로 확인한다.

CHAMP 학습법 · 정리 (A)

182

자기주도학습 공부공식™

		Lv.0	Lv.1	Lv.2	Lv.3	Lv.4	Lv.5
암기(M)	암기법	나는 저절로 외워지는 것 외에는 따로 암기하지 않는다.	나는 학습 내용을 보이는대로 줄줄이 암기한다.	교재에 있는 굵은 글자만 무조건 암기하고 넘어간다.	교재에 있는 굵은 글자를 암기한 후, 암기한 내용을 간단히 점검한다.	학습의 중요 내용을 찾아 암기한 후, 빽지테스트를 한다.	학습의 중요 내용을 찾아 구조화한 뒤 적절한 암기법을 사용하여 암기하고, 빽지 테스트를 한다.
문제 해결 (P)	문제집 활용	문제를 제대로 풀지 않으며, 문제집에 답만 체크하고 그냥 넘어간다.	문제를 풀고, 바로 채점하지 않는 경우가 많으며, 채점할 경우 교재에 답만 고쳐 적는다.	문제를 풀고 채점을 한 뒤 틀린 문제는 정답지의 해설을 교재에 그대로 옮겨 적는다.	문제를 풀고, 채점을 한 뒤, 틀린 문제는 정답지의 해설과 비교하면서 다시 푼다.	문제를 풀고, 틀린 문제는 다시 한 번 스스로 풀어보고, 나의 풀이와 해설을 비교한다.	틀린 문제에 틀린 횟수를 문제집에 표시하며 틀린 문제를 학습한다. 해당 내용을 학습한 뒤 정확히 맞을 때까지 반복해서 푼다.
	시험의 기술	1번부터 차례대로 문제를 풀며, 모르는 문제가 나오면 그냥 찍고 넘어간 뒤 남는 시간에는 잠을 잔다.	모르는 문제는 표시해 두고 모든 문제를 푼 뒤에, 표시된 문제만 다시 풀어보고 모르면 찍는다.	차례대로 문제를 풀며, 모르는 문제는 체크한 뒤 다시 풀어보고, 문제와 내가 선택한 답만 보며 선지 사항지를 검토한다.	어려운 문제보다 쉬운 문제를 먼저 푼다. 어려운 문제는 나중에 살펴보며 마지막까지 고민하느라 검토할 시간이 부족하다.	핵심 공식, 용어는 시험지를 받자마자 적어 둔다. 어려운 문제는 마지막에 풀고, 시험지 검토 시간을 확보하여 문제를 한 번 더 푼다.	시험지를 훑어 쉬운 문제와 어려운 문제를 분리한 뒤 전략을 세워 푼다. 쉬운 문제는 먼저 검토하여 풀면 뒤 남는 시간으로 어려운 문제 해결에 집중한다.
성찰	자기 반성	나는 따로 학습결과에 관심이 없고, 이전 학습에 대해서도 잊어버린다.	나의 학습결과가 좋지 않은 것은 이번 학습 내용이 너무 어려웠기 때문이라고 생각한 뒤 잊어버린다.	나는 이번에는 실수가 많아서 결과가 나오지 않았다고 생각하며, 다음에는 이런 실수를 하지 않겠다는 다짐을 한다.	나는 학습 결과를 보고 부족한 부분이 무엇인지 판단이 기능하나, 이를 개선하기 위한 구체적인 방법은 생각하기 힘들다.	나는 학습의 과정과 결과를 분석하여 구체적인 개선 방법을 찾을 수 있지만, 간혹 확신이 들지 않아 명확한 점검이 어렵다.	나의 학습 과정과 결과에 대해 정확한 분석과 판단이 이 가능하며 이를 개선시키기 위한 구체적인 방법과 계획이 명료하다.
	전략 재수립	나는 따로 학습전략을 세우거나 수정하지 않으며, 그 날 그 날 내키는대로 공부한다.	다른 사람이 세운 전략이 가장 효과적이라고 생각하여 그대로 따라 세운다.	전체 점수를 올리기 위해서 주로 잘하는 과목이나 암기 과목을 중심으로 전략을 세운다.	상위권의 전략에 관심이 많으나 이를 나에게 맞추어 수정하지 않고 그대로 따라 세운다.	나의 전략이 문제점이 무엇인지 판단한 뒤, 자기반성을 이를 나의 전략에 반영하지만 확신이 들지 않는다.	나의 전략의 문제점을 파악한 뒤, 자기반성을 토대로 과목별 학습 전략과 구체적인 학습습관을 재수립한다.

CHAMP 학습법 / 평가

출처-에듀플렉스 자기주도학습 방법 'TVN 전재 공부비법'

부록 5. 진로 영역별 롤모델 추천

진로 영역별 롤모델 추천

분야		롤모델
의료	1	바보 의사 장기려
	2	조선 최고의 의서 〈동의보감〉의 저자 허준
	3	우리나라 최초의 여의사 박에스더
	4	현대 간호학의 창시자이며, 군 의료개혁의 선구자 나이팅게일
	5	인류애를 실천한 의사 이태석
	6	밀림의 성자 알베르트 슈바이처
	7	한국최초 WHO 사무총장 이종욱 박사
	8	'사람 돌봄' 이론으로 간호학계의 노벨상인 '국제간호대상'을 수상한 한국 최초 간호학박사 1호 김수지
정치 법 공무원	1	미국 최초의 흑인 대통령 오바마
	2	자유와 평등을 꿈꾼 미국 대통령 링컨
	3	인권 운동에 헌신한 미국의 영부인 엘리너 루스벨트
	4	피뢰침을 발명한 과학자이자 정치가 벤저민 프랭클린
	5	주먹이 아닌 말의 힘을 보여 주였던 인권 운동가 마틴 루터 킹
	6	노련한 협상가 UN 사무총장 반기문
	7	훈민정음을 창제한 가장 존경받는 왕 세종대왕
	8	민족의 지도자 김구
	9	대한민국 최초의 맹인 박사, 강영우 교수
	10	불평등에 맞서 싸운 우리나라 최초의 여성 변호사 이태영
과학 공학 건축	1	평생을 침팬지와 함께한 동물학자 제인 구달
	2	라듐 연구로 노벨상을 두 번이나 받은 여성 과학자 마리 퀴리
	3	괴짜라 불린 천재 과학자 아인슈타인
	4	포기라는 말을 몰랐던 끈기의 발명가 에디슨
	5	루게릭병을 딛고 세계적인 물리학자가 된 스티븐 호킹
	6	조선 최고의 과학자, 장영실
	7	IT 창조자 스티브잡스

분야		롤모델
과학 공학 건축	8	세상을 움직이는 컴퓨터의 황제 빌 게이츠
	9	전자 분야의 권위자 삼성전자 윤부근 사장
	10	의사에서 컴퓨터 보안 전문가에서 대학 교수에 이르기까지 안철수
	11	전신마비 KAIST 청년에서 첨단 재활공학박사에 이르기까지 김종배 박사
	12	새처럼 날고 싶었던 비행기 발명가 라이트형제
	13	자연의 아름다움을 담은 건축가 안토니오 가우디
	14	프로복서에서 독학으로 건축가가 되기까지 안도 다다오
인문학 문학 교육	1	자기성찰의 시인 윤동주
	2	세계적인 동화 작가 안데르센
	3	해리포터의 저자 조앤 롤링
	4	세상을 바꾼 신문의 왕 퓰리처
	5	69년부터 94년까지 26년에 걸쳐 집필한 대하소설『토지』의 작가 박경리
	6	사색에서 실천으로 나아간 위대한 실학자 다산 정약용
	7	조선 최고의 유학자 이황과 이이
	8	아이의 눈높이에서 교육을 시작한 마리아 몬테소리
	9	참된 교육을 실천한 선생님 페스탈로치
예술	1	열정으로 예술을 창조한 화가 피카소
	2	한국이 낳은 세계적인 소프라노 조수미
	3	한국이 낳은 세계적인 비디오 아티스트 백남준
	4	세상에서 가장 아름다운 발을 가진 발레리나 강수진
	5	음악 나눔을 실천하는 지휘자 금난새
	6	최악의 운명을 최강의 능력으로 바꾼 스티비원더
	7	대중이 가장 사랑한 천재 아티스트 엔디워홀
	8	마흔아홉 번의 오디션 탈락과 실패를 이겨낸 전설의 록밴드 '비틀스'
	9	소아마비와 사고로 인한 장애에도 자신의 고통을 표현한 독특한 작품세계로 전 세계의 주목을 받은 화가 프리다 칼로
디자인 광고	1	한국이 낳은 세계적인 디자이너 앙드레김
	2	패션 혁명가 코코샤넬
	3	미국 실리콘벨리에 한국인 최초 디자인 회사를 설립한 김영세 교수

부록

분야		롤모델
디자인 광고	4	한국 홍보 전문가 서경덕 교수
	5	지방대 출신의 광고 천재 이제석
기업 복지	1	서양에 동양을 알린 베네치아의 상인 마르코 폴로
	2	신분을 뛰어넘은 여성 상인, 사업가 김만덕
	3	참된 기업인의 본보기 유일한
	4	나눔을 실천한 기업가 앤드류 카네기
	5	소명의식과 베푸는 삶 록펠러
	6	가난하고 병든 사람들을 위해 봉사한 사랑의 어머니 마더 테레사
	7	적십자를 세운 사회 운동가 앙리 뒤앙
	8	여행가에서 구호활동 전문가에 이르기까지 바람의 딸 한비야
	9	세계 최고의 투자가 워렌버핏
방송 애니 메이션	1	아이들에게 꿈을 선물한 만화 영화 제작자 월트 디즈니
	2	75개국 21개 언어로 번역된 피너츠(Peanuts)의 만화가 찰스먼로슐츠
	3	카메라에 꿈을 담은 스티븐 스필버그
	4	대학생들이 가장 닮고 싶은 여성 1위 김주하
	5	꿈이 있는 거북이는 치지지 않는다의 저자 김병만
	6	토크쇼의 여왕 오프라 윈프리
	7	뽀통령의 아빠 뽀로로 제작자 최종일
	8	세상을 감동시킨 영화 예술가 찰리 채플린
	9	아이들의 꿈과 희망, 애니메이션 감독 미야자키 하야오
	10	한국 온라인 게임의 역사를 새롭게 쓴 '리니지'를 만든 김택진
기타	1	두려움 속에서도 꿈을 잃지 않았던 소녀 안네 프랑크
	2	장애를 극복한 미국의 작가 겸 사회사업가 헬렌켈러
	3	도전과 희생정신을 전한 탐험가, 로버트 스콧
	4	인류 최초의 남극 정복, 탐험가 로알 아문센
	5	여행가에서 구호활동 전문가에 이르기까지 바람의 딸 한비야

부록 6. 성적별 상담방법

1 6~9등급 학생

6~9등급 대 학생들은 공부에 대한 자신감이 없고 인내가 부족한 경우가 있으므로 상위권 학생부터 상담을 진행하다보면 2~3일 이내 포기하고 원래의 모습으로 돌아가는 학생들이 많습니다. 이들을 먼저 상담함으로써 담임 선생님으로부터 배려와 관심을 받는다는 생각을 갖게 하면 1년 동안 학급 일에 있어서 소속감을 가지고 공동체 의식과 협조를 이끌어 낼 수 있는 장점도 있습니다.

이 학생들은 현재 성적으로는 원하는 대학에 합격할 가능성이 낮지만 성적 향상을 위한 공부 방법을 안내하고 1학기 동안 지속적으로 실천하여 4~5등급이 되도록 목표를 정하게 합니다. 4~5등급으로 수시모집에서 수도권 대학 학생부 교과전형이나 적성고사 전형으로 합격한 선배의 합불 사례를 보여주면서 충분히 가능성이 있다는 것을 보여줍니다.

동기유발을 위해 스스로 목표 대학과 학과를 정하게 하고 1학기 기말고사까지 성적 향상이 가능한 과목을 정하여 매일 일정한 분량의 학습 계획을 적어 내도록 하고 공부한 것을 다음 날 점심시간에 와서 검사받도록 하며 격려해 줍니다.

2 4~5등급 학생

4~5등급 학생들은 자신이 공부하는 방법을 잘 알고 있다고 생각하지만 수업시간에 필기하는 방법과 복습이 제대로 이루어지지 않기 때문에 성적이 향상되지 않는 경우가 많습니다. 따라서 이 학생들에게는 현재 공부 방법에 대한 수정의 필요성을 이해시키고 새로운 공부 방법을 알려준 후 습관이 될 때까지 지속적으로 확인해서 중간고사 성적이 향상되어 공부에 대한 자신감을 갖도록 해야 합니다.

학생들 중에는 학원에 의존하여 야간 자율학습에 불참하고 일찍 귀가하려고 하는 학생들이 있습니다. 하지만 혼자서 공부하는 방법이 익숙해지고, 습관을 유지하도록 하는 것이 좋습니다. 이 기간 동안에 학생들과 상담할 기회를 놓치면 1년 동안 담임교사는 학생들과 교감하기 힘들어집니다.

이 등급 대 학생들은 가고 싶은 대학과 자기가 갈 수 있는 대학이 거의 비슷하다고 생각합니다. 예를 들어 가고 싶은 대학은 서울 수도권 대학이지만 현재 자신의 성적으로 갈 수 있는 대학은 다르다는 객관적 사실을 정확하게 알려주는 것이 필요합니다. 그래서 도전 의욕을 높여주고 2학기 기말고사까지 3등급 대 진입을 목표로 학습 계획을 세우도록 하고 수시 학생부 교과전형이나 적성고사 전형으로 합격 가능한 대학을 제시해 줍니다.

3 3등급 학생

이 성적대의 학생들은 수업시간의 내용을 필기하고 나름대로 공부를 잘하고 있다고 생각합니다. 이들은 시험을 앞두고 발등에 불이 떨어지면 공부하기 때문에 수업시간에 선생님이 언급한 중요한 포인트와 많이 벗어난 내용을 공부하게 되므로 투자한 시간만큼 성적은 향상되지 않습니다. 이 학생들은 책에 필기를 하지만, 그날그날 복습을 하지 않거나, 문제집을 풀지 않고, 중간고사나 기말고사를 1~2주 앞두고 벼락치기로 복습한 후 시험을 보기 때문에 항상 기대보다 낮은 점수를 받게 됩니다.

이 학생들에게 가장 중요한 것은 다음의 과정이 습관화되도록 도와주는 것입니다.

> ✓ 노트에 필기
> ✓ 필기한 내용을 날마다 복습
> ✓ 중요한 것은 이해한 다음 암기
> ✓ 문제집 풀기
> ✓ 오답 정리하기

이 등급 대 학생들은 자기가 서울 소재 대학 정도는 갈 수 있다고 막연하게 알고는 있지만 정확하게 알지 못하기 때문에 현재의 등급으로 합격 가능한 대학을 정확하게 알려주어야 합니다. 학생부 교과전형에 합격한 졸업생들의 합불 사례를 보여 주거나 교과 성적과 비교과 활동(자율활동, 동아리활동, 봉사활동, 진로활동, 독서활동) 등을 준비하여 학생부 종합전형에서 합격한 사례를 보여주고 지원을 위해 필요한 부분을 준비하도록 정확하게 안내해 주어야 합니다. 만일 비교과 활동이 부족한 학생이면 수시 학생부 교과전형이나 정시모집에 지원하는 것을 목표로 수능 공부를 할 필요성이 있다는 것을 안내합니다.

수능 성적 향상을 위한 공부는 학교 수업시간에 집중하여 개념을 완성한 다음, 다시 노트에 필기 내용과 오답 정리를 복습하고, 실력향상을 위해 주로 주말을 이용하여 EBS 교재 또는 모의고사 기출문제집을 활용합니다. 국어와 영어 영역은 지문을 읽고 요지를 파악하는 훈련을 하고, 수학과 사회탐구, 과학탐구영역도 개념 완성은 물론이고 출제된 그림, 도표, 그래프를 분석할 수 있는 훈련을 하여 수능 등급을 향상시키도록 지도합니다.

4 2등급 학생

2등급 학생들은 수업시간에 필기도 잘 하고 자기주도학습을 통한 성적 유지에 나름대로 자신감을 가지고 있는 학생이지만 자주 틀리는 단원이나 개념이 부족한 단원을 보완한다면 1등급으로 향상될 수 있습니다. 대부분의 학생이 내신 등급은 좋은 편이지만 수능 최저학력기준을 충족하지 못하여 상위권 대학에 지원하지 못하는 경우가 많기 때문에 내신 1등급 대 진입과 수능 최저학력기준 충족이라는 2가지 목표를 달성할 수 있도록 지속적인 개별 상담이 필요합니다.

대입에서 인문계열로 진학하고자 하는 학생이면 국영수탐 3개 영역 등급 합 5~6, 자연계열로 진학하고자 하는 학생인 경우 국영수탐 3개 영역 등급 합 5~7을 충족해야 상위권 대학에 지원할 수 있으므로 수능 최저학력기준 충족을 위해 수능 공부도 해야 합니다. EBS 교재를 활용한 자기주도학습을 하는 것이 바람직합니다. 최소한 국, 수, 영 교재는 기본 개념을 다루는 교재를 중심으로 공부해야 합니다.

수능 최저학력기준을 충족하여 상위권 대학의 학생부 교과전형에 합격한 졸업생의 합불 사례를 알려 주고, 만일 교과 성적과 비교과 활동이 준비된 학생이면 학생부 종합전형에 지원 가능한 대학을 안내해 줍니다. 또한 수능 최저학력기준을 충족할 수 있지만 학생부 종합전형에 지원할 수 없다면 논술 전형을 준비하도록 합니다.

1등급 학생들은 내신 관리에 대한 학습 상담이 필요하지 않으므로 최상위권 대학의 학생부 교과전형과 학생부 종합전형에 지원하기 위한 내신 등급 관리와 수능 최저학력기준 충족 및 비교과 활동을 준비하도록 해야 합니다.

1등급 대 학생이 지원할 수 있는 학생부 교과전형은 그리 많지 않습니다. 따라서 학생부 종합전형에 지원하기 위해서는 상위권 대학의 평가요소(학업역량, 전공적합성, 발전가능성, 인성 등)와 관련되는 교내활동을 충실히 하도록 지도하고 학생부 세부능력 및 특기사항에 기록하도록 해야 합니다.

1등급 대 학생은 최상위권 대학에 지원하려면 수능 국영수탐 3개 영역 2등급, 3개 영역 등급 합이 5의 수능 최저학력기준을 충족시킬 수 있는 수능 성적 향상을 위한 공부 방법을 지도해야 합니다.

일반고 1~2등급 학생들의 경우 학력평가고사를 볼 때마다 학력평가 오답분석을 통해 부족한 단원은 항상 개념을 먼저 정리하고, EBS 교재나 수능기출문제집에 나온 유사 문제를 반복 풀이하면서 약점을 보완해야 합니다.

매번 모든 학생들을 다 상담하기에는 현실적으로 어렵습니다. 그러면 부담감으로 인해 상담이 더 어려워집니다. 머리를 맞대고 자료를 분석하면서 이루어지는 상담도 있지만, 가볍게 부담스럽지 않을 정도로 조언을 해 줄 수 있는 상담의 경우들도 많습니다. 칭찬과 질책을 적절히 사용하여 학생들이 자신의 꿈을 향해 나아갈 수 있도록 늘 관심의 눈과 따뜻한 애정의 마음을 거두지 마시기 바랍니다. 교사의 한 마디 말로도 변하는 학생들이 있음을 기억합시다.

출처 : 2020학년도 교원역량강화연수 자료집(고1,2), 대교협

전문가
Tip

[공부끝딴왕]의 공부전략왕 부분을 보시면 등급별 사례중심의 내용이 잘 정리되어 있습니다.

부록 7. 과목별 학습방법

국어

국어도 재미있게 공부할 수 있다.

(1) 자습서 내용 옮겨 적기
- 자습서의 설명을 수업 전에 교과서에 옮겨 적고 수업을 듣는다. 그러면 답도 하고 질문도 할 수 있다. 즉, 할 일이 있고 목적성이 있으므로 열심히 하게 된다.

(2) 스스로 생각해 보고, 자습서와 비교한 후 옮겨 적기
- 익숙해지면 그 글이나 장르의 핵심사항을 생각해 보고, 자습서의 생각과 비교한 후에 정리된 내용을 교과서에 적어 놓고 수업을 듣는다.
  - 예) 시의 주제, 심상, 운율을 이루는 요소, 시적 화자 등의 핵심사항을 생각하고 자습서와 비교하여 적어둔다.

수학

전략적으로, 체계적으로 공부하기

(1) 정의·정리를 그대로 말하고, 공식을 증명할 수 있는 능력
- 일차함수 문제를 풀 수 있다면 일차함수 내용도 설명할 수 있어야 정상이다.

(2) 시험지, 연습장에 잘 정리하면서 푸는 능력
- 작은 글씨로 줄 맞춰서 정돈하며 푸는 연습을 한다.

(3) 문제 풀이유형, 풀이과정 외우기
- 자주 나오는 문제의 풀이유형, 늘 틀리는 문제의 풀이과정을 외운다.

(4) 한 문제당 몇 분을 사용할지 정하기
- 난이도에 따라 별표를 쳐서 취약문제를 구별하고 완성도 있게 공부한다.
- 충분히 여러 번 고민해보고 난 후 답을 본다. (15분씩 네 번 고민하는 식)
- 답을 볼 때는 한 문제마다 답을 보고 바로 풀지 않는다. 답을 미리 봤다가 그날 진도를 다 나간 후에 풀어봐야 힌트만 생각해서 자기가 풀어보게 된다.

영어

문법에 대한 효과적인 공부 방법

(1) 강의를 병행해서 공부하기
- 문법은 어법 문제와 독해를 위해 제대로 공부해야 한다.
- 독학보다는 학교강의, 인터넷강의, EBS 등 강의를 병행해서 공부하는 것이 좋다.

(2) 예습을 통해 궁금증을 만들고 수업 듣기
- 수업시간에 듣고 써 온 내용을 시간을 지체하지 말고 외워야 한다.
- 영문법은 선 암기 후 이해. 우선 외워야 나중에 이해가 된다.
- 예문도 함께 외운다. 예문 암기장을 만들어서 문장 단위로 암기한다.

사회	**만점을 받는 6가지 공부 순서** (1) 학습목표에 대한 답을 찾으면서 읽는다. (2) 그림, 도표, 지도, 사진 등에 대한 설명을 찾기 위해 읽는다. (3) 그렇게 2번 정독 후 바로 문제집을 푼다. 풀지 못해도 핵심을 찾는 눈이 길러지고, 문제가 나오는 방식에 감이 생기면 공부방향이나 자세도 달라진다. (4) 이제 중요한 부분에 줄을 긋고 암기한다. (5) 문제 개수를 세어보면서 어느 것이 핵심인지 빨리 파악한다. (6) 별도로 준비한 교과서에 화이트로 핵심사항을 지우고 그 위에 써 본다.

과학	**3가지 핵심 - 실험, 공식, 그래프**
	
	(1) 실험이 주어지면, 우선 뭐가 중요한 실험인지 파악하는 연습을 한다.
	  ● 과정이 중요한 실험은 과정순서를 맞춰보는 훈련을 한다.
	  ● 원인결과가 중요한 실험은 결과를 말하거나 원인을 분석할 줄 알아야 한다.
	  ● 방법이 중요한 실험은 방법들을 숙지해야 한다(새로운 물질이나 기구, 특색 있는 도구, 비율 등).
	(2) 그래프는 먼저 축을 살피고, 단위를 살피고, 대충의 모양을 살핀다.
	  ● 그 후 특별한 점, 값 같은 것이 있으면 숙지하고, 왜 그런지, 무슨 뜻인지 알아둔다.

출처 : 고등학교 학부모를 위한 자녀교육, 국가평생교육진흥원

[공부끝판왕]의 과목별 공부끝판왕(국어, 수학, 영어, 사회, 과학) 부분을 참조하면 학년별, 등급별, 시기별 공부방법이 자세히 정리되어 있습니다.

부록 8. 계열 및 학과(전공)별 추천 도서목록

1 자율전공

학과(학부)	추천도서	저자	출판사
자율전공학부 (인문)	나의 문화유산 답사기	유홍준	창작과비평사
	논어	공자(황종원 역)	홍익출판사
	삼국유사	일연(이가원, 허경진 역)	한길사
	동물농장	조지오웰(도정일 역)	민음사
	제3의 물결	앨빈 토플러(원창엽 역)	홍신문화사
자율전공학부 (자연)	나의 문화유산 답사기	유홍준	창작과비평사
	논어	공자(황종원 역)	홍익출판사
	코스모스	칼세이건(홍승수 역)	사이언스북스
	통섭: 지식의 대통합	에드워드 윌슨(최재천 역)	사이언스북스
	동물농장	조지오웰(도정일 역)	민음사
자율전공학부 (인문 · 자연)	나의 문화유산 답사기	유홍준	창작과비평사
	논어	공자(황종원 역)	홍익출판사
	태백산맥	조정래	해냄출판사
	동물농장	조지오웰(도정일 역)	민음사
	제3의 물결	앨빈 토플러(원창엽 역)	홍신문화사

2 간호대학

학과(학부)	추천도서	저자	출판사
간호학과	레이첼 카슨 평전	린다 리어(김홍옥 역)	샨티
	왜 지구촌 곳곳을 돕는가?	소노 아야꼬(오근영 역)	리수
	허그-한계를 껴안다	닉 부이치치(최종훈 역)	두란노
	사랑의 돌봄은 기적을 만든다	김수지	비전과 리더십

3 경영대학

학과(학부)	추천도서	저자	출판사
경영/경제 관련 학과	상도	최인호	여백
	공정무역, 세상을 바꾸는 아름다운 거래	박창순 외	시대의창
	스무 살에 알았더라면 좋았을 것들	티나 실리그(이수경 역)	엘도라도
	미래 경영	피터 드러커(이재규 역)	청림출판
	창조적 파괴	리처드 포스터(정성묵 역)	21세기 북스
	The Goal	제프 콕스, 엘리 골드렛(김일운 외 역)	동양문고

학과(학부)	추천도서	저자	출판사
경영/경제 관련 학과	원숭이도 이해하는 자본론	임승수	시대의 창
	죽은 경제학자의 살아있는 아이디어	토드 부크홀츠(이승환 역)	김영사
	세속의 철학자들	로버트 L 하일브로너 (장상환 역)	이마고
	자본주의를 의심하는 이들을 위한 경제학	조지프 히스(노시내 역)	마티
	경제학 패러독스	타일로 코웬(김정미 역)	랜덤하우스코리아
	잭웰치·위대한 승리:WINNING	잭 웰치(김주연 역)	청림출판
	글로벌 기업의 조건	아르누 드 마이어(신문영 역)	교보문고
	THE GOAL	엘리 골드렛, 제프 콕스(김일운 역)	동양문고
	교통으로 여는 녹색 미래	한국교통연구원	한국교통연구원
	행운에 속지마라	나심 니콜라스 탈렙(이건 역)	중앙북스
	괴짜 경제학	스티븐 레빗(안진환 역)	웅진지식하우스
	슈퍼괴짜 경제학	스티븐 더브너, 스티븐 레빗 (안진환 역)	웅진지식하우스
	그들이 말하지 않는 23가지	장하준	부키
	런치타임 경제학	스티븐 랜즈버그(황해선)	바다출판사
	경제는 착하지 않다	심상복	프린스미디어

---

4 공과대학

학과(학부)	추천도서	저자	출판사
공통	과학선생님도 궁금한 101가지 과학질문사전	과학교사모임	북멘토
	패션 사이언스	최원석	살림
	원더풀 사이언스	나탈리앤지어	지호
	과학자 다이어리	니콜오스트로브스키	바람의아이들
	한국의 이공계는 글쓰기가 두렵다	임재춘	북코리아
	뉴턴과 아이슈타인 우리가 몰랐던 천재들의 창조성	홍성욱	창비
	지식의 지배	레스터C. 서로우 (한기찬 역)	생각의 나무
	수학, 문명을 지배하다	모리스 클라인(박영훈 역)	경문사
	생산력과 문화로서의 과학 기술	홍성욱	문학과지성사
	부분과 전체	베르너 하이젠베르크(김용준 역)	지식산업사
	춤추는 술고래의 수학이야기	레오날드 믈로디노프(이덕환 역)	까치
	파인만의 여섯 가지 물리 이야기	리처드 파인만(박병철 역)	승산
	객관성의 칼날(과학 사상의 역사에 관한 에세이)	찰스 길리스피(이필렬 역)	새물결
	엔트로피	제레미 리프킨(이창희 역)	세종연구원
	과학으로 세상 보기	이창영	한승
	과학으로 수학보기, 수학으로 과학보기	김희준	궁리
	천재들이 즐기는 수학 퍼즐 게임	한다 료스케(이정환 역)	일출봉
	바이오테크 시대	제레미 리프킨(전역택 역)	민음사
건축공학과	나는 건축가다	한노 라우테르베르크(김현우 역)	현암사
	건축, 생활속에 스며들다	조용원	창의체험
	건축 학교에서 배운 101가지	매튜 프레더릭(장택수 역)	동녘

학과(학부)	추천도서	저자	출판사
건축공학과	건축가가 되는 길	Roger K. Lewis(김현중 역)	국제
	건축 세상만사	원정수	상상
	행복의 건축	알랭 드 보통(정영목 역)	이레
	알기쉬운 건축이야기	장정제	시공문화사
	시대를 담는 그릇	김봉렬	이상건축
	20세기 건축(클라시커 50)	크리스티나 하베를리크(안인희 역)	해냄출판사
	발칙한 건축학	왕리(송철규 역)	예문
	구조의 구조	함인선	발언
	건축, 음악처럼 듣고 미술처럼 보다	서현	효형출판
	대한민국 건설:불가능은 가능이다	박길숙	지성사
기계 공학과	이야기로 아주 쉽게 배우는 대수학	더글러스 다우닝(이정국 역)	이지북
	사고 혁명	루디 러커(김량국 역)	열린책들
	수학 없는 물리	Paul. G. Hewitt(엄정인 외 2명 역)	교보문고
	생활 속 물리 이야기	한원열	청문각
	같기도 하고 아니 같기도 하고	로얼드 호프만(이덕환 역)	까치
산업공학과	생명의 그물	프리초프 카프라(김용정 역)	범양사
	가슴 뛰는 삶을 살아라	다릴 앙카(류시화 역)	나무 심는 사람
	스마트 스월	피터 밀러(이한음 역)	김영사
	생각의 지도	리처드 니스벳(최인철 역)	김영사
고분자섬유 시스템공학과	고분자화학 연구실에서 무슨일이 일어나고 있을까?	진정일	양문
	천재들의 과학 노트	캐서린쿨렌(최미화 역)	일출봉
	역사를 바꾼 17가지 화학 이야기	페니르 쿠터, 제이버레슨(곽주영역)	사이언스북스
	시크릿스페이스	서울과학교사 모임	어바웃어북
	평행우주	미치오카쿠(박병철 역)	김영사
화학 공학과	일상에서 과학을보다1,2	사토긴페이(김종호 역)	한토미디어
	Creative Company 창의적 기업을 만드는 7가지 원칙	모니크 R. 지겔(홍이정 역)	예문
	Chemical Engineering Changes the World, 세상을 변화시키는 화학공판 2판	한국화학공학회편찬위원	케이티링크
	천재들의 과학 노트	캐서린쿨렌(최미화 역)	일출봉
전자공학과	문명과 수학	리처드 만키에비츠(이상원 역)	경문사(박문규)
	디지털 포트리스	댄 브라운(이창식 역)	북스캔
	세상에서 가장 재미있는 물리학	래리 고닉(전영택 역)	궁리
	지상 최대의 쇼	리처드 도킨스(김명남 역)	김영사
	커넥션	제임스 버크(구자현 역)	살림
	일렉트릭 유니버스	데이비드 보드니스(김명남 역)	생각의 나무
	과학 도시락(맛있고 간편한)	김정훈	은행나무
	수학 천재를 만드는 두뇌 트레이닝	알폰스 봐이넴(임유영 역)	작은 책방
전기공학과	전기 이야기: 열정과 야망의	김석환	대영사
	니콜라 테슬라, 과학적 상상력의 비밀	신도 마사아키(김은진 역)	여름언덕
	NEW 전기를 알고 싶다	김형술, 박영식, 전찰환, 정중호	골든벨
	나는 왜 그 생각을 못했을까?	김영식	타임스퀘어
	다산 선생 지식 경영법	정민	김영사

학과(학부)	추천도서	저자	출판사
에너지자원 공학과	자원전쟁	김태희	영림카디널
	석유 욕망의 샘	김재명	프로네시스
	검은 눈물 석유	김성호	미래아이
	세상을 바꾼 다섯 개의 방정식	서윤호	경문사
	거의 석유 없는 삶	제롬 보날디(성일권 역)	고즈윈
토목공학과	이집트 구르나 마을 이야기	하싼 화티(정기용 역)	열화당
	토목을 디자인하다	시노하라 오사무(강영조 역)	동녘
	대한민국 건설(불가능은 가능이다)	박길숙	지성사
	재미와 장난이 만든 꿈의 도시 꾸리찌바	박용남	녹색평론사
	죽기 전에 꼭 봐야 할 세계 건축 1001	마크 어빙, 피터ST(박누리 외 2명 역)	마로니에북스
	세계 건축의 이해	마르코 부살리 (우영선 역)	마로니에북스
환경공학과	침묵의 봄	레이첼 카슨(김은령 역)	에코리브르
	지구의 미래	프란츠 알트	민음사
	대한민국 갯벌 문화사전	김준	이후
	땅 속 생태계	이본느 배스킨(최세민 역)	창조문화
	미래의 에너지	에머리 로빈스(임성진 역)	생각의 나무
	숲 그리고 희망	브라이언 켈리, 마크 런던(조윤경 역)	예지
	환경 호르몬의 공포	나카하라 히데오미(손동헌 역)	종문화사
	가이아의 복수	제임스 러브룩(이한음 역)	세종서적
생명공학과	조상 이야기-생명의 기원을 찾아서	리처드 도킨스(이한음 역)	까치
	진화에 정답이 어딨어?	외르크 치틀라우	뜨인돌
	인간유전100가지	다쓰모 준코 외	중앙에듀북스
	미래혁명이 시작된다	홍순기 외 47	범우사
	과학자가 들려주는 과학이야기 015.톰슨이 들려주는 줄기세포 이야기	황신영	자음과모음(주)
	과학자가 들려주는 과학이야기 083. 퀴네가 들려주는 효소 이야기	이흥우	자음과모음(주)
	알고 보면 간단한 화학반응	요네야마 마사노부(우제열 역)	이지북
	처음 읽는 미래 과학 교과서3	박태현	김영사
	생명과학의 기초DNA	일본 뉴턴프레스(강금희 역)	newton highlight
	생명의 미학	박상철	생각의 나무
	생물과 무생물 사이	후쿠오카 신이치(김소연 역)	은행나무
	하버드 의대가 당신의 식탁을 책임진다	월터 C. 윌렛(손수미 역)	동아일보사
	이기적 유전자	제임스 왓슨(최돈찬 역)	궁리
	세계 생명공학 리포트이기적 유전자	리처드 도킨스(홍영남 외 1명 역)	을유문화사
	세계 생명공학 리포트	언스트, 영(녹십자벤처투자 역)	김영사
	생명이란 무엇인가	에르빈 슈뢰딩거(전대호 역)	궁리
조경학과	침묵의 봄	레이첼 카슨(김은령 역)	에코리브르
	한국의 정원 선비가 거닐던 세계	허균	다른세상
	녹색도시를 꿈꾸는 저탄소 사회전략	고재경 외	한울아카데미
	조경생태학	안영희	태림문화사
	원예식재와 조경	노엘 킹스버리(이영범 역)	시그마프레스
산림자원학과	씨앗의 자연사	조나단 실바타운(진선미 역)	양문사
	나무	이순원	문학 에디션 뿔
	종이로 사라지는 숲 이야기	맨디 하기스(이경아 역)	상상의 숲

학과(학부)	추천도서	저자	출판사
농업경제학과	행운에 속지마라	나심 니콜라스 탈렙(이건 역)	중앙북스
	괴짜 경제학	스티븐 레빗(안진환 역)	웅진지식하우스
	슈퍼괴짜 경제학	스티븐 더브너, 스티븐 레빗 (안진환 역)	웅진지식하우스
	그들이 말하지 않는 23가지	장하준	부키
	런치타임 경제학	스티븐 랜즈버그(황해선)	바다출판사
	경제는 착하지 않다	심상복	프린스미디어
동물자원학부	애완동물학	안제국	부민문화사
	인간과 동물	최재천	궁리
식물생명 공학부	생활 속 원예이야기	문원	에피스테메
	Feeding the world	Anne Rooney	SmartAppleMedia
	농업철학서설	J.D. 힐(이은웅 역)	향문사
	식물의 정신세계	피터 톰킨스(황금용 역)	정신세계사
응용생물 공학부	알고 보면 간단한 화학반응	요네야마 마사노부(우제열 역)	이지북
	처음 읽는 미래 과학 교과서3	박태현	김영사
	생명과학의 기초DNA	일본 뉴턴프레스(강금희 역)	newton highlight
	생명의 미학	박상철	생각의 나무
	생물과 무생물 사이	후쿠오카 신이치(김소연 역)	은행나무
	하버드 의대가 당신의 식탁을 책임진다	월터 C. 윌렛(손수미 역)	동아일보사
지역·바이오 시스템공학과	거의 모든 것의 역사	빌 브라이슨(이덕환 역)	까치
	$E=MC^2$	데이비드 보더니스(김민희 역)	생각의 나무
	천재들이 즐기는 수학 퍼즐 게임	한다 료스케(이정환 역)	일출봉
	바이오테크 시대	제레미 리프킨(전영택 역)	민음사
	경제학 콘서트 1. 2.	팀 하포드(이진원 역)	웅진닷컴
조경학과	침묵의 봄	레이첼 카슨(김은령 역)	에코리브르
	한국의 정원 선비가 거닐던 세계	허균	다른세상
	녹색도시를 꿈꾸는 저탄소 사회전략	고재경 외	한울아카데미
	조경생태학	안영희	태림문화사
	원예식재와 조경	노엘 킹스버리(이영병 역)	시그마프레스
바이오에너지 공학과	이기적 유전자이중나선	제임스 왓슨(최돈찬 역)	궁리
	세계 생명공학 리포트이기적 유전자	리처드 도킨스(홍영남 외 1명 역)	을유문화사
	세계 생명공학 리포트	언스트, 영(녹십자벤처투자 역)	김영사
	생명이란 무엇인가	에르빈 슈뢰딩거(전대호 역)	궁리
산림자원학부	씨앗의 자연사	조나단 실버타운(진선미 역)	양문사
	나무	이순원	문학 에디션 뿔
	종이로 사라지는 숲 이야기	맨디 하기스(이경아 역)	상상의 숲

학과(학부)	추천도서	저자	출판사
특수교육학부	기적은 당신 안에 있습니다	이승복	황금나침반
	나는 멋지고 아름답다	이상묵, 이승복, 김세진	부기
	리틀 몬스터	Robert Jerjen (조아라 역)	학지사
	괜찮아 3반	오토다케 히로타다(전경빈 역)	창해
	당신은 장애를 아는가	김도현	메이데이
교육학과	에밀	J. J. Rousseau(정영하 역)	현암사
	민주주의와 교육	J. Dewey(이홍우 역)	교육과학사
	수레바퀴 아래서	헤르만헤세(김이섭 역)	민음사
	페다고지	P. Freire(남경태 역)	그린비
	섬머힐	A. S. Neil(백승관 역)	문음사
국어교육학과	열하일기(청소년들아 연암을 떠나자)	박지원(리상홍 역)	산문
	청소년을 위한 삼국유사	김봉주	두리미디어
	신강훈민정음	서병국	학문사
	우리말상력	정호완	정신세계사
	혼불	최명희	매안출판사
	뼛속까지 내려가서 써라	나탈리 골드버그(권진욱 역)	한문화
영어교육과	그리스 로마 신화	이윤기	웅진지식하우스
	The last lecture	Pausch, Randy, Zaslow, Jeff	HyperionBooks
	여행의 기술	알랭 드 보통(정영목 역)	이레
	Emma	Jane Austen(김현숙 역)	경문사
	Walden	Henry David Thoreau	Oxford U.K
유아교육과	인간의 교육	프리드리히 프뢰벨(이원영, 방인옥 역)	양서원
	모리와 함께한 화요일	미치 앨봄(공경희 역)	살림
	자아를 찾은 아이 딥스	V.M. 헥슬린(유아교육연구회 역)	시간과공간사
	신데렐라 천년의 여행	주경철	산처럼
	한아이	토리 헤이든(이희재 역)	아름드리
역사교육과	교실 밖 국사여행	역사학연구소	사계절
	한국사카페 1,2	장용준	북멘토
	통세계사 1,2	김상훈	다산에듀
	한국사 기행	조유전, 이기환	책문
	미래를 여는 역사	한중일 3국 공동역사편찬위원회	한겨레신문사
지리교육과	남기고 싶은 우리의 지리이야기	권혁재	산악문학
	한국 지리 이야기	권동희	한올
	지도와 권력	아서 제이 클링호퍼(이용주 역)	알마
	지리교사들 남미와 만나다	지리 교육 연구회 지평	푸른길
	세계화 시대의 세계지리 읽기	옥한석	한울아카데미
윤리교육과	왜 도덕인가?	마이클 샌델(안진환, 이수경 역)	한국경제신문사
	잠깐 멈춤	고도원	해냄
	니코마코스 윤리학	아리스토텔레스(홍석영 역)	풀빛
	우리가 정말 알아야 할 우리 신비	정옥자	현암사
	도덕적인 인간과 비도덕적인 사회	라인홀드 니버(남정우 역)	대한기독교서회

학과(학부)	추천도서	저자	출판사
수학교육과	페르마의 마지막 정리	사이먼 싱(박병철 역)	영림카디널
	푸앵카레의 추측	도널 오셔(전대호 역)	까치글방
	학문의 즐거움	히로나카 헤이스케(방승양 역)	김영사
	어느 수학자의 변명	G.H 하디(정희성 역)	세시
	유추를 통한 수학 탐구	에르든예프(한인기 역)	승산
물리교육과	현대 물리가 날 미치게 해	프랭클린 포터, 크리스토퍼 야르고즈키(김영태 역)	한승
	달걀 삶는 기구의 패러독스	정병훈	성우
	새로운 물리탐구의 세계	박종원 외	청문각
	조지 가모보의 즐거운 물리학	조지 가모보(곽영진 역)	한승
	파인만의 여섯 가지 물리 이야기	리처드 파인만(박병철 역)	승산
화학교육과	교실 밖 화학 이야기	진정일	양문
	나는 대한민국의 교사다	조벽	해냄
	화학의 발자취	휴 W.샐츠버그(고문주 역)	범양사
	과학이란 무엇인가	A.F. 차머스	서광사
	발견하는 즐거움	리처드 파인만(정무광 외 1명 역)	승산
생물교육과	이것이 생물학이다	에른스트 마이어(최재천 역)	몸과마음
	이기적 유전자	리처드 도킨스(홍영남 외 1명 역)	을유문화사
	이타적 유전자	매트 리들리(신좌섭 역)	사이언스북스
	DNA: 생명의 비밀	제임스 왓슨(이한음 역)	까치
	거의 모든 것의 역사	빌 브라이슨(이덕환 역)	까치
지구과학교육과	길들여지지 않은 날씨	존린치(이강웅 외 역)	한승
	코스모스	칼세이건(홍승수 역)	사이언스북스
	청소년을 위한 시간의 역사	스티븐호킹(전대호 역)	웅진지식하우스
	한반도 30억년의 비밀 1부 : 적도의 땅	유정아	푸른숲
가정교육과	나는 대한민국의 교사다	조벽	해냄
	샤넬 미술관에 가다	김홍기	미술문화
	성공하는 사람들의 7가지 습관	스티븐 코비(김경섭 역)	김영사
	음식문화의 수수께끼	마빈 해리스(서진영 역)	한길사
	엄마를 부탁해	신경숙	창작과 비평사
음악교육과	Classics A to Z	민은기, 신혜승	음악세계
	내가 사랑하는 클래식 1.	박종호	시공사
	내가 사랑하는 클래식 2.	박종호	시공사
	내가 사랑하는 클래식 3.	박종호	시공사
	열려라, 클래식	이헌석	돋을새김
체육교육과	존 우든의 부드러운 것보다 강한 것은 없다	존 우든(최의창 역)	대한미디어
	몸짓과 문화 : 춤 이야기	신상미	대한미디어
	골프가 주는 9가지 삶의 교훈	마이크 린더(최의창 역)	대한미디어
	알까기 골프	윤선달	선암사
	알고 달리자	체육과학연구원	대한미디어

학과(학부)	추천도서	저자	출판사
정치외교학과	대한민국사(1~4권)	한홍구	한겨레출판사
	민주화 이후의 민주주의	최장집	후마니타스
	거대한 체스판 : 21세기 미국의 세계 전략과 유라시아	즈비그뉴 브레진스키(김명섭 역)	삼인
	렉서스와 올리브 나무 : 세계화는 덫인가, 기회인가	토머스 L. 프리드먼(신동욱 역)	창해
	정치학으로의 산책	21세기 정치연구회	한울 아카데미
사회학과	프로테스탄티즘의 윤리와 자본주의 정신	막스 베버(박성수 역)	문예출판사
	몬 산토(죽음을 생산하는 기업)	마리 모니크 로뱅(이선혜 역)	이레
	다르게 사는 사람들	김비 외 6인(윤수종 엮음)	이학사
	우리시대의 소수자 운동	윤수종	이학사
	극단의 시대-20세기의 역사(상)/(하)	에릭 홉스봄(이용우 역)	까치
	난장이가 쏘아올린 작은 공	조세희	이성과 힘
심리학과	죽음의 수용소에서	빅터 프랭클(이시형 역)	청아출판사
	설득의 심리학	로버트 치알디니(이현우 역)	21세기북스
	학습된 낙관주의	마틴 세리그만(최호영 역)	21세기북스
	월든 투	스키너(이장호 역)	서울: 현대문화
	인간이해	아들러(라영균 역)	서울: 일빛
문헌정보학과	히말라야 도서관	존 우드(이명혜 역)	세종서적
	지상의 아름다운 도서관	최정태	한길사
	도서관 그 소란스러운 역사	매투 배틀스(강미경 역)	넥서스북
	위대한 도서관 사상가들	고인철 외	한울아카데미
	독서의 기술	애들러 모티모 J.(민병덕 역)	범우사
신문방송학과	한국 언론 바로보기 100년	송건호 외	다섯수레
	미디어의 이해: 인간의 확장	마샬 맥루언(김성기 외)	민음사
	언론의 4이론	프레드 시버트(강대인 역)	나남출판
	대중문화의 이해	김창남	한울아카데미
	소비의 사회	장 보드리야르(이상률 역)	문예출판사
지리학과	택리지	이중환(이익성 역)	을유문화사
	지리사상사 강의노트	권정화	한울아카데미
	인문지리학의 시선	정종환 외 3인	논형
	공간의 힘	하름 데 블레이(황근하 역)	천지인
인류학과	문화의 수수께끼	마빈 해리스(박종렬 역)	한길사
	총균쇠	제러드 다이아몬드(김진준 역)	문학사상
	처음 만나는 문화 인류학	김광억	일조각
	인류학의 거장들	제리 무어(김우영 역)	한길사
	천 번의 붓질 한 번의 입맞춤	이건무	진인진
행정학과	미디어의 이해	마샬맥루한(박정규역)	커뮤니케이션북스
	공리주의	존스투어트밀(이을상 역)	지만지고전천줄
	프로테스탄티즘의 윤리와 자본주의 정신(Max weber)	막스베버(박성수 역)	문예출판사
	Rawls's theory of justice(John Rawls)	존 롤즈(황격식 역)	이학사
	OnthePragmaticsofSocialInteraction:preliminaryStudiesintheTheoryofCommunicativeAction	Havermas, Jurgen, Fultner, Babara	MIT press

학과(학부)	추천도서	저자	출판사
문화콘텐츠학부	미디어 아트	진중권	휴머니스트
	권력이동	엘빈 토플러(이규행 역)	한국경제신문사
	부의 탄생	윌리엄 번스타인(김형구 역)	시아출판사
	모바일 혁명이 만드는 비즈니스 미래지도	김중태	한스미디어
	문화콘텐츠 스토리텔링	정창권	북코리아
국제학부	2020 대한민국 다음 십년을 상상하라	조셉 나이(이운주 역)	랜덤하우스코리아
	일본 입문	박순애	시사일본어사
	한국을 소비하는 일본	히라타 유키에	책세상
	한권으로 읽는 중국문화	공봉진, 이강인, 조윤경	산지니
	중국에는 왜 갔어	김대오	사군자

8 생활과학대학

학과(학부)	추천도서	저자	출판사
생활환경복지학과	모리와 함께한 화요일	미치앨봄(공경희 역)	살림
	긍정의 힘	조엘 오스틴(정성묵 역)	두란노
	지선아 사랑해	이지선	이레
	잘가요 언덕	차인표	살림
	또다른 나라	메리 파이퍼(공경희 역)	모색
식품영약학과	노벨상이 만든 세상-화학	이종호	나무의꿈
	젊음의 과학	존 몰리, 셰리 콜버그(정주연 역)	미지북스
	희망의 밥상	제인구달, 게리 메커보이	사이언스북스
	오키나와 프로그램	브래들리윌콕스(박정숙 역)	청림출판
	몸의 이해	EBS지식채널 건강	지식채널
	존 로빈스의 100세 혁명	존 로빈스(박산호 역)	시공사
의류학과	세상에 감성을 입히다	장광효	북하우스
	무량수전 배흘림기둥에 기대서서	최순우	학고재
	에펠탑에 옷을 입히며	이미경	경향신문사
	세계 유명 패션디자이너 시리즈	박기완	노라노
	패션을 보면 세계가 보인다	김현좌	내 인생의 책

학과(학부)	추천도서	저자	출판사
수의예과 (수의학과)	수의사가 말하는 수의사	김영찬	부키
	애완동물사육	안제국	부민문화사
	인간의 위대한 스승들	제인 구달(채수문 역)	바이북스
	최재천의 인간과 동물	최재천	궁리
	제인 구달의 생명사랑 십계명	제인 구달(최재천 역)	바다 출판사

학과(학부)	추천도서	저자	출판사
약학부	신약 오딧세이	심재우	위아북스
	생명과 약의 연결고리	김성훈	프로네시스
	이야기 현대약 발견사	강건일	까치
	마법의 탄환: 의학 역사를 새로 쓴 주황색의 알약 글리벡 이야기	다니엘 바셀라, 로버트 슬레이터 (이충호 역)	해나무
	감정의 분자(Molecules of Emotion)	캔더스 B 퍼트(김미선 역)	시스테마

학과(학부)	추천도서	저자	출판사
미술학과	고뇌의 원근법	서경식(박소현 역)	돌베개
	현대미술의 이해	임영방	서울대 출판부
	오주석의 한국의 미 특강	오석주	솔 출판사
	현대미술, 보이지 않은 것을 보여주다	프랑크 슐츠(황종민역)	미술문화
	한국의 미술과 문화	안휘준	시공사
음악학과	쇼팽, 그 삶과 음악	제러미 니콜러스(임희근역)	포토넷
	모차르트, 그 삶과 음악	제러미 시프먼(임선근 역)	포토넷
	베토벤, 그 삶과 음악	제러미 시프먼(김병화 역)	포토넷
	말러, 그 삶과 음악	스티븐 존슨(임선근 역)	포토넷
	말이 먼저, 음악이 먼저	정준호	삼우반
국악학과	국악통론	장사훈	세광
	한국 전통음악의 선율 구조	백대웅	어울림
	논어강설	이기동	성균관대학교출판부
	한 권으로 읽는 조선왕조실록	박영규	웅진지식하우스
시각정보 디자인학과	디자인과 시각 커뮤니케이션	브루노 무나리(노성두 역)	두성북스
	디자인이 브랜드를 만나다	유정미	시공사
	디자인의 디자인	하라켄야(민병걸 역)	안그라픽스
	인스퍼러빌러티 : 최고의 크리에이터 40명이 말하는 나에게 영감을 주는 것들	맷 패시코우(PLS AGENCY)	시드페이퍼
	카피없는 광고	손별	커뮤니케이션북스

학과(학부)	추천도서	저자	출판사
의예과 (의학과)	내 몸안의 과학	예일병	효형 출판
	이기적 유전자	리처드 도킨스(홍영남 외 1명 역)	을유문화사
	의학의 역사	재컬린 더핀(신좌섭 역)	사이언스북스
	나는 고백한다 현대의학을	아툴 가완디	동녘사이언스
	불량의학	크리스토퍼 완제크(박은영 역)	열대림

13 인문대학

학과(학부)	추천도서	저자	출판사
국어국문학과	훈민정음	박창원	신구문화사
	인문학 콘서트	김경동 외	이숲
	2011년 제35회 이상문학상 작품집	이상문학상 심사위원회	문학사상
	춘향전	송성욱	민음사
	광장	최인욱	문학과 지성사
	2011년 제35회 이상문학상 작품집	이상문학상 심사위원회	문학사상
	열하일기(청소년들아 연암을 떠나자)	박지원(리상홍 역)	산문
	청소년을 위한 삼국유사	김봉주	두리미디어
	신강훈민정음	서병국	학문사
	우리말상상력	정호완	정신세계사
	혼불	최명희	매안출판사
	뼛속까지 내려가서 써라	나탈리 골드버그(권진욱 역)	한문화
영어영문학과	오이디푸스왕	소포클레스(황문수 역)	범우사
	허클베리핀의 모험	마크 트웨인(김욱동 역)	민음사
	젊은 예술가의 초상	제임스 조이스(이상욱 역)	민음사
	폭풍의 언덕	에밀리 브론테(김종길 역)	민음사
	언어: 이론과 그 응용	김진우	탑출판사
	그리스 로마 신화	이윤기	웅진지식하우스
	The last lecture	Pausch, Randy, Zaslow, Jeff	HyperionBooks
	여행의 기술	알랭 드 보통(정영목 역)	이레
	Emma	Jane Austen(김현숙 역)	경문사
	Walden	Henry David Thoreau	Oxford U.K
독일언어 문학과	젊은 베르테르의 슬픔	괴테(박찬기 역)	민음사
	데미안	헤르만 헤세(전영애 역)	민음사
	변신	카프카(이재황 역)	문학동네
	향수	쥐스킨트(강명순 역)	열린책들
	먼 나라 이웃나라(독일편)	이원복	김영사
불어불문학과	어린왕자	앙투완 생텍쥐페리 (김화영 역)	문학동네
	사진과 그림으로 보는 케임브리지 프랑스사	콜린 존스(방문숙 역)	시공사
	파리의 노트르담	빅토르 위고(정기수 역)	민음사
	새로운 프랑스 문학사	김붕구	일조각
	먼 나라 이웃나라(독일편)	이원복	김영사

학과(학부)	추천도서	저자	출판사
중어중문학과	중국의 신화	장기근	범우사
	한자의 역사	아츠지데츠지(김언종,박재양 역)	학민사
	중국문화풍경	주성화	한림대학교 출판부
	삼국지	황병국	범우사
	아Q정전, 광인일기	노신(우인호 역)	신원출판사
일어일문학과	겐지이야기	무라사키 시키부(김난주 역)	한길사
	조선 선비의 일본견문록	신유한(강혜선 역)	이마고
	유시민과 함께 읽는 일본 문화 이야기	유시민	푸른나무
사학과	사기열전 1,2	사마천(김원중 역)	민음사
	삼국사기 1,2	김부식(이강래 역)	한길사
	역사란 무엇인가	에드워드 카(이화승 역)	베이직북스
	역사	헤로도토스(천병희 역)	숲
	한국현대사	한국현대사	웅진지식하우스
	이미지의 문화사: 역사는 미술과 어떻게 만나는가	피터버크 저	심산문화
	교실 밖 국사여행	역사학연구소	사계절
	한국사카페 1,2	장용준	북멘토
	통세계사 1,2	김상훈	다산에듀
	한국사 기행	조유전, 이기환	책문
	미래를 여는 역사	한중일 3국 공동역사편찬위원회	한겨레신문사
철학/윤리 관련 학과	논어	공자(황종원 역)	서책
	국가	플라톤(박종현 역)	서광사
	소피의 세계	요슈타인 가아더(장영은 역)	현암사
	정의란 무엇인가	마이클 샌들(이창신 역)	김영사
	미학 오딧세이	진중권	휴머니스트
	왜 도덕인가?	마이클 샌델(안진환, 이수경 역)	한국경제신문사
	잠깐 멈춤	고도원	해냄
	니코마코스 윤리학	아리스토텔레스(홍석영 역)	풀빛
	우리가 정말 알아야 할 우리 신비	정옥자	현암사
	도덕적인 인간과 비도덕적인 사회	라인홀드 니버(남정우 역)	대한기독교서회
	원숭이도 이해하는 마르크스 철학	임승수	시대의창

학과(학부)	추천도서	저자	출판사
수학/ 통계학과	이광연의 수학플러스	이광연	동아시아
	학문의 즐거움	히로나카 헤이스케(방승양 역)	김영사
	춤추는 술고래의 수학 이야기	레오날드 블로디노프(이덕환 역)	까치글방
	수학 문명을 지배하다	모리스 클라인(박영훈 역)	경문사
	아름다움은 왜 진리인가	이언 스튜어트(안기연, 안재권 역)	승산
	페르마의 마지막 정리	사이먼 싱(박병철 역)	영림카디널
	푸앵카레의 추측	도널 오셔(전대호 역)	까치글방
	학문의 즐거움	히로나카 헤이스케(방승양 역)	김영사
	어느 수학자의 변명	G.H 하디(정희성 역)	세시
	유추를 통한 수학 탐구	에르든예프(한인기 역)	승산
	재미있는 통계 이야기	더렐 허프(김정흠 역)	청아출판사
	생활 속의 통계	박병구, 이경은, 송중권 외 2명	자유아카데미
	괴짜가 사랑한 통계학	그레이엄 테터솔(한창호 역)	한겨레
	세상에서 가장 재미있는 통계학	래리 고닉(전영택 역)	궁리
	통계의 미학	최제호	동아시아
	소설처럼 아름다운 수학이야기	김정희	동아일보사
	페르마의 마지막 정리	사이먼 싱(박병철 역)	영림 카디널
	살인을 부르는 수학공식	데프크로스 마키엘리데스(전행선 역)	살림FRIENDS
	사인 코사인의 즐거움	엘리 마오(조윤정 역)	피스칼 북스
	수학으로 이루어진 세상	키스 데블린(석기용 역)	에코리브르
	박사가 사랑한 수식	오가와 요코(김난주 역)	이레
	통계의 미학(통계는 세상을 움직이는 과학이다)	최제호	동아시아
물리학과	최무영 교수의 물리학 강의	최무영	책갈피
	발견하는 즐거움	리처드 파인만(승영조 역)	승산
	공부도둑	장회익	생각의 나무
	밤의 물리학	다케우치 가오루(꿈꾸는 과학 역)	사이언스북스
	신의 입자를 찾아서	이종필	마티
	대통령을 위한 과학 에세이	이종필	글항아리
	현대 물리가 날 미치게 해	프랭클린 포터, 크리스토퍼 야르고즈 키(김영태 역)	한승
	달걀 삶는 기구의 패러독스	정병훈	성우
	새로운 물리탐구의 세계	박종원 외	청문각
	조지 가모의 즐거운 물리학	조지 가모(곽영진 역)	한승
	파인만의 여섯 가지 물리 이야기	리처드 파인만(박병철 역)	승산
화학과	살아있는 112가지 원소에 얽힌 '재미있는 화학 상식'	오미야 노부미쓰(오근영 역)	막은창
	화학에서 인생을 배우다	황애영	더숲
	재미있는 화학이야기	사카가와 노리유키(문성원 역)	예문당
	재미있는 100가지 화학 이야기	오오미야 노부미츠(장연숙 역)	열린과학
	역사를 바꾼 17가지 화학 이야기	페니 르 쿠터, 제이 버레슨(곽주영 역)	사이언스북스
	그림으로 배우는 양자역학	쓰즈키 타쿠지(강석태 역)	한승
	화학으로 이루어진 세상	크리스틴 메데퍼셀헤르만, F. 하마어 (권세훈 역)	에코리브르

학과(학부)	추천도서	저자	출판사
화학과	화학의 변명 1. 2. 3.	존 엠슬리(허훈 역)	사이언스북스
	화학의 프로메테우스	섀런 버트시 맥그레인(이충호 역)	가람기획
	즐거운 화학 콘서트(일상 속에 숨어 있는 놀라운 과학이야기)	캐시코브,몬티니페테롤프(김지수 역)	이지북
	따따따 화학닷컴(놀라운 생활 속 화학 이야기)	손동식	맑은창
	상위 5%로 가는 화학 교실	이복영	스콜라
	화학에서 인생을 배우다	황영애	더숲
	보일의 화학 노트	김기정	녹색지팡이
	자연과학의 세계	김희준	궁리
	과학공화국 화학 법정	정완상	자음
	고교생이 알아야 할 화학 스페셜	서인호	신원문화사
	MT 화학	이익모	장서가
	화학이 화끈화끈	닉 아놀드(이충호 역)	김영사
	원소의 왕국	피터 앳킨스(김동광 역)	사이언스북스
	과학 콘서트	정재승	동아시아
	교실 밖 화학 이야기	진정일	양문
	나는 대한민국의 교사다	조벽	해냄
	화학의 발자취	휴 W.샐츠버그(고문주 역)	범양사
	과학이란 무엇인가	A.F. 차머스	서광사
	발견하는 즐거움	리처드 파인만(정무광 외 1명 역)	승산
생물학과	핀스워스 교수의 생물학 강의	프랭크 H. 헤프너(윤소영 역)	도솔
	살아숨쉬는 식물교과서	오병훈	마음의숲
	산책로에서 만난 즐거운 생물학	위르겐 브라터(안미라 역)	살림출판사
	하라하라의 생물학 카페	이은희	궁리
	내 몸 안의 작은 우주 분자생물학	하기와라 기요후미(황소연 역)	전나무숲
	이기적 유전자	리처드 도킨스(홍영남, 이상임 역)	을유문화사
	털없는 원숭이	데즈먼드 모리스(김석희 역)	문예춘추
	북극곰은 걷고 싶다	남종영	한겨레출판사
	이것이 생물학이다	에른스트 마이어(최재천 역)	몸과마음
	이기적 유전자	리처드 도킨스(홍영남 외 1명 역)	을유문화사
	이타적 유전자	매트 리들리(신좌섭 역)	사이언스북스
	DNA: 생명의 비밀	제임스 왓슨(이한음 역)	까치
	거의 모든 것의 역사	빌 브라이슨(이덕환 역)	까치
지구과학 관련학과	정재승의 과학콘서트	정재승	동아시아
	영화로 새로 쓴 지구과학 교과서	최원석	이치사이언스
	신과학복잡계 이야기	최창현	종이거울
	공기를 팝니다	케빈스미스	이매진
	야누스의 과학	김명진	사계절
	기후의 역습	모집 라티프(이혜경 역)	현암사
	땅 속에서 과학이 숨쉰다	장순근	가람기획
	천재들의 과학노트-과학사 밖으로 뛰쳐 나온 해양학자들	캐서린 클렌(양재삼 역)	일출봉
	직업으로 꿈꾸는 바다	신영태	넥서스
	길들여지지 않은 날씨	존린치(이강웅 외 역)	한승

학과(학부)	추천도서	저자	출판사
지구과학 관련학과	코스모스	칼세이건(홍승수 역)	사이언스북스
	청소년을 위한 시간의 역사	스티븐호킹(전대호 역)	웅진지식하우스
	한반도 30억년의 비밀 1부 : 적도의 땅	유정아	푸른숲
	기후의 역습-2009 지구 환경 보고서	월드워치연구소(생태사회연구소 역)	도요새
	물의 자연사	엘리스 아웃워터(이충호 역)	예지
	새롭고 적극적인 지구를 살리는 방법 50	존 지브나, 소피 지브나 외 1명(황선돈 역)	물병자리
해양관련학과	Ship 배 이야기	핸드릭빌렘반룬(이덕열 역)	아이필드
	해파리의 경고: 아름답고 불가사의한 생물	야스다토루(윤양호 역)	전파과학사
	기상의 구조	추효상	전남대학교출판부
	세계의 바다와 해양생물	김기태	채륜
	뭐라고, 이게 다 유전자 때문이라고	리사 시크라이스트 치우(김소정 역)	한얼미디어
	보이지 않는 지구의 주인 미생물들	오태광	양문
	환경호르몬으로부터 가족을 지키는 50가지 방법	미야니시 나오코(한국농어촌사회연구소 역)	삼신각
	내 몸 안의 주치의 면역	히기와라 기요후미(황소연 역)	전나무숲
	고마운 미생물 얄미운 미생물	천동식	솔
	도구와 기계의 원리	데이비드 멕컬레이(박영재 역)	서울문화사
	우리를 둘러싼 바다	레이첼 카슨(이충호 역)	양철북
	바다의 도시이야기1,2	시오노 나나미(정도영 역)	한길사

15 수상해양대학

학과(학부)	추천도서	저자	출판사
해양기술학부	Ship 배 이야기	핸드릭빌렘반룬(이덕열 역)	아이필드
	해파리의 경고: 아름답고 불가사의한 생물	야스다토루(윤양호 역)	전파과학사
	기상의 구조	추효상	전남대학교출판부
	북극곰은 걷고 싶다- 북극에서 남극까지 나의 지구 온난화 여행	남종영	한겨례출판나
	세계의 바다와 해양생물	김기태	채륜
식품공학 영양학부	인간이 만든 위대한 속임수 식품첨가물	아베쓰카사(안병수 역)	국일
	식탁위의 생명공학	최양도	푸른길
	교실 밖 화학 이야기	진정일	양문
	내 몸 안의 지식 여행 인체생리	다나카 에츠로(황소연 역)	전나무숲
	세계사를 바꾼 전염병들	브린버너드(김율희 역)	다른
수산생명 의학과	뭐라고, 이게 다 유전자 때문이라고	리사 시크라이스트 치우(김소정 역)	한얼미디어
	보이지 않는 지구의 주인 미생물들	오태광	양문
	환경호르몬으로부터 가족을 지키는 50가지 방법	미야니시 나오코(한국농어촌사회연구소 역)	삼신각
	내 몸 안의 주치의 면역	히기와라 기요후미(황소연 역)	전나무숲
	고마운 미생물 얄미운 미생물	천동식	솔
해양경찰학과	도구와 기계의 원리	데이비드 멕컬레이(박영재 역)	서울문화사
	우리를 둘러싼 바다	레이첼 카슨(이충호 역)	양철북
	바다의 도시이야기1,2	시오노 나나미(정도영 역)	한길사

부록 9. 진로진학상담사이트

구분	롤모델	사이트주소	비고
1	커리어넷	http://www.career.go.kr/	
2	워크넷	http://www.work.go.kr/	
3	어디가	http://www.adiga.kr/	
4	서울 진로진학정보센터	http://www.jinhak.or.kr/	
5	부산 진로진학지원센터	http://dream.pen.go.kr/	
6	대구 진학진로정보센터	http://www.dge.go.kr/jinhak/	
7	인천 진로교육센터	http://www.ice.go.kr/main.do?s=jinhak	
8	광주 진로진학정보센터	https://jinhak.gen.go.kr/	
9	대전 진로진학지원센터	http://www.edurang.net/main.do	
10	울산 진학정보센터	http://jinhak.use.go.kr/	
11	세종 진로지원센터	http://job.sje.go.kr/	
12	세종 대입지원센터	http://sjcc.sje.go.kr/main/idex.action	
13	강원 진학지원센터	http://jinhak.gwe.go.kr/	
14	경기 진로진학지원센터	http://jinhak.goedu.kr/	
15	충북 진로교육원	http://jinro.cbe.go.kr/	
16	충남 진로교육센터	http://career.edus.or.kr/main.do	
17	경북 진로진학지원센터	http://www.gbe.kr/jinhak/	
18	경남 대입정보센터	http://jinhak.gne.go.kr	
19	전북 진로진학센터	http://jinro.jbe.go.kr/	
20	전남 진로진학지원센터	http://jinro.jne.go.kr/	
21	제주진로진학지원센터	http://www.jje.go.kr/jinro/	

워크북

진로 끝판왕 활동지
성취기준

1. 활동지 1-1

순서 1
활동지 쪽수 1p   교재 쪽수 37p
성취 기준 **[12진로01-01]** 자신의 특성을 이해하고 긍정적 자아정체감을 가질 수 있다.

순서 2
활동지 쪽수 2~3p   교재 쪽수 49~50p
성취 기준 **[12진로01-02]** 자신의 강점을 발전시키고, 약점을 보완하는 방법을 찾아 노력할 수 있다.

순서 3
활동지 쪽수 4p   교재 쪽수 51p
성취 기준 **[12진로01-01]** 자신의 특성을 이해하고 긍정적 자아정체감을 가질 수 있다.

순서 4
활동지 쪽수 5~7p   교재 쪽수 54~55p
성취 기준 **[12진로01-02]** 자신의 강점을 발전시키고, 약점을 보완하는 방법을 찾아 노력할 수 있다.

순서 5
활동지 쪽수 8~9p   교재 쪽수 67p
성취 기준 **[12진로01-04]** 상황(사적 대화, 발표, 회의 등)에 맞는 의사소통 방법을 알고 활용할 수 있다.
[12진로03-02] 대학과 전공 계열을 선택하기 위한 합리적 기준을 제시할 수 있다.

순서 6
활동지 쪽수 11~12p   교재 쪽수 68~69p
성취 기준 **[12진로03-03]** 자신의 진로개발과 관련 있는 평생학습의 기회를 탐색할 수 있다.
[12진로04-03] 자신의 진로 목표와 관련 있는 직업·대학·학과를 탐색할 수 있다.
[12진로04-04] 개인 및 직업세계의 변화를 검토하여 자신의 진로계획을 재점검하고 수정할 수 있다.

2. 활동지 1-2

순서 1
활동지 쪽수 13p   교재 쪽수 74p
성취 기준 **[12진로03-02]** 대학과 전공 계열을 선택하기 위한 합리적 기준을 제시할 수 있다.
    [12진로03-03] 자신의 진로개발과 관련 있는 평생학습의 기회를 탐색할 수 있다.
    [12진로04-01] 잠정적인 진로의사 결정의 결과를 점검하고 자신이 처한 상황에 맞게 수정·변경할 수 있다.

순서 2
활동지 쪽수 14p   교재 쪽수 85p
성취 기준 **[12진로03-01]** 자신의 학업성취 수준과 학습방법을 점검하고 효과적인 학습방법을 찾을 수 있다.

순서 3
활동지 쪽수 15~16p   교재 쪽수 87p
성취 기준 **[12진로03-01]** 자신의 학업성취 수준과 학습방법을 점검하고 효과적인 학습방법을 찾을 수 있다.

순서 4
활동지 쪽수 17~18p   교재 쪽수 93p
성취 기준 **[12진로03-02]** 대학과 전공 계열을 선택하기 위한 합리적 기준을 제시할 수 있다.
    [12진로04-03] 자신의 진로 목표와 관련 있는 직업·대학·학과를 탐색할 수 있다.
    [12진로04-05] 관심 있는 대학의 입학정보를 알아보고 필요한 조건을 갖출 수 있다.

순서 5
활동지 쪽수 19~20p   교재 쪽수 99p
성취 기준 **[12진로03-01]** 자신의 학업성취 수준과 학습방법을 점검하고 효과적인 학습방법을 찾을 수 있다.

순서 6
활동지 쪽수 21~24p   교재 쪽수 100p
성취 기준 **[12진로03-01]** 자신의 학업성취 수준과 학습방법을 점검하고 효과적인 학습방법을 찾을 수 있다.
    [12진로03-05] 체험활동을 통해 관심 직업 및 학과에 대한 이해를 심화할 수 있다.

3. 활동지 1-3

순서 1
활동지 쪽수 25~26p   교재 쪽수 101p
성취 기준 **[12진로03-01]** 자신의 학업성취 수준과 학습방법을 점검하고 효과적인 학습방법을 찾을 수 있다.
    [12진로03-05] 체험활동을 통해 관심 직업 및 학과에 대한 이해를 심화할 수 있다.

순서 2
활동지 쪽수 27p   교재 쪽수 102p
성취 기준 **[12진로03-01]** 자신의 학업성취 수준과 학습방법을 점검하고 효과적인 학습방법을 찾을 수 있다.
    [12진로03-05] 체험활동을 통해 관심 직업 및 학과에 대한 이해를 심화할 수 있다.

순서 3

활동지 쪽수 28~29p   교재 쪽수 104~105p

성취 기준 [12진로03-04] 관심 직업의 현황, 전망, 산업구조 등 구체적인 정보를 수집할 수 있다.

[12진로03-05] 체험활동을 통해 관심 직업 및 학과에 대한 이해를 심화할 수 있다.

[12진로04-04] 개인 및 직업세계의 변화를 검토하여 자신의 진로계획을 재점검하고 수정할 수 있다.

순서 4

활동지 쪽수 30~32p   교재 쪽수 112~113p

성취 기준 [12진로03-02] 대학과 전공 계열을 선택하기 위한 합리적 기준을 제시할 수 있다.

[12진로04-03] 자신의 진로 목표와 관련 있는 직업·대학·학과를 탐색할 수 있다.

[12진로04-05] 관심 있는 대학의 입학정보를 알아보고 필요한 조건을 갖출 수 있다.

순서 5

활동지 쪽수 33~34p   교재 쪽수 115p

성취 기준 [12진로04-03] 자신의 진로 목표와 관련 있는 직업·대학·학과를 탐색할 수 있다.

[12진로04-05] 관심 있는 대학의 입학정보를 알아보고 필요한 조건을 갖출 수 있다.

순서 6

활동지 쪽수 35~38p   교재 쪽수 125~126p

성취 기준 [12진로03-01] 자신의 학업성취 수준과 학습방법을 점검하고 효과적인 학습방법을 찾을 수 있다.

4. 활동지 1-4

순서 1

활동지 쪽수 39p   교재 쪽수 127p

성취 기준 [12진로01-03] 친구, 가족, 지인, 동료 등 주변 사람을 대하는 자신의 태도와 관계를 성찰하고, 부족한 부분을 개선할 수 있다.

[12진로01-04] 상황(사적 대화, 발표, 회의 등)에 맞는 의사소통 방법을 알고 활용할 수 있다.

[12진로03-01] 자신의 학업성취 수준과 학습방법을 점검하고 효과적인 학습방법을 찾을 수 있다.

순서 2

활동지 쪽수 40~41p   교재 쪽수 131~133p

성취 기준 [12진로03-01] 자신의 학업성취 수준과 학습방법을 점검하고 효과적인 학습방법을 찾을 수 있다.

순서 3

활동지 쪽수 42~45p   교재 쪽수 141~142p

성취 기준 [12진로01-02] 자신의 강점을 발전시키고, 약점을 보완하는 방법을 찾아 노력할 수 있다.

[12진로03-01] 자신의 학업성취 수준과 학습방법을 점검하고 효과적인 학습방법을 찾을 수 있다.

순서 4

활동지 쪽수 46~48p   교재 쪽수 145~147p

성취 기준 [12진로01-02] 자신의 강점을 발전시키고, 약점을 보완하는 방법을 찾아 노력할 수 있다.

[12진로03-01] 자신의 학업성취 수준과 학습방법을 점검하고 효과적인 학습방법을 찾을 수 있다.

성취 기준 **[12진로04-01]** 잠정적인 진로의사 결정의 결과를 점검하고 자신이 처한 상황에 맞게 수정·변경할 수 있다.

[12진로04-02] 진로장벽을 해결한 사례를 알아보고 자신의 진로장벽 요인을 해결하기 위해 적절한 방안을 찾아 노력한다.

순서 6 활동지 쪽수 51~53p   교재 쪽수 155~157p

성취 기준 **[12진로04-01]** 잠정적인 진로의사 결정의 결과를 점검하고 자신이 처한 상황에 맞게 수정·변경할 수 있다.

[12진로04-02] 진로장벽을 해결한 사례를 알아보고 자신의 진로장벽 요인을 해결하기 위해 적절한 방안을 찾아 노력한다.

CONTENTS

진로끝판왕 워크북 활용법

많은 분들이 끝판왕을 사랑해 주셔서 특별히 준비한 감사
자료입니다. 현장에서 실제 지도에 필요한 것만 모았더니
이렇게 호응을 많이 해 주시네요. 진로끝판왕 출간 서적을
가지고 내용을 보시면서 시기별로 적절하게 워크북에
실린 자료를 학생들에게 직접 복사해서 나눠주시고 활용
하시면 됩니다.

습관형성 계획표

성취기준 [12진로01-01] 자신의 특성을 이해하고 긍정적 자아정체감을 가질 수 있다.

교재쪽수 진로끝시작편 37p

습관 내용	매일 수학 문제 5개씩 풀기
습관 분야	(학습) / 건강 / 생활 / 언어
습관 형성으로 만들어질 나의 인생	가. 수학이 더 익숙해질 것이다. 나. 매일 매일 풂으로써 성실해질 것이다.
습관 형성 이유	가. 중간고사 때 수학 성적이 만족스럽지 않았다. 나. 기말고사 때에는 수학 성적이 올랐으면 좋을 것이기 때문이다.

습관 형성시 예상 어려움과 극복 방법	가. 피곤하거나 놀고 싶을 때는 건너뛰고 싶은 마음이 든다.
	    - 주변 사람한테 쓴소리해달라고 부탁해서 충고를 듣는다.
	 나. 어려운 문제가 나오면 포기하고 싶어진다.
	    - 학교 수학선생님이나 학원 선생님께 꼭 질문한다.
	 다. 쉬운 문제만 풀게 된다.
	    - 단계별로 1문제씩은 꼭 풀어본다.

습관 형성 실천사항	가. 선생님이나 부모님께 공책 검사받기 나. 야자시간 시작할 때 제일 먼저 풀기 다. 만약 못했을 시 다음 날에라도 꼭 풀기

요일별 확인표 (본인/친구 일주일에 한 번씩 부모님 선생님 확인)	1 ○	2 ○	3 ○	4 ○	5 ○	6 ○	7 ○	8 ○	9 ○	10 ○	11 ○	부모님 확인 (　　)
	12 ○	13 ○	14 ○	15 ○	16 ○	17 ○	18 ○	19 ○	20 ○	21 ○		부모님 확인 (　　)

습관 형성 후 달라진 나의 모습	가. 수학에 자신감이 붙었다. 나. 어떤 부분은 친구들에게 설명해 줄 수 있을 만큼 알게 되었다. 다. 더 열심히 수학 공부를 할 수 있을 것 같다.

다중지능 활동지 1

성취기준 [12진로01-02] 자신의 강점을 발전시키고, 약점을 보완하는 방법을 찾아 노력할 수 있다.
교재쪽수 진로끝시작편 49~50p

다음 표에서 평소 자신이 잘한다고 생각하는 것에 체크해 보자.

지능	내용	체크
인간친화지능	다른 사람의 마음, 감정, 느낌을 잘 이해하는 능력	
	다른 사람과 효과적이며 조화롭게 일할 수 있는 능력	
	타인의 현재 상태가 어떠한지 추론할 수 있는 능력	
	타인의 감정에 적절하게 대처하는 능력	
자기성찰지능	자신의 감정에 대한 통제력을 가지고 적절하게 조절 및 계발하는 능력	
	자신의 감정과 행동을 잘 조절함으로써 미래를 효율적으로 준비하는 능력	
	자신이나 타인의 문제해결 능력	
자연친화지능	주변 환경, 동식물 및 인간을 포함한 종들의 인식 및 분류하는 능력	
	동식물 등의 행동 특성에 관심이 많고 이들이 가지는 문제에 적절히 대처할 수 있는 능력	
공간지능	원근, 방향, 길이 등 공간에 대한 인식능력과 이를 전환하고 조성할 수 있는 능력	
	기본적인 물리적 자극 없이도 시각적 상을 재창조 할 수 있는 능력	
음악지능	노래 부르기에 필요한 멜로디와 박자를 인식할 수 있는 능력	
	악기 연주능력과 악보 인식능력	
	작곡의 원리를 이해하고 작곡하는 능력	
	곡의 장르와 내용을 파악하는 능력	
신체운동지능	힘, 리듬, 속도 등 필요한 요소를 적절히 활용하여 효과적으로 신체를 사용할 수 있는 능력	
	도구를 적절히 활용할 수 있는 능력	
	손작업과 표현적 활동을 할 수 있는 능력	
논리수학지능	숫자를 인식하고 부호화하는 능력	
	다양한 요소들을 분류, 범주화 유추할 수 있는 논리적 사고력	
	가설을 논리적으로 풀어내는 능력	
언어지능	언어의 여러 상징체계를 빠르게 배우는 능력	
	문법과 어휘 인식능력, 쓰인 글의 논리적 맥락을 이해하는 능력	
	언어에 대한 민감성	

다중지능 활동지 2

성취기준 [12진로01-02] 자신의 강점을 발전시키고, 약점을 보완하는 방법을 찾아 노력할 수 있다.
교재쪽수 진로끝시작편 49~50p

위의 표를 통하여 자신의 강점/약점지능은 무엇인지 알아보자.

1순위

장점 지능

1순위

단점 지능

2순위

장점 지능

2순위

단점 지능

자아정체감 검사를 통한 자기 이해

성취기준 [12진로01-01] 자신의 특성을 이해하고 긍정적 자아정체감을 가질 수 있다.

교재쪽수 진로끝시작편 51p

다음 '자아정체감'을 알아보기 위한 질문에 ∨표한 후 점수를 계산하여 자신의 자아 정체감 정도를 알아보자.
①전혀 그렇지 않다. ②그렇지 않은 편이다. ③그런 편이다. ④매우 그렇다.

문항내용	①	②	③	④
1. 나는 뚜렷한 목표를 정해놓고 있다.				
2. 나는 한 가지 일에 몰두하지 못한다.				
3. 나는 계획한 대로 일을 실행한다.				
4. 대다수의 사람이 하는 대로 그저 따라가는 것이 최선이다.				
5. 남들의 좋은 생각을 기다리기보다는 스스로 생각해서 행동한다.				
6. 남의 말을 잘 받아들이고, 타인의 말과 행동에 영향을 쉽게 받는다.				
7. 나는 낯선 사람을 만나는 것을 꺼린다.				
8. 나는 여러 사람과 함께 있을 때는 마음이 불편하다.				

위 설문지의 결과에 따라 긍정적인 자아정체감을 형성하기 위하여 개선할 점을 적어보자.

커리어넷을 활용한 진로심리 검사 1

성취기준 [12진로01-02] 자신의 강점을 발전시키고, 약점을 보완하는 방법을 찾아 노력할 수 있다.

교재쪽수 진로끝시작편 54~55p

나의 적성검사 결과를 아래의 그래프에 표시하고, 추천직업을 적어보자.

	0	15	35	65	85	100
신체·운동능력						
손재능						
공간지각력						
음악능력						
창의력						
언어능력						
수리·논리력						
자기성찰능력						
대인관계능력						
자연친화력						
예술·시각능력						

상위 3개 영역

추천 직업

커리어넷을 활용한 진로심리 검사 2

성취기준 [12진로01-02] 자신의 강점을 발전시키고, 약점을 보완하는 방법을 찾아 노력할 수 있다.

교재쪽수 진로끝시작편 54~55p

흥미유형 결과를 아래의 그래프에 표시하고, 추천직업을 적어보자.

흥미유형	점수	상위 2개 영역	추천직업
실재형(R유형)			
탐구형(I유형)			
예술형(A유형)			
사회형(S유형)			
기업형(E유형)			
관습형(C유형)			

직업가치관 검사결과를 표시하고, 추천직업을 적어보자.

흥미유형	점수	상위 2개의 가치관	추천직업
능력발휘			
자율성			
보수			
안정성			
사회적 인정			
사회봉사			
자기계발			
창의성			

커리어넷을 활용한 진로심리 검사 3

성취기준 [12진로01-02] 자신의 강점을 발전시키고, 약점을 보완하는 방법을 찾아 노력할 수 있다.

교재쪽수 진로끝시작편 54~55p

자신의 특성과 그에 적합한 관련 직업을 정리해 보자.

구 분	특 성	관련 직업
적 성		
흥 미		
가치관		
신체적 조건		

결과를 종합적으로 판단하여 미래 자신의 직업을 선택해 보자.

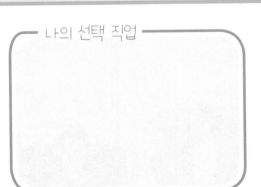

나의 선택 직업

나의 생각/각오

나의 진로에서 대학 진학의 의미 1

성취기준 [12진로01-04] 상황(사적 대화, 발표, 회의 등)에 맞는 의사소통 방법을 알고 활용할 수 있다.
[12진로03-02] 대학과 전공 계열을 선택하기 위한 합리적 기준을 제시할 수 있다.
교재쪽수 진로끝시작편 67p

모둠별로 대학 진학의 의미에 대하여 토의해 보자.

나에게 대학 진학은

의 의미가 있다.

왜냐하면

이기 때문이다.

나의 진로에서 대학 진학의 의미 2

성취기준 [12진로01-04] 상황(사적 대화, 발표, 회의 등)에 맞는 의사소통 방법을 알고 활용할 수 있다.
[12진로03-02] 대학과 전공 계열을 선택하기 위한 합리적 기준을 제시할 수 있다.

교재쪽수 진로끝시작편 67p

대학 진학의 장단점에 대하여 생각해 보자. 장단점을 생각할 때 고려하여야 할 기준은 다음과 같습니다.
(필요한 것이 있으면 자신이 추가하기)

자신의 미래 진로에 반드시 필요한가?

장점

단점

비용을 생각할 때 투자의 가치가 있는가?

장점

단점

나의 진로에서 대학 진학의 의미 3

성취기준 [12진로01-04] 상황(사적 대화, 발표, 회의 등)에 맞는 의사소통 방법을 알고 활용할 수 있다.
[12진로03-02] 대학과 전공 계열을 선택하기 위한 합리적 기준을 제시할 수 있다.

교재쪽수 진로끝시작편 67p

자신의 미래 진로에 반드시 필요한가?

장점

단점

비용을 생각할 때 투자의 가치가 있는가?

장점

단점

꿈을 위한 구체적인 인생 로드맵 1

성취기준 [12진로03-03] 자신의 진로개발과 관련 있는 평생학습의 기회를 탐색할 수 있다.
　　　　　[12진로04-03] 자신의 진로 목표와 관련 있는 직업·대학·학과를 탐색할 수 있다.
　　　　　[12진로04-04] 개인 및 직업세계의 변화를 검토하여 자신의 진로계획을 재점검하고 수정할 수 있다.

교재쪽수 진로끝시작편 68~69p

연령대별 인생 목표 적어보기

인생제목	
10대 목표	
20대 목표	
30대 목표	
40대 목표	
50대 목표	
60대 목표	
70대 목표	

세부적인 목표 정하기

단기목표	(1~3년 안의 목표)
올해 목표	
이 달의 목표	
이번 주 목표	
내일 목표	

꿈을 위한 구체적인 인생 로드맵 2

성취기준 [12진로03-03] 자신의 진로개발과 관련 있는 평생학습의 기회를 탐색할 수 있다.
[12진로04-03] 자신의 진로 목표와 관련 있는 직업·대학·학과를 탐색할 수 있다.
[12진로04-04] 개인 및 직업세계의 변화를 검토하여 자신의 진로계획을 재점검하고 수정할 수 있다.

교재쪽수 진로끝시작편 68~69p

인생 단계 계획하기

생애단계	나이	가족	직업	하는 일 (사실, 사건)	월수입	여가에 하는 일	주로 만나는 사람	상태 (감정, 생각)
현재								
1년 후								
2년 후								
3년 후								
4년 후								
5년 후								
10년 후								
20년 후								
30년 후								
40년 후								
50년 후								
60년 후								

나의 교육과정 로드맵

성취기준
[12진로03-02] 대학과 전공 계열을 선택하기 위한 합리적 기준을 제시할 수 있다.
[12진로03-03] 자신의 진로개발과 관련 있는 평생학습의 기회를 탐색할 수 있다.
[12진로04-01] 잠정적인 진로의사 결정의 결과를 점검하고 자신이 처한 상황에 맞게 수정·변경할 수 있다.

교재쪽수 진로끝실지면 74p

희망하는 (　　　　)계열을 위한 교육과정 로드맵

___학년 ___반 ___번 이름:

구분	교과영역	1학년 1학기 과목	단위	1학년 2학기 과목	단위	2학년 1학기 과목	단위	2학년 2학기 과목	단위	3학년 1학기 과목	단위	3학년 2학기 과목	단위	단위합
기초	국어	국어	4	국어	4									
기초	수학	수학	4	수학	4									
기초	영어	영어	4	영어	4									
탐구	한국사	한국사	3	한국사	3									
탐구	사회 과학	통합과학 / 과학실험 / 통합사회	4 / 1 / 4	통합과학 / 과학실험 / 통합사회	4 / 1 / 4									
체육·예술	체육													
체육·예술	예술													
생활교양	생활교양													
단위합			30		30		30		30		30		30	180

과목별 학습 계획 양식

성취기준　[12진로03-01] 자신의 학업성취 수준과 학습방법을 점검하고 효과적인 학습방법을 찾을 수 있다.

교재쪽수　진로끝시작편 85p

(　　　　　) 고사 과목별 학습플랜

| 시험공부 기간 | 월 | 일 ~ | 월 | 일 |
| 시험 기간 | 월 | 일 ~ | 월 | 일 |

과목	시험 범위	목표성적 (지난 성적→목표)	교재	학습 방법	1차 완료 날짜
국어		→			
영어		→			
사회		→			
과학		→			
수학		→			
국사		→			
‥		→			

3주 시험 플랜 1

성취기준 [12진로03-01] 자신의 학업성취 수준과 학습방법을 점검하고 효과적인 학습방법을 찾을 수 있다.

교재쪽수 진로끝시작편 87p

(   ) 고사 과목별 학습플랜

| 시험공부 기간 | 월   일 ~   월   일 |
| 시험 기간 | 월   일 ~   월   일 |

목표 등수		목표 평균	국·영·수	
			전체 과목	
지난 시험 등수		지난 시험 평균	국·영·수	
			전체 과목	

1주 학습 계획		월 D-21	
화 D-20		수 D-19	
목 D-18		금 D-17	
토 D-16		일 D-15	

3주 시험 플랜 2

성취기준 [12진로03-01] 자신의 학업성취 수준과 학습방법을 점검하고 효과적인 학습방법을 찾을 수 있다.

교재쪽수 진로끝시작편 87p

2주 학습 계획		월 D-14	
화 D-13		수 D-12	
목 D-11		금 D-10	
토 D-9		일 D-8	

3주 학습 계획		월 D-7	
화 D-6		수 D-5	
목 D-4		금 D-3	
토 D-2		일 D-1	

진학 설계 1

성취기준　[12진로03-02] 대학과 전공 계열을 선택하기 위한 합리적 기준을 제시할 수 있다.
　　　　　　[12진로04-03] 자신의 진로 목표와 관련 있는 직업·대학·학과를 탐색할 수 있다.
　　　　　　[12진로04-05] 관심 있는 대학의 입학정보를 알아보고 필요한 조건을 갖출 수 있다.

교재쪽수　진로끝시작편 93p

메이저맵을 활용한 학과 탐색을 통해 진학을 위한 구체적인 설계를 해보도록 한다.

반 번호		이름	
관심 계열		관심 분야	
추천받은 대학/학과	① _____대학 _____학과 ② _____대학 _____학과 ③ _____대학 _____학과 ④ _____대학 _____학과		
선택한 학과의 주요 키워드			

관심있는 키워드	순번	키워드	의미
	①		
	②		
	③		
	④		

필요한 역량 (키워드에서 찾기)	
역량 개발 방법	

진학 설계 2

성취기준 [12진로03-02] 대학과 전공 계열을 선택하기 위한 합리적 기준을 제시할 수 있다.
　　　　　　[12진로04-03] 자신의 진로 목표와 관련 있는 직업·대학·학과를 탐색할 수 있다.
　　　　　　[12진로04-05] 관심 있는 대학의 입학정보를 알아보고 필요한 조건을 갖출 수 있다.

교재쪽수 진로끝시작편 93p

추천받은 도서	
독서 계획	
선택 과목	
미선택 또는 미개설시 방안	(예. 온라인 교육과정, 인근 학교 교육과정 등)
1년 활동계획	① 학과 ② 동아리 ③ 봉사 ④ 과제 연구
졸업 후 10년 계획	고등학교 졸업 후 대학 졸업 후

학업 성취도 점검 1

성취기준 [12진로03-01] 자신의 학업성취 수준과 학습방법을 점검하고 효과적인 학습방법을 찾을 수 있다.

교재쪽수 진로끝시작편 99p

교과별 성적(등급) 확인

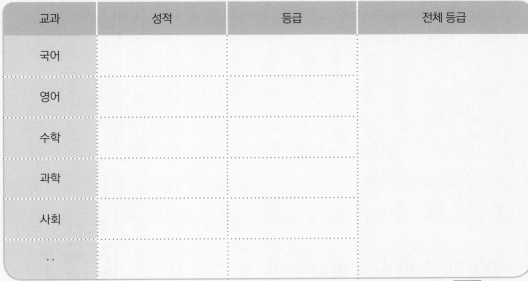

교과	성적	등급	전체 등급
국어			
영어			
수학			
과학			
사회			
..			

모의고사 영역별 성적(등급 또는 백분위) 확인

교과		학년 ( )월		학년 ( )월	
		성적	등급	성적	등급
국어					
수학					
영어					
한국사					
탐구	사회				
	과학				

학업 성취도 점검 2

성취기준 [12진로03-01] 자신의 학업성취 수준과 학습방법을 점검하고 효과적인 학습방법을 찾을 수 있다.

교재쪽수 진로끝시작편 99p

교과		학년 ( )월		학년 ( )월	
		성적	등급	성적	등급
국어					
수학					
영어					
한국사					
탐구	사회				
	과학				

학업성취도를 바탕으로 과목별 강점,약점과 보완할 점 확인

교과	강한 부분	약한 부분	보완할 점
국어			
영어			
수학			
과학			
사회			
..			

( )학기 교과 / 비교과 활동 점검표 1

성취기준 [12진로03-01] 자신의 학업성취 수준과 학습방법을 점검하고 효과적인 학습방법을 찾을 수 있다.
[12진로03-05] 체험활동을 통해 관심 직업 및 학과에 대한 이해를 심화할 수 있다.

교재쪽수 진로끝시작편 100p

교과 활동

과목	단원	활동내용(세부적으로)	느낀 점
국어			
영어			
수학			
과학			
사회			
..			

(　　)학기 교과 / 비교과 활동 점검표 2

성취기준 [12진로03-01] 자신의 학업성취 수준과 학습방법을 점검하고 효과적인 학습방법을 찾을 수 있다.
[12진로03-05] 체험활동을 통해 관심 직업 및 학과에 대한 이해를 심화할 수 있다.

교재쪽수 진로끝시작편 100p

비교과 활동

구분		활동기록	학생부 브랜딩
교내수상경력		• 수상명 : • 등급 : • 수상일자 : • 준비과정 및 참가 계기 : • 배우고 느낀 점 : • 추후 심화활동 :	
창의적 체험 활동	자율 활동	• 활동명 : • 장소 : • 기간 : • 주제 : • 핵심역량 : • 활동 계기 및 준비과정 : • 활동내용 : • 느낀 점 : • 추후 심화활동 :	

(　　)학기 교과 / 비교과 활동 점검표 3

성취기준　[12진로03-01] 자신의 학업성취 수준과 학습방법을 점검하고 효과적인 학습방법을 찾을 수 있다.
　　　　　[12진로03-05] 체험활동을 통해 관심 직업 및 학과에 대한 이해를 심화할 수 있다.

교재쪽수　진로끝시작편 100p

구분		활동기록	학생부 브랜딩
창의적 체험 활동	동아리 활동	● 활동명 : ● 장소 : ● 기간 : ● 주제 : ● 핵심역량 : ● 활동 계기 및 준비과정 : ● 활동내용 : ● 느낀 점 : ● 추후 심화활동 :	
	봉사 활동	● 활동명 : ● 장소 : ● 기간 : ● 주제 : ● 핵심역량 : ● 활동 계기 및 준비과정 : ● 활동내용 : ● 느낀 점 : ● 추후 심화활동 :	

(　　)학기 교과 / 비교과 활동 점검표 4

성취기준　[12진로03-01] 자신의 학업성취 수준과 학습방법을 점검하고 효과적인 학습방법을 찾을 수 있다.
　　　　　　[12진로03-05] 체험활동을 통해 관심 직업 및 학과에 대한 이해를 심화할 수 있다.

교재쪽수　진로끝시작편 100p

구분		활동기록	학생부 브랜딩
창의적 체험 활동	진로 활동	• 진로희망 : • 희망사유 :	
독서활동		• 과목 : • 도서명(저자) : • 독서 날짜 : • 읽게 된 계기 : • 내용(줄거리) : • 느끼고 배운 점 : • 후속활동 :	

방학계획표 1

성취기준 [12진로03-01] 자신의 학업성취 수준과 학습방법을 점검하고 효과적인 학습방법을 찾을 수 있다.
[12진로03-05] 체험활동을 통해 관심 직업 및 학과에 대한 이해를 심화할 수 있다.

교재쪽수 진로끝시작편 101p

나는 이번 방학에 아래의 약속을 꼭 이루어
( ) 하겠다!

교과 활동

목록	예) 수학공부
구체적 내용	수학 문제지 O쪽~ O쪽 풀기
완료일	_____월 _____일
확인	O X

목록	....
구체적 내용	....
완료일	_____월 _____일
확인	O X

목록	....
구체적 내용	....
완료일	_____월 _____일
확인	O X

목록	....
구체적 내용	....
완료일	_____월 _____일
확인	O X

방학계획표 2

성취기준 [12진로03-01] 자신의 학업성취 수준과 학습방법을 점검하고 효과적인 학습방법을 찾을 수 있다.
[12진로03-05] 체험활동을 통해 관심 직업 및 학과에 대한 이해를 심화할 수 있다.

교재쪽수 진로끝시작편 101p

나는 이번 방학에 아래의 약속을 꼭 이루어

(   ) 하겠다!

비교과 활동

목록	봉사
구체적 내용	봉사활동 20시간 채우기
완료일	_____월 _____일
확인	O X

목록	
구체적 내용	
완료일	_____월 _____일
확인	O X

목록	
구체적 내용	
완료일	_____월 _____일
확인	O X

목록	
구체적 내용	
완료일	_____월 _____일
확인	O X

활동 보고서 1

성취기준 [12진로03-01] 자신의 학업성취 수준과 학습방법을 점검하고 효과적인 학습방법을 찾을 수 있다.
[12진로03-05] 체험활동을 통해 관심 직업 및 학과에 대한 이해를 심화할 수 있다.

교재쪽수 진로끝시작편 102p

_____학년 ___반 ___번 이름 : _____

활동명	
활동일시	201 년 월 일 시 부터 시 까지
1. 동기	〈자기주도성이 드러나도록〉 ① 관심→ ② 판단→ ③ 선택→ ④ 결정 순서대로 쓰기
2. 과정	〈진정성 보여주기〉
3. 결과	〈사실 확인 정도〉
4. 감상	〈발전가능성 잠재력이 드러나도록 배우고 느낀 점 쓰기〉 *배우고 느낀 점이란? 변화! (before→after) 2~3가지 확산적 활동과 새로운 시선 제시

자기주도적 진로 직업 체험활동 계획표

성취기준 [12진로03-04] 관심 직업의 현황, 전망, 산업구조 등 구체적인 정보를 수집할 수 있다.

[12진로03-05] 체험활동을 통해 관심 직업 및 학과에 대한 이해를 심화할 수 있다.

[12진로04-04] 개인 및 직업세계의 변화를 검토하여 자신의 진로계획을 재점검하고 수정할 수 있다.

교재쪽수 진로끝시작편 104~105p

참가 학생	
체험 직업	
체험 장소	(가능 체험 장소 모두 기재)
체험 일시	
체험 내용	직업에 따른 구체적인 활동)
준비 사항	
점검 사항	체험 활동 주소 :
	담당자명/연락처 :
	교통편 :
	기타 :

자기주도적 진로 직업 체험활동 보고서

성취기준 [12진로03-04] 관심 직업의 현황, 전망, 산업구조 등 구체적인 정보를 수집할 수 있다.
[12진로03-05] 체험활동을 통해 관심 직업 및 학과에 대한 이해를 심화할 수 있다.
[12진로04-04] 개인 및 직업세계의 변화를 검토하여 자신의 진로계획을 재점검하고 수정할 수 있다.

교재쪽수 진로끝시작편 104~105p

학년 반 번 이름

체험 일시	
체험 장소 (일터명)	
업종	

견학 인증샷

체험활동 내용 (나의 업무)	
기억에 남는 활동	
체험활동(직업)의 좋은 점	
체험활동(직업)의 힘든 점	
직업인이 되기 위해 준비사항	
나의 꿈과의 관련성	
소감/다짐	

나에게 맞는 계열 찾기 1

성취기준 [12진로03-02] 대학과 전공 계열을 선택하기 위한 합리적 기준을 제시할 수 있다.
[12진로04-03] 자신의 진로 목표와 관련 있는 직업·대학·학과를 탐색할 수 있다.
[12진로04-05] 관심 있는 대학의 입학정보를 알아보고 필요한 조건을 갖출 수 있다.

교재쪽수 진로끝시작편 112-113p

인문계열

언어에 대한 감각이 있다.	☐	국어, 문학 과목을 좋아하고 잘한다.	☐
다른 사람의 이야기를 잘 듣는다.	☐	다양한 독서를 꾸준히 한다.	☐
나의 의견을 논리적으로 말한다.	☐	우리말 문법과 언어에 흥미가 있다.	☐
글쓰기를 좋아하고 잘한다.	☐	개 수	

경영계열

문제발생 시 창의적으로 해결한다.	☐	사회·수학·외국어 과목에 흥미가 있다.	☐
신속하게 상황판단을 한다.	☐	평소에 경제·경영 뉴스를 즐겨본다.	☐
논리적으로 잘 설득한다.	☐	팀 활동에서 의견 교류를 잘한다.	☐
승부욕과 성취감이 강하다.	☐	개 수	

교육계열

내가 아는 내용을 조리 있게 말한다.	☐	다양한 과목의 공부법에 관심이 많다.	☐
다른 사람의 행동을 잘 파악한다.	☐	가르치는 것에서 보람·만족을 느낀다.	☐
어떤 상황에서도 감정조절을 잘한다.	☐	평소 생활습관이 모범적이다.	☐
사람에 대한 관심과 배려심이 있다.	☐	개 수	

나에게 맞는 계열 찾기 2

성취기준 [12진로03-02] 대학과 전공 계열을 선택하기 위한 합리적 기준을 제시할 수 있다.
[12진로04-03] 자신의 진로 목표와 관련 있는 직업·대학·학과를 탐색할 수 있다.
[12진로04-05] 관심 있는 대학의 입학정보를 알아보고 필요한 조건을 갖출 수 있다.

교재쪽수 진로끝시작편 112-113p

사회계열

생각과 말을 논리적으로 전달한다.	☐	갈등이 있을 때 중재를 할 수 있다.	☐
말과 글을 통해 설득을 잘한다.	☐	사람의 행동을 관찰하는 습관이 있다.	☐
문제의 해결방법을 적절하게 찾는다.	☐	사회탐구 과목을 좋아하고 잘한다.	☐
사소한 논쟁의 원인을 잘 파악한다.	☐	개 수	

의약계열

다른 사람을 돕는 것에 적극적이다.	☐	대인관계가 원만하고 친절하다.	☐
수학, 과학 과목에 자신이 있다.	☐	스트레스를 잘 감내하며 끈기가 있다.	☐
사람·생명에 대한 애정·존중감이 있다.	☐	예리한 관찰력과 분석력이 있다.	☐
어떤 상황에서도 침착하게 대처한다.	☐	개 수	

공학계열

새로운 것에 호기심이 강하다.	☐	꼼꼼하고 끈기 있게 과학실험을 한다.	☐
기계, IT 기기를 분해·조립해봤다.	☐	아이디어가 기발하고 무궁무진하다.	☐
문제가 있으면 끝까지 해결한다.	☐	영어 공부에 흥미와 소질이 있다.	☐
과학·수학·컴퓨터 과목에 흥미가 있다.	☐	개 수	

나에게 맞는 계열 찾기 3

성취기준 [12진로03-02] 대학과 전공 계열을 선택하기 위한 합리적 기준을 제시할 수 있다.
[12진로04-03] 자신의 진로 목표와 관련 있는 직업·대학·학과를 탐색할 수 있다.
[12진로04-05] 관심 있는 대학의 입학정보를 알아보고 필요한 조건을 갖출 수 있다.

교재쪽수 진로끝시작편 112-113p

자연계열

수학, 과학 과목에 자신이 있다. ☐   자연현상을 관찰·분석하는 것이 좋다. ☐

하고자 하는 일에 집중력이 강하다. ☐   실험·실습·기계 조작에 능숙하다. ☐

영어 공부에 관심과 소질이 있다. ☐   실험의 실패에도 끈기 있게 해낸다. ☐

새로운 것에 탐구심이 있다. ☐   개 수 ☐

예체능계열

틀에 박힌 것을 싫어한다. ☐   인문·예술학적 소양이 있다. ☐

평범한 것을 독특하게 표현한다. ☐   상상력이 풍부하고 직관적이다. ☐

변화와 다양성 있는 활동을 좋아한다. ☐   예체능에 대한 재능과 소질이 있다. ☐

생각·감정을 적극적으로 표현한다. ☐   개 수 ☐

나에게 맞는 계열은?

....

....

....

....

전공(계열)정보 수집하기 1

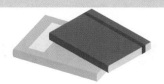

성취기준 [12진로04-03] 자신의 진로 목표와 관련 있는 직업·대학·학과를 탐색할 수 있다.
[12진로04-05] 관심 있는 대학의 입학정보를 알아보고 필요한 조건을 갖출 수 있다.
교재쪽수 진로끝시작편 115p

희망학과 1 순위 ···

희망 전공 (계열)의 특성	
배우는 과목	
졸업 후 진로	
관련 자격증	
관련 기관	
개설 대학	

전공(계열)정보 수집하기 2

성취기준 [12진로04-03] 자신의 진로 목표와 관련 있는 직업·대학·학과를 탐색할 수 있다.
[12진로04-05] 관심 있는 대학의 입학정보를 알아보고 필요한 조건을 갖출 수 있다.

교재쪽수 진로끝시작편 115p

희망학과 2 순위 ....

희망 전공 (계열)의 특성	
배우는 과목	
졸업 후 진로	
관련 자격증	
관련 기관	
개설 대학	

주간 자기주도학습 달인되기 실천 점검표 1

성취기준 [12진로03-01] 자신의 학업성취 수준과 학습방법을 점검하고 효과적인 학습방법을 찾을 수 있다.

교재쪽수 진로끝시작편 125~126p

202____년 ____월 기간 : ____일 ~ ____일

주간 학습 목표 ....

....

주간 학교 행사 ....

....

월요일

5분 예습 .... 당일 2차 복습 ....

2분 복습 .... 내용 구분하기 ....

필기하기 .... 개념 오답노트 ....

화요일

5분 예습 .... 당일 2차 복습 ....

2분 복습 .... 내용 구분하기 ....

필기하기 .... 개념 오답노트 ....

주간 자기주도학습 달인되기 실천 점검표 2

성취기준 [12진로03-01] 자신의 학업성취 수준과 학습방법을 점검하고 효과적인 학습방법을 찾을 수 있다.

교재쪽수 진로끝시작편 125~126p

수요일

5분 예습	....	당일 2차 복습	....
2분 복습	....	내용 구분하기	....
필기하기	....	개념 오답노트	....

목요일

5분 예습	....	당일 2차 복습	....
2분 복습	....	내용 구분하기	....
필기하기	....	개념 오답노트	....

금요일

5분 예습	....	당일 2차 복습	....
2분 복습	....	내용 구분하기	....
필기하기	....	개념 오답노트	....

주간 자기주도학습 달인되기 실천 점검표 3

성취기준 [12진로03-01] 자신의 학업성취 수준과 학습방법을 점검하고 효과적인 학습방법을 찾을 수 있다.
교재쪽수 진로끝시작편 125~126p

토/일요일

교수 학습법 ....

주말 3차 복습 ....

월말 4차 복습 ....

시험 5차 복습 ....

주간 학교 행사   시간 .... 분 ....

주간 자투리 시간
학습계획 ....
....

주강 목표 달성 및
자기 칭찬 ....
....

주간 자기 반성 및
개선 사항 ....
....

다음주 학습계획   1. ....

                 2. ....

주간 자기주도학습 달인되기 실천 점검표 4

성취기준 [12진로03-01] 자신의 학업성취 수준과 학습방법을 점검하고 효과적인 학습방법을 찾을 수 있다.

교재쪽수 진로끝시작편 125~126p

주간 학습관리 점검

	월	화	수	목	금	주말
잡담 않기						
졸지 않기						
게임 않기						
질문 하기						
독서 하기						

나에게 맞는 학습 방법 찾기

성취기준 [12진로01-03] 친구, 가족, 지인, 동료 등 주변 사람을 대하는 자신의 태도와 관계를 성찰하고,
부족한 부분을 개선할 수 있다.
[12진로01-04] 상황(사적 대화, 발표, 회의 등)에 맞는 의사소통 방법을 알고 활용할 수 있다.
[12진로03-01] 자신의 학업성취 수준과 학습방법을 점검하고 효과적인 학습방법을 찾을 수 있다.

교재쪽수 진로끝시작편 127p

_____학년 ____반 ____번 이름 : _____

친구들과 나의 평소 학습 방법에 대해 토의해 보고, 학습 방법의 문제점을 찾아보자.

학습 방법의 문제점

친구들을 인터뷰하여 자신에게 가장 효과적인 학습 방법을 생각해 보자.

교과	친구 이름 ( )	친구 이름 ( )	친구 이름 ( )	나만의 효과적인 학습 방법
국어				
영어				
수학				
과학				
한국사				

학습습관 점검하기

성취기준 [12진로03-01] 자신의 학업성취 수준과 학습방법을 점검하고 효과적인 학습방법을 찾을 수 있다.

교재쪽수 진로끝시작편 131~133p

자신의 학습습관을 점검하고 점수를 적어봅시다.
(전혀 그렇지 않다 1점, 그렇지 않다 2점, 보통 3점, 그렇다 4점, 항상 그렇다 5점)

번호	내 용	점수
1	학습과제가 어려워도 쉽게 포기하지 않는다.	
2	모르는 내용을 학습하는 것을 즐긴다.	
3	더 좋은 성적을 받을 수 있었다.	
4	교실을 떠나기 전에 해야 할 숙제와 숙제방법을 확인한다.	
5	공부할 때 빨리 공부를 끝내기 보다는 완전한 학습정리를 하는 편이 좋다.	
6	계획된 공부를 잘 미루지 않는다.	
7	나에게 좋은 성적은 중요하다.	
8	공부할 때는 정말로 열심히 한다.	
9	공부하기 위해 매일 일정한 시간을 정해놓는다.	
10	일정한 공부계획표를 가지고 있다.	
11	학습시간이 체계적이어서 시간이 낭비되지 않는다.	
12	매일, 공부에 우선순위를 두고 행동한다.	
13	하루 중 공부가 잘되는 시간을 안다.	
14	공부하기에 충분한 시간을 만들기 쉽다.	
15	한 과목 공부에 너무 많은 시간을 보내서 다른 과목 공부에 지장을 받는 일은 없다.	
16	공부할 때 전적으로 공부에 집중한다.	
17	과제를 시작하기 전에 얼마나 오랫동안 할 것이고 언제 끝낼 것인가를 정한다.	
18	공부할 때 집중할 수 있다.	
19	공부하기 위해 대체로 조용한 장소를 찾는다.	
20	공부할 때 잘 졸지 않는다.	
21	공부하고 싶지 않아도 공부한다.	
22	공상이 공부에 방해되는 일은 별로 없다.	

학습습관 점검하기

성취기준 [12진로03-01] 자신의 학업성취 수준과 학습방법을 점검하고 효과적인 학습방법을 찾을 수 있다.

교재쪽수 진로끝시작편 131~133p

번호	내 용	점수
23	정말 싫어서 흥미를 갖기 곤란한 과목은 없다.	
24	매주 각 과목을 복습하기 위한 시간을 정해 놓는다.	
25	한 과목을 공부할 때마다 얼마간의 복습시간을 정한다.	
26	적어도 시험 전에는 노트를 복습한다.	
27	공부한 내용에 대해 많이 기억할 수 있다.	
28	수업 중 설명을 주의 깊게 들어서 기억을 잘한다.	
29	공부 내용을 읽기 전 주요 제목과 요약을 미리 검토한다.	
30	책을 읽기 전에 무엇을 배울 것인지를 정확히 알기 위해 제목을 질문으로 바꾸어 본다.	
31	교과서 한 단원을 전부 읽으면 참고서와 요점 정리를 읽기 전에도 내용 파악이 잘 된다.	
32	한 단원을 다 읽기 전에도 단원 끝에 있는 문제를 풀 수 있다	
33	읽은 후 바로 그 부분을 복습할 시간을 갖는다.	
34	공부 내용에 있는 도표, 그래프 그리고 목록을 자주 검토한다.	
35	수업받은 내용에 대해 잘 이야기할 수 있다.	
36	교과서 소단락을 읽은 후 내용을 확인해서 기억할 것을 정리한다.	

친구들과 나의 평소 학습 방법에 대해 토의해 보고, 학습 방법의 문제점을 찾아보자.

번호	1~8번	9~15번	16~22번	23~29번	30~36번
내용	학습에 대한 동기 및 적극성	학습에 대한 계획성 및 조직성	학습 집중력	기억을 잘하는 방법	학습전략 (핵심파악/요약)
점수					
점수	32~40점 : 잘함 24~31점 : 양호 23점 이하 : 부족	28~35점 : 잘함 21~27점 : 양호 20점 이하 : 부족	28~35점 : 잘함 21~27점 : 양호 20점 이하 : 부족	28~35점 : 잘함 21~27점 : 양호 20점 이하 : 부족	28~35점 : 잘함 21~27점 : 양호 20점 이하 : 부족

일일 학습 플랜 1

성취기준 [12진로01-02] 자신의 강점을 발전시키고, 약점을 보완하는 방법을 찾아 노력할 수 있다.
[12진로03-01] 자신의 학업성취 수준과 학습방법을 점검하고 효과적인 학습방법을 찾을 수 있다.
교재쪽수 진로끝시작편 141~142p

_____월 _____일 _____요일

― 나에게 힘이 되는 한마디 ―

― 과목별 계획 ―

1교시	
2교시	
3교시	
4교시	
점심	
5교시	
6교시	
7교시	

일일 학습 플랜 2

성취기준 [12진로01-02] 자신의 강점을 발전시키고, 약점을 보완하는 방법을 찾아 노력할 수 있다.
[12진로03-01] 자신의 학업성취 수준과 학습방법을 점검하고 효과적인 학습방법을 찾을 수 있다.
교재쪽수 진로끝시작편 141~142p

시간별 계획

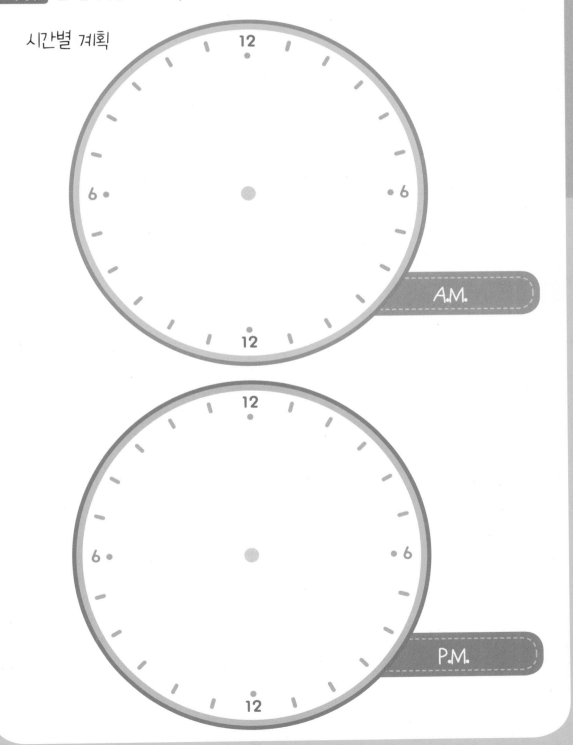

일일 학습 플랜 3

성취기준 [12진로01-02] 자신의 강점을 발전시키고, 약점을 보완하는 방법을 찾아 노력할 수 있다.
[12진로03-01] 자신의 학업성취 수준과 학습방법을 점검하고 효과적인 학습방법을 찾을 수 있다.

교재쪽수 진로끝시작편 141~142p

과목 :

- ☐
- ☐
- ☐
- ☐

과목 :

- ☐
- ☐
- ☐
- ☐

과목 :

- ☐
- ☐
- ☐
- ☐

과목 :

- ☐
- ☐
- ☐
- ☐

일일 학습 플랜 4

성취기준 [12진로01-02] 자신의 강점을 발전시키고, 약점을 보완하는 방법을 찾아 노력할 수 있다.
[12진로03-01] 자신의 학업성취 수준과 학습방법을 점검하고 효과적인 학습방법을 찾을 수 있다.
교재쪽수 진로끝시작편 141~142p

실천항목

예상항목

수업진도일지

일일플랜작성

예상학습시간

실제학습시간

사실

느낌

교훈

선언

공부스타일 검사 1

성취기준 [12진로01-02] 자신의 강점을 발전시키고, 약점을 보완하는 방법을 찾아 노력할 수 있다.
[12진로03-01] 자신의 학업성취 수준과 학습방법을 점검하고 효과적인 학습방법을 찾을 수 있다.
교재쪽수 진로끝시작편 145~147p

문항을 잘 읽고 자신에게 해당하는 정도에 따라 점수를 적으세요.
(전혀 아니다 1, 거의 아니다 2, 보통이다 3, 그렇다 4, 매우 그렇다 5)

번호	내 용	점수
1	새로운 것을 배울 때, 시간과 노력이 들어도 새로 배워서 좋다.	
2	무조건 외우기보다 내용을 이해하면서 외우는 것이 중요하다고 생각해서 실천한다.	
3	내가 모르던 새로운 것을 배웠을 때 무척 즐겁다.	
4	쉬운 문제보다 어려운 문제를 풀었을 때의 성취감이 좋아 도전하는 편이다.	
5	점수를 잘 받는 것보다 내용을 이해하는 것이 더 중요하다고 생각한다.	
6	수업 시간에 다루는 내용을 잘 이해한다.	
7	나는 선생님께 칭찬을 많이 받는다.	
8	다른 친구들과 비교할 때 교과 내용을 잘 알고 있다.	
9	다른 친구들과 비교할 때 나의 공부 방법은 친구들보다 효과적이다.	
10	나는 친구들에 비해 능력 있는 학생이라고 생각한다.	
11	학교생활은 나의 성장에 중요한 바탕이 된다고 생각한다.	
12	학교 공부는 나의 미래에 영향을 끼친다.	
13	학교 공부는 나의 직업 선택에 큰 역할을 한다고 생각한다.	
14	학교에서 배우는 내용이 앞으로의 내 삶에 도움이 될 것이다.	
15	학교생활은 나의 사회생활에 도움이 될 것이다.	
16	이해하기 어려운 개념은 쉬운 말로 풀어 설명하고 다시 생각해 본다.	
17	새로운 내용을 공부할 때 머릿속으로 그려보면서 이해한다.	
18	이해하기 어려운 내용은 직접 도표를 그리거나 요약해 본다.	
19	중요한 내용은 나만의 방식이 있다.	
20	중요 개념을 모아 유기적 관계를 정리하면서 이해한다.	
21	공부를 시작하기 전에 미리 생각하고 시작한다.	
22	공부를 시작하기 전에 미리 시간과 분량을 정한다.	

공부스타일 검사 2

성취기준 [12진로01-02] 자신의 강점을 발전시키고, 약점을 보완하는 방법을 찾아 노력할 수 있다.
[12진로03-01] 자신의 학업성취 수준과 학습방법을 점검하고 효과적인 학습방법을 찾을 수 있다.

교재쪽수 진로끝시작편 145~147p

번호	내 용	점수
23	공부하다가 반드시 스스로 잘 이해하는지 점검한다.	
24	공부에 집중하다 현재 내가 공부하고 있는 내용을 확인해 혼자 말해보고 다시 진행한다.	
25	중요한 내용이 무엇인지 핵심을 정리하면서 공부한다.	
26	공부해야 할 것을 정했으면 실천하고 미루지 않는다.	
27	공부가 힘들어도 목표한 것을 하려고 끝까지 최선을 다한다.	
28	공부하고 싶다고 생각하면 바로 실천하여 시작한다.	
29	공부할 때 몰입할 수 있다.	
30	내가 공부할 때 가족이 TV를 보고 있어도 나는 영향을 받지 않는다.	
31	공부하기 전에 미리 계획을 세운다.	
32	내가 가장 공부가 잘되는 시간을 알고 그 시간을 비워 공부한다.	
33	시험 전에 미리 계획표를 만들고 그 계획에 따라 준비한다.	
34	공부계획표나 플래너를 사용하여 계획대로 진행한다.	
35	계획한 대로 내용과 목표에 맞게 실천하는 경우가 많다.	
36	공부하다 잘 모를 때 필요한 내용을 찾아보고 이해하려 노력한다.	
37	공부하다 잘 모르면 선생님이나 선배에게 묻는다.	
38	수업시간에 잘 이해가 안되면 선생님께 질문한다.	
39	시험에 나올만한 것을 잘 아는 친구가 있으면 물어보거나 같이 공부한다.	
40	숙제나 공부를 하다가 잘 모르는 내용이 있으면 인터넷으로 정보를 탐색한다.	

공부스타일 검사 3

성취기준 [12진로01-02] 자신의 강점을 발전시키고, 약점을 보완하는 방법을 찾아 노력할 수 있다.
[12진로03-01] 자신의 학업성취 수준과 학습방법을 점검하고 효과적인 학습방법을 찾을 수 있다.
교재쪽수 진로끝시작편 145~147p

점수집계표

문항구분		해당문항	합계점수
공부동기	공부 스타일	1번~5번	
	공부 자신감	6번~10번	
	공부하는 이유	11번~15번	
공부생각	공부하는 방법	16번~20번	
	공부계획과 점검	21번~25번	
공부행동	공부행동 조절	26번~30번	
	공부 관리	31번~35번	
	공부 의지	36번~40번	

결과 해석표를 참고하여 자신의 학습 스타일에서 상대적으로 강한 부분과 상대적으로 약한 부분을 표에 적고, 앞으로 어떻게 해야 할지를 생각해서 써 보세요.

구분	세부내용	앞으로 계획
강점		
약점		

진로장벽 검사 1

성취기준 [12진로04-01] 잠정적인 진로의사 결정의 결과를 점검하고 자신이 처한 상황에 맞게 수정·변경할 수 있다.

[12진로04-02] 진로장벽을 해결한 사례를 알아보고 자신의 진로장벽 요인을 해결하기 위해 적절한 방안을 찾아 노력한다.

교재쪽수 진로끝시작편 153~154p

다음 문항을 읽고 해당하는 만큼 점수를 적어보자.

(전혀 그렇지 않다 1점, 그렇지 않다 2점, 보통이다 3점, 그렇다 4점, 매우 그렇다 5점)

번호	내 용	점수
1	나는 내가 어떤 일을 잘할 수 있는지 모르겠다.	
2	나는 나를 잘 몰라서 앞으로 무엇을 해야 할지 모르겠다.	
3	나는 나에게 중요한 것이 무엇인지 모르겠다.	
4	나는 내가 어떤 일을 좋아하는지 모르겠다.	
5	TV와 컴퓨터 등 주위 유혹을 이기지 못해서 미래가 걱정된다.	
6	나는 잠이 많아서 성공하지 못할 것 같다.	
7	내가 원하는 직업을 가질 만큼 실력이 안된다.	
8	나는 공부 방법을 몰라서 실력 발휘를 하지 못할 것이다.	
9	나는 친구가 내가 선택한 직업을 좋아하지 않을까 봐 걱정된다.	
10	앞으로 내 직업 선택은 부모님의 반대나 참견으로 인해 영향을 많이 받을 것이다.	
11	부모님이나 집안의 기대 때문에 내가 하고 싶은 일을 하지 못할 것이다.	
12	우리 선생님(학교, 학원, 과외 선생님 등)께서 내가 원하는 직업이 나와 맞지 않는다고 하면 포기할 것이다.	
13	나중에 내가 직업이 없는 사람이 될까 봐 두렵다.	
14	나는 앞으로 내가 원하는 직업을 찾지 못할까 봐 불안하다.	
15	내가 원하는 직업은 인기가 많아서 불안하다.	
16	내가 선택한 직업이 앞으로 인기가 떨어질까 봐 걱정이다.	
17	나는 내가 원하는 직업에서 사람들이 실제로 어떤 일을 하는지 모른다.	
18	내가 원하는 직업을 가지기 위해 어떤 준비를 해야 하는지 모른다.	
19	나는 직업의 다양한 종류에 대해서 모른다.	
20	나는 관심 있는 직업에 대한 정보를 어디서 얻을 수 있는지 모른다.	
21	우리집에 돈이 없어서 돈을 많이 벌 수 있는 직업을 선택해야만 한다.	
22	내가 원하는 직업(전공)을 갖기 위해서는 돈이 많이 들어 고민이 된다.	
23	대학을 생각하면 돈 걱정이 앞선다.	
24	원하는 학원(과외)에 다닐 형편이 안 돼서 꿈을 이룰 수 없을 것이다	

진로장벽 검사 2

성취기준 [12진로04-01] 잠정적인 진로의사 결정의 결과를 점검하고 자신이 처한 상황에 맞게
수정·변경할 수 있다.
[12진로04-02] 진로장벽을 해결한 사례를 알아보고 자신의 진로장벽 요인을 해결하기 위해
적절한 방안을 찾아 노력한다.

교재쪽수 진로끝시작편 153~154p

신의 진로장벽 결과를 확인해보자.

진로장벽요인	해당문항	진로장벽 점수 총합	순위
자기 이해 부족	1~4		
자신감 부족	5~8		
중요한 타인과의 갈등	9~12		
미래에 대한 불확실성	13~16		
진로 및 직업정보의 부족	17~20		
경제적 어려움	21~24		

진로장벽 요인별 대처방법을 알아보자.

진로장벽요인	대처방법
자기 이해 부족	자신의 적성과 흥미를 진지하게 생각해 보는 것이 필요함
자신감 부족	앞으로의 삶에 대한 희망으로 자기 주도적으로 진로를 개척하고 준비해 나가려는 마음가짐이 필요함
중요한 타인과의 갈등	부모님이나 주변 사람들의 기대와 자신의 진로 방향과의 차이를 깊게 성찰하면서 대화로 갈등을 해결해 나가는 자세가 필요함
미래에 대한 불확실성	미래는 준비하는 사람의 것이라는 태도가 필요함
진로 및 직업정보의 부족	다양한 학과와 직업의 정보를 탐색하거나 직접 진로 체험활동의 기회를 가질 필요가 있음
경제적 어려움	경제적 현실만을 기준으로 삼지 않도록 하는 것이 필요함. 주변 사람들에게 적극적으로 상담해 도움을 받을 수 있는 여건을 마련하는 것이 중요함

나의 진로장벽과 진로갈등

성취기준 [12진로04-01] 잠정적인 진로의사 결정의 결과를 점검하고 자신이 처한 상황에 맞게 수정·변경할 수 있다.
[12진로04-02] 진로장벽을 해결한 사례를 알아보고 자신의 진로장벽 요인을 해결하기 위해 적절한 방안을 찾아 노력한다.

교재쪽수 진로끝시작편 155~157p

_____학년 ____반 ____번 이름 : _____

자신의 진로장벽을 적고 대안을 찾아보자.

자신의 진로장벽 (여러 가지라면 가장 시급한 것)	
대안	

자신의 진로장벽을 적고 대안을 찾아보자.

P(긍정요소)	M(부정요소)

I(개선할 점)

자신의 진로장벽을 적고 대안을 찾아보자.

최종 대안	
선택한 이유	

SWOT을 활용한 진로장벽 극복 1

성취기준 [12진로04-01] 잠정적인 진로의사 결정의 결과를 점검하고 자신이 처한 상황에 맞게
수정·변경할 수 있다.

[12진로04-02] 진로장벽을 해결한 사례를 알아보고 자신의 진로장벽 요인을 해결하기 위해
적절한 방안을 찾아 노력한다.

교재쪽수 진로끝시작편 155~157p

아래의 SWOT 분석표에 내용을 써 보자.

S (Strength)
강점

남보다 우세하거나 더 뛰어난 점

W (Weakness)
약점

모자라거나 부족해서 남에게 뒤떨어지는 점

O (Opportunity)
기회

어떤 일을 하는데 이익을 주는 환경

T (Threat)
위협

진로 선택에 방해되는 요소

SWOT을 활용한 진로장벽 극복 2

성취기준 [12진로04-01] 잠정적인 진로의사 결정의 결과를 점검하고 자신이 처한 상황에 맞게 수정·변경할 수 있다.

[12진로04-02] 진로장벽을 해결한 사례를 알아보고 자신의 진로장벽 요인을 해결하기 위해 적절한 방안을 찾아 노력한다.

교재쪽수 진로끝시작편 155~157p

SWOT 분석 결과를 바탕으로 나의 강점을 발전시키고, 약점을 보완하는 전략을 생각해 보도록 합니다.

SO 전략

WO 전략

ST 전략

선택한 이유

1, 2단계에서 활동한 SWOT 분석을 바탕으로, 진로장벽을 극복할 수 있는 종합적인 전략을 수립해 봅시다.

면접 끝판왕

<면접 끝판왕>이 답인 이유

✓ 1. 현직에 있는 진학 전문 교사들의 생생한 경험을 담았습니다.

✓ 2. 학생부종합전형&교과전형의 중요한 핵심 키워드로 '면접'을 뚫는 해법을 담았습니다.

✓ 3. 다양한 유형의 질문을 활용해 스스로 면접을 준비하는 방법을 터득할 수 있습니다.

✓ 4. 학생부를 면접으로 연결하는 전략으로 나만의 면접을 완성할 수 있습니다.

✓ 5. 면접을 위해 학교 활동을 어떻게 하면 좋은지 방향을 제시해 줄 수 있는 책입니다.

✓ 6. 기출면접문항에 추천답변을 제시해 학생들이 답변을 만들 때 길잡이가 될 수 있는 책입니다.

✓ 7. 다양한 분야의 시사이슈를 수록해 심층 면접도 대비할 수 있는 책입니다. 시사이슈에 대한 대비는 지적인
　　소양의 향상은 물론, 토론 역량도 길러주는 일석이조의 효과가 있습니다.

✓ 8. 방대한 양의 자료를 활용해 계열별, 학과별로 면접 문항과 추천 답변을 참고할 수 있게 세분화 했습니다.

✓ 9. 면접 문항에 담긴 키워드를 학생부와 자기소개서에서 추출할 수 있도록 실질적인 사례를 제시 하고
　　있습니다.

✓ 10. 기존의 면접 책들이 '면접 기출문항', '면접 소개'에 주력한 것과 달리 독자들이 책을 읽으면 면접장에서
　　자신감을 가질 수 있도록 구체적인 방법을 제시했습니다. 단계별로 면접 방법을 제시해 독자들이
　　읽기만 해도 실제 면접에 참여하는 효과를 거둘 수 있도록 차별화했습니다.

공부 끝판왕

<공부 끝판왕>이 답인 이유

✓ 1. 내가 공부가 안 된 이유, 콕콕!

✓ 2. 학년별 오르는 공부 끝판 전략, 콕콕!

✓ 3. 성적대별로 선택하고 집중할 과목, 콕콕!

✓ 4. 고1, 2, 3 학년별, 점수별 인강 추천, 콕콕!

✓ 5. 고1, 2 3 학년별, 점수대별 문제집 추천, 콕콕!

✓ 6. 국어, 수학, 영어, 사회, 과학 끝판 공부법, 콕콕!

✓ 7. EBSi, M스터디, E투스의 활용 극대화 분석, 콕콕!

✓ 8. 진학기반의 상, 중, 하위권별 공부 개인 코칭, 콕콕!

✓ 9. 선배들의 뼈있는 공부를 위한 조언과 경험 나눔, 콕콕!

✓ 10. 3월, 6월, 9월, 11월(수능)까지 시기별 대비 특강, 콕콕!

학생부 끝판왕 1권

<학생부 끝판왕>이 답인 이유

✓ 1. 합격한 학생부를 분석하여 내 것으로 할 수 있다.

✓ 2. 단순한 지침이 아닌, 실제 활동과 전략이다.

✓ 3. 나의 학생부와 비교하면서, 부족한 학교생활의 방향을 잡을 수 있다.

✓ 4. 학교활동 중 나에게 딱 맞는 의미 있는 활동이 무엇인지 알 수 있다.

✓ 5. 대학에서 요구하는 활동이 구체적으로 실현되는 부분을 알 수 있다.

✓ 6. 학과별(계열별) 합격생의 학생부를 분석하여 학생 개인별 맞춤형이 가능하다.

✓ 7. 구체적으로 소개된 내용을 활용하여 수업이나 동아리 계획을 구상할 수 있다.

✓ 8. 진로에 맞춘 수업 선택을 고민하고, 전략적으로 택할 기회를 제공한다.

✓ 9. 합격공통요소가 정리되어 진학하고자 하는 계열의 합격 방향을 생각해볼 수 있다.

✓ 10. 다양한 활동에서 새로운 접점을 찾아낼 수 있다.
     (여러 활동을 통해 내게 필요한 새로운 활동을 개발할 수 있다)

학생부 끝판왕 2권

<학생부 끝판왕>이 답인 이유

✓ 1. 합격한 학생부를 분석하여 내 것으로 할 수 있다.

✓ 2. 단순한 지침이 아닌, 실제 활동과 전략이다.

✓ 3. 나의 학생부와 비교하면서, 부족한 학교생활의 방향을 잡을 수 있다.

✓ 4. 학교활동 중 나에게 딱 맞는 의미 있는 활동이 무엇인지 알 수 있다.

✓ 5. 대학에서 요구하는 활동이 구체적으로 실현되는 부분을 알 수 있다.

✓ 6. 학과별(계열별) 합격생의 학생부를 분석하여 학생 개인별 맞춤형이 가능하다.

✓ 7. 구체적으로 소개된 내용을 활용하여 수업이나 동아리 계획을 구상할 수 있다.

✓ 8. 진로에 맞춘 수업 선택을 고민하고, 전략적으로 택할 기회를 제공한다.

✓ 9. 합격공통요소가 정리되어 진학하고자 하는 계열의 합격 방향을 생각해볼 수 있다.

✓ 10. 다양한 활동에서 새로운 접점을 찾아낼 수 있다.
     (여러 활동을 통해 내게 필요한 새로운 활동을 개발할 수 있다)

과제탐구 끝판왕

<과제탐구 끝판왕>이 답인 이유

✓ 1. 과제탐구 활동을 하고 싶은 학생에게 로드맵 제공

✓ 2. 과제탐구 수업을 하고 싶은데 부담만 있는 선생님께 손쉬운 전략 제공

✓ 3. 학생의 성장을 위한 활동으로 다양한 학교프로그램을 진행할 아이디어와 노하우 제공

✓ 4. 주제별 탐구보고서를 통해 동아리활동이나 교내대회 준비와 연동되는 가이드 라인 제공

✓ 5. 학생마다 각자의 브랜드로 특화된 학교생활기록부의 기재항목별 영역이 유기적으로 연결

✓ 6. 학생의 관심 분야과 도전할만한 학문적 범위를 좁히고, 탐구활동을 통한 연구에의 몰입경험

✓ 7. 탐구 활동을 통해 배경지식을 쌓는 과정 훈련과 [독서활동상황]에 기록될 심화 독서는 덤

✓ 8. 학생이 희망하는 진로 분야의 경험을 통해 자기주도적 문제해결능력을 기르고, 이를 [과세특]에 드러낼 전공적합성

✓ 9. 학생부의 비교과 활동의 핵심 근거가 되어줄 과제탐구 활동은 [행동특성 및 종합의견]에 리더십과 탐구심을 드러낼심 핵근거

✓ 10. 발명 및 창업 캠프, 디자인 활동, 4차 산업혁명 캠프 등과 연계한 탐구 활동 학교프로그램 구성하여 별[개 세인특]에 기록

자소서 끝판왕

<자소서 끝판왕>이 답인 이유

✓ 1. 학생별 개별화 진로지도 전략 수록

✓ 2. 고등학교 생활 전반의 진로요소 추출

✓ 3. 진로에 맞춘 진학 설계의 다양한 Tip 제공

✓ 4. 진로지도를 하고 싶은 교사에게 로드맵 제공

✓ 5. 진로에 기반한 진로진학 상담의 노하우 제공

✓ 6. 진로수업이나 진로지도에 필요한 활동지 제공

✓ 7. 고등학교 창의적 체험활동을 진로로 묶어내는 방법 수록

✓ 8. 면접부터 멘탈관리까지 진로진학 지도의 실질적인 부분 기록

✓ 9. 학생 자신도 모르는 부족한 부분을 제대로 집어낼 방법 소개

✓ 10. 공부스타일 진단과 플래너 사용 등 실제적인 진로코칭 방법 수록

진로 끝판왕 1권

<진로 끝판왕>이 답인 이유

✓ 1. 학생별 개별화 진로지도 전략 수록

✓ 2. 고등학교 생활 전반의 진로요소 추출

✓ 3. 진로에 맞춘 진학 설계의 다양한 Tip 제공

✓ 4. 진로지도를 하고 싶은 교사에게 로드맵 제공

✓ 5. 진로에 기반한 진로진학 상담의 노하우 제공

✓ 6. 진로수업이나 진로지도에 필요한 활동지 제공

✓ 7. 고등학교 창의적 체험활동을 진로로 묶어내는 방법 수록

✓ 8. 면접부터 멘탈관리까지 진로진학 지도의 실질적인 부분 기록

✓ 9. 학생 자신도 모르는 부족한 부분을 제대로 집어낼 방법 소개

✓10. 공부스타일 진단과 플래너 사용 등 실제적인 진로코칭 방법 수록

진로 끝판왕 2권

<진로 끝판왕>이 답인 이유

✓ 1. 너무나 다른 학생별, 상황별 진로 진학 상담 노하우를 제공해요

✓ 2. 진로를 잘 모르셔도, 진로에 기반한 성장 설계 방법을 제공해요

✓ 3. 고등학교 담임교사의 수고를 덜어줄 시기별 맞춤 워크북을 제공해요

✓ 4. 막막한 창체 진로수업이나 진로지도에 쓰기 딱인 활동지를 제공해요

✓ 5. 매번 바뀌는 진학지도가 부담되는 선생님에게 쉬운 로드맵을 제공해요

✓ 6. 고등학교 생활 전반의 진로요소를 추출하여 진학으로 연결할 비법을 제공해요

✓ 7. 자소서부터 면접, 멘탈관리 지도까지 진로진학 지도의 실질적인 기술을 제공해요

✓ 8. 손 떨리는 고3 지도를 위한 학생별, 시기별 맞춤형 진로진학 지도전략을 제공해요

✓ 9. 기반을 잘 쌓아야 하는 고1, 2를 위한 시기별, 상황별 상담지도방법과 활동지를 제공해요

선생님을 돕는 에듀테크 '꿈구두 교육'
진로, 진학, 미래, 학습 분야 베스트셀러 추천도서

합격한 학생들의 학생부 엿보기

합격생들이 가장 많이한 활동
합격생들의 창체기록과 교과
세특 합격생들의 교과선택과
기록 워크북

선생님, 컨설턴트분들의 비밀 지도서

진로(직업), 진학(입시) 기반
활동 매뉴얼
공부실력 높이는 지도 전략
진학의 기초와 합격하는 입시
지도전략

고등학교 1, 2, 3학년 공부의 모든것

공부가 안된 이유 10가지 학년별
공부 끝내기
과목별 점수대별 성적 올리기
내신, 모의고사 공부의 모든
전략

학생부와 성장의 꽃! 과제탐구

과제 탐구는 누구나, 어디서든
가능한 방법 제시
나만의 과제탐구 주제잡기
수행평가, 발표활동에서 뽐내기
전략과 차별화 세특작성

이제는 합격 수기다! 자소서 끝판왕

종합 전형의 합격 수기!
자소서로 종합전형 로드맵을
구성하라 따라만하면 나만의
자소서 완성! 모든계열의 활동
연결과 기록비법

더욱 더 중요해지는 면접에 강해지다

꼭 준비할 빈출 20개 질문
학과별기출 & 제시문 빅데이터
자료 답변 예시와 개인화하는
방법

중학 생활의 모든것!

중1 자유학기제 진로성장 전략
중2 평가가 시작! 성적올림 전략
중3 고입, 대입의 시작! 나의
입시 전략을 세우는 시간
고교 학점제 완벽 대비

영어 내신과 최저 전략서

영어에서 자주 틀리는 원인과
해법 헷갈리는 구문, 어휘,
어법 깨기
수행 평가, 수능 듣기, 독해의
약점 극복과 1등급 준비서

국어 내신과 최저 전략서

오답 빈도가 높은 국어 문제
분석과 솔루션으로 오답이 강
점으로 탈바꿈!
수행평가, 수능 국어의 핵심
개념 학습

수학 내신과 최저 전략서

수포자눈물닦아주기 프로젝트
왜 수학을 포기 하는 지 알고,
극복! 수포자 유형별, 극복
전략, 점수 업로드!

교육학 수업의 바이블

교육학 교양과목을 즐겁게!
교육학과 실제교육의 연결스
토리 논술, 면접문항으로 활동
극대화 학생과 함께 토론하고
참여하는 수업 교재

소프트웨어 수업의 종합지침서

초, 중, 고를 잇는 SW, IT, AI
수업과 활동이 이 한 권으로
완성! 자기 주도로 준비 하는
솔루션 전략으로 특기자 전
형, 종합 전형 합격

고등학교 활기차게 비상하라!

고1, 2, 3학년 활동 포트폴리오
창체수업, 진로활동, 행사기록
을 한 곳에! 전교생 3년 간 1권
에 성장활동 기록

20대를 시작하는 너에게

새내기대학생 상황별 생활가
이드 20대는 처음이지? 21세
기 사회 생활트렌드 분석한 나
만의 자기계발서

교육너머 교육을 기획하는 사람들!

어떻게 살 것인가 : 성장 하지
않는 다면 결코 만족할 수 없을
것이다!
역량 성장과 도전을 위한 실전
가이드

AI 기반의 온라인 학생 컨설팅상담 프로그램
My Best 진로, 진학, 미래, 학습

고등 My Best 1. 계열성향검사 *실력*

계열성향 검사로 나에게 맞는 계열 파악 나의 계열에 따른 직업, 학과 나의 계열에 따른 활동 전략

고등 My Best 2. 학생부 로드맵 *실력*

나의 학생부 준비 점수 분석 점수별 학생부 보완 활동 전략 나의 계열별 학교 활동 솔루션

고등 My Best 3. 합격 공부 *실력*

학년별, 점수대별 나만을 위한 공부코치 국영수, 사과 내신준비의 모든것 국영수, 사과 수능준비의 모든것

고등 My Best 4. 3색줄 독서 솔루션 *실력*

나의 독서 능력분석과 향상 전략 진로 독서와 노벨상 수상자의 딥다이브 독서법 3색줄 독서전략으로 심층독서

고등 My Best 5. 합격 과제탐구 *실력*

과제탐구 준비도를 파악하라! 마베대로 따라하면, 과제탐구 끝 워크시트를 채우며 작성하는 코칭

고등 My Best 6. 합격 대학&전형 *입시*

현재 내신&모의고사 기반 입시 컨설팅 고 1, 2학년의 대학과 전형 다지기 컨설팅 고3의 마지막 전략 완성 컨설팅

고등 My Best 7. 합격 교과선택 *입시*

고교학점제 기반의 학과별 필수 선택 학과3개의 교과 선택과 교과정보 우리학교 교육과정에 없는 교과 해결법

고등 My Best 8. 합격 학생부 *입시*

합격생들이 가장 많이한 활동 합격생들의 창체기록과 교과 세특 합격생들의 교과선택과 기록 워크북

고등 My Best 9. 합격 자소서 *입시*

종합전형의 합격 수기! 자소서로 종합전형 로드맵을 구성하라 챕터별로 따라 하면 나만의 자소서 완성

고등 My Best 10. 합격 면접 *입시*

꼭 준비해야하는 빈출20개 질문, 학과별 기출 빅데이터 자료 답변 예시와 개인화하는 방법

중학 My Best 11, 12 중학계열성향검사 공부 끝판왕 *중학*

고교학점제 준비는 계열파악이 먼저! 계열별 학교활동 로드맵 과목별 공부접근법, 방법 알기 플래너로 시간을 내가 관리

중학 My Best 13. 고입 & 대입가이드 *중학*

고교 선택전략! 일반고 vs 특목고 나의 자존감, 회복 탄력성을 읽어라 각 학교의 특징과 준비 방법 익히기

역량 My Best 14, 15 미래역량 창의성 솔루션 미래역량 리더십 솔루션 *역량*

나의 리더십과 창의성 역량 지수를 파악 실행할수 있는 리더십 역량 계발 창체활동 역량을 키우는 방법

역량 My Best 16, 17 미래역량 문제해결 솔루션 미래역량 소통 솔루션 *역량*

나의 문제 해결과 소통 역량 지수를 파악한다 세특의 핵심 문제해결력 키우기 소통역량을 높이는 방법을 계발

역량 My Best 18, 19 미래역량 프로젝트 솔루션 미래역량 전략적사고 솔루션 *역량*

나의 프로젝트와 전략적사고 역량지수를 파악한다 프로젝트 역량을 올리는 방법 전략적사고 역량을 키우는 방법

My Best 학년별 연간 프로그램

1학년은 진로!
기간별 학생 성장 프로그램

프로그램 **고1 진로다**
참여대상 고등학교 1학년
참여비용 검사비용X학생수, 강사비 별도(요청시)
세부내용 특강형 ☑, 캠프 활동형 ☑, 컨설팅형 ☑

3, 4월 나를 알다

- 내게, 친구가, 부모에게 묻자. 나의 흥미와 적성은?
- 검사지로 성향 검사하자
- 미션 설정 하자

가이드7. My Best
계열 성향 검사

5, 6월 성적을 알다

- 내신 성적의 의미
- 모의고사 성적의 의미
- 교우 관계의 의미

가이드1. My Best
대학과 전형 가이드

7, 8월 공부를 알다

- 1학기 돌아보기
- 자기주도계획 수립과 실행
- 성장 경험 공부

가이드5. My Best
공부 가이드

9, 10월 나를 파다

- 자기주도학습 잇기
- 교과선택 계열 적합성
- 학과를 탐하라

가이드6. My Best
교과선택 가이드

11, 12월 성적올리다

- 시험기간 전략 시간관리
- 피드백 즉 오답지
- 성적 올리는 공부성향법

가이드2. My Best
학생부 가이드
가이드6. My Best
합격 학생부 포트폴리오

1, 2월 2학년이다

- 1학년 돌아보기 PMI
- 방학자기주도 학습과 경험
- 2학년 미리 겪어보기

가이드3. My Best
자소서 가이드

My Best 학년별 연간 프로그램

2학년은 진로&진학!
기간별 학생 성장 프로그램

www.only-edu.net   PROGRAM2

프로그램	**고2 진진이다**
참여대상	고등학교 2학년
참여비용	검사비용X학생수, 강사비 별도(요청시)
세부내용	특강형 ✓, 캠프 활동형 ✓, 컨설팅형 ✓

3, 4월 다시 나를 알다

- ◆ 진로 좁히기 방법
- ◆ 1학년의 나를 분석하라
- ◆ 2학년 진로 공부 진학을 설계

가이드1. My Best
대학과 전형 가이드

5, 6월 다시 성적을 알다

- ◆ 공부성향 분석
- ◆ 자기주도 맞춤형 공부법, 인강, 학원
- ◆ 대학과 학과에 필요한 공부 잡기

가이드5. My Best
공부 가이드

7, 8월 다시 공부를 알다

- ◆ 1학기 돌아보기
- ◆ 혼자 공부, 함께 공부
- ◆ 대학 생활과 취업 간접 공부

가이드6. My Best
교과선택 가이드

9, 10월 다시 나를 파다

- ◆ 나를 객관화 하라, 위치
- ◆ 무엇에 집중할 것인가
- ◆ 부모님과 교사, 외부자원을 통해 지원받기

가이드2. My Best
학생부 가이드
가이드6. My Best
합격 학생부 포트폴리오

11, 12월 교과선택과 진학

- ◆ 나에게 필요한 교과선택
- ◆ 대학과 전형 좁히기
- ◆ 학생부, 자소서, 면접 시도

가이드3. My Best
자소서 가이드
가이드 4. My Best
면접 가이드

1, 2월 3학년이다

- ◆ 2학년 돌아보기 PMI
- ◆ 방학기간 진학, 진로 공부
- ◆ 3학년 미리 겪어보기

가이드1. My Best
대학과 전형 가이드
가이드3. My Best
자소서 가이드

3학년은 진학!
기간별 학생 성장 프로그램

프로그램	**고3 진학이다**
참여대상	고등학교 3학년
참여비용	검사비용X학생수, 강사비 별도(요청시)
세부내용	특강형 ☑, 캠프 활동형 ☑, 컨설팅형 ☑

3, 4월 대학과 전형

- ◆ 성적별 대학, 전형 파악
- ◆ 대학 조건 파기
- ◆ 나의 스펙 분석

가이드2. My Best
학생부 가이드
가이드6. My Best
합격 학생부 포트폴리오

5, 6월 내신 끝장

- ◆ 선택과 집중 내신
- ◆ 수능과 연결이다
- ◆ 학생부와 연결이다

가이드1. My Best
대학과 전형 가이드

7, 8월 원서 끝장

- ◆ 성적대별 대학과 학과 좁히기
- ◆ 나의 장점 분석, 최선 뽑기
- ◆ 자소서와 지원 & 수능 최저

가이드3. My Best
자소서 가이드

9,10월 수능, 대학별 전형

- ◆ 수능이다, 최저다
- ◆ 면접과 대학별 고사
- ◆ 멘탈 관리

가이드4. My Best
면접 가이드

11, 12월 수능과 정시

- ◆ 수능점수의 의미
- ◆ 정시를 탐하라
- ◆ 버려진 시간 줍기

가이드4. My Best
면접 가이드
가이드 1. My Best
대학과 전형 가이드

1, 2월 대학생이다

- ◆ 고등학생은 잊어라
- ◆ 알바와 체험
- ◆ 독서와 진짜공부

끝판왕 추천후기

하*숙님

독자후기

지난 주 신청한 자소서 끝판왕 책이 도착하여 꼼꼼히 읽어보고 부족하지만 후기 올려봅니다.
자소서의 각 문항의 작성 팁을 통해 먼저 전체 틀을 잡고 각 항목별로 평가요소에 맞춰 학생이 한 활동을 끼워 넣을 수 있는 장치가 되어있고계열별 학과별 사례까지 예시되어 있어 막막함에서 헤매다가 불빛을찾은거 같아 자소서 작성에 자신감을 갖게 되었습니다 저자 선생님들께 감사드립니다.

양*동선생님

전문가 후기

이책은 다년간 학생들의 자기소개서 작성을 지도하는 과정에 이끌어낸 자기소개서 각 항목별 작성 비법을 한 곳에 모아둔 비법서임 이 틀림없다. 수시 모집의 당락을 좌우하는 학교생활기록부 자기소개서 면접의 연계를 가져다 줄 학생부종합전형 비법서가 바로 당신의 눈앞에 있다 힘든 길을 택하면 미래가 편해진다라는 신념으로 학생부종합전형에서 당신의 길을 찾고자 한다면 이 책은 무한한 길잡이가 될 것이다

두*맘님

독자후기

현직선생님들의 감수를 하고 현직선생님들이 저자들이셔서 공교육 안에서 할 수 있는 면접 준비를 면접끝판왕을 통해서 할 수 있을 것 같습니다. 계열별로 나누어져 있고 자소서와 학생부를 활용해 면접 문제를 추출할 수 있는 방법도 함께 실려 있어 유용하게 쓸 수 있을 것 같습니다.
저희 아이의 경우 교육 계열이라 교육 계열 부분만 살짝 맛보기 하였 는데~~ 각 교육청에서 제공하는 자료를 바탕으로 사례를 들고 있어 더욱 신뢰할 수 있었습니다.

에듀동아

출간기자

면접 문항에 담긴 키워드를 학생부와 자기소개서에서 추출 할 수 있도록 실질적인 사례를 제시하고 있어 향후 대입 면접을 위해 학교 활동을 어떻게 하면 좋을지 그 방향을 제시해 주고 있는 책이다.
출판사 측은 "기존의 면접 대비서가 면접 기출문항이나 면접 소개에 주력한 것과 달리 이 책은 독자들이 면접장에서 자신감을 가질 수 있도록 구체적인 면접 대비 방법을 단계별로 제시하고 있다"면서 "이 책을 읽기만 해도 실제 면접에 참여하는 효과를 거둘 수 있을 것"이라고 밝혔다.

mama313님

독자후기

이런 분들에게 꼭!!!! 필요한 책입니다.
공부하는 방법을 제대로 알고 싶은 학생 또는 방법을 알아서 자녀들에게 알려주고 싶은 부모님!! 께 강추!!! 저도 초등교사로 공부는 이렇게 하는 거야라고 말해주기는 하지만 좀 더 구체적인 방법에는 설명이 늘 부족함을 느껴왔었는데 이 책을 읽고 속이 시~원해지는 느낌을 받았다고 할까요? 공부하는 방법에 대해 구체적으로 사례를 들어가며 총체적으로 설명해주어서 넘넘 도움이 되었어요. 저희 아이들에게 적용중이며 큰 딸아이는 직접 읽어보더니 도움이 된다고 합니다. 중고등 학생과 학부모님들은 꼬~ 옥 읽어보길 추천합니다~

isom85님

독자후기

고등 딸을 둔 엄마이자 아이들의 나침반이 되어야 할 나에게 공부면역력을 키워주게 도와줄 보물 같은 책입니다. 지인들에게 선물하고, 고등 딸에게 읽히고, 저 역시 옆에 끼고 보고 있어요. 정말정말 강추합니다.

My Best 추천 후기

👍 독자후기

정보가 부족한 학부모에게 유용한 자료로 도움이 됩니다 학생들도 자신의 진로방향에 길라잡이 역할을 할 수 있을 것 같습니다. 학교선생님보다 더 자세한 상담자료로 가치가 크다고 생각됩니다.
1. 정시전형의 경우 지원가능 대학의 리스트가 많은데 수시전형의 경우는 전반적으로 지원가능대학의 리스트가 적어요.
2. 학생부 교과전형 지원가능대학 리스트에 평균 등급이 표기되면 좋을 듯 합니다.
3. 성적에 맞게 원하는 지역 계열로 추천해주시어 한번에 비교가 가능하여 좋았습니다.
4. 처음 과목별 내신등급 입력시 단위 수가 다른 과목들의 경우 등급계산이 애매했어요 등급 기재에 대한 안내가 살짝 되었으면 했습니다.
5. 사용후기의 수능전형의 선지답안이 논술답안 그대로 였어요 내년에 첫아이가 고 3 이 되니 입시에 대해선 잘 모릅니다 나름 공부를 하면서 다양한 전형들 속에서 아이에 유리한 전형을 생각해보았는데 그걸 확인하는 기회가 되어 좋았습니다.
수시전형의 추천대학이 더 추가 된다면 완벽할 듯 합니다. 감사합니다.

👍 체험후기

저는 큰애가 고 3 입니다 교과와 학종 투 트랙 으로 지원했어요.
그래서 정시나 논술에 대한 평을 어찌할지 몰라 보통으로 했습니다. 교과와 학종도 설문 조사할 때부터 지망순서대로 선 택 하는 항목에 따라 가능 대학을 추천해 주셨으면 하는 아쉬움이 남습니다 또한 현재 모의나 내신상태에서 어느 선까지 도달했을 경우 어느 선의 어느 대학까지는 원서 지원이 가능할 수도 있다. 뭐 이런 커리가 나오면 학부모나 아이 입장에서 목표도 생기고 동기부여가 될 수 있을 것 같습니다.
가령 저희는 화생공 약대 순으로 고려 중이거든요 그럼 현재 가능 대학은 이선이고 좀 더 끌어 올리면 이 대학선까지는 원서 제출을 할 수 있을 것 같다 요렇게요. 문자로 하려니 전달이 제대로 되었을지 모르겠네요. 앞으로도 꾸준히 받아 볼 수 있다면 받아 보면서 코멘트를 더 해 드리고 싶네요. 좋은 일들을 하셔서요.

👍 체험후기

전체적으로 유용합니다. 감으로만 예상했던 리스트가 작성되니 내년에도 꼭 활용하고 싶네요.
다만, 학종 부분과 논술은 모고 성적 대비 너무 낮게 작성되지 않았는지요. 전사고라 내신이 낮지만 모고 성적이 기준이 되어 주는게 아닌지 의문이 있네요. 실제 원서 쓸 때도 모고가 기준이 되어 학종과 논술 섞어 수시 6 장을 쓰지 않을까 싶은데요.

👍 체험후기

전체적으로 프로그램 아이디어가 너무 좋아요.
어디를 갈지 진학에 대해 막막했던 학생 입장에서는 큰 희망이 될 것 같아요. 부족한 점이나 보완할 점들을 알려주니 어떻게 해야 할지 방향 설정도 되구요. 내신성적 모의고사 성적 분석의 총평은 매우 좋습니다. 지원할 수 있는 대학의 가능성을 세밀하게 말해주고 있어요.
지원가능 대학의 학과를 전 모집단위보다 좀 더 자세히 나타내줬으면 좋겠습니다 학생이 원하는 학과를 선택할 수 있도록 해서 전국의 대학 중에서 본인이 원하는 학과 위주로 지원 가능 대학을 알려주시면 좋겠습니다 내신 성적을 입력할 때 각 학년별로 과목별 등급을 입력하여 뚜렷한 성적 입력이 가능하면 좋겠습니다 수시로 지원하는 친구들에게 정시 모집단위도 알려줘서 수능에 미리 대비하고 준비하는 기회가 될 수도 있을 것 같아 좋습니다.

👍 독자후기

이렇게 세세히 각 전형마다 설명이 있을 줄 몰랐습니다.
그냥 간단한 내용으로 전달해 주실 줄 알았는데 각 전형마다 어찌해야 하는지 자세한 설명에 감탄했습니다. 진짜 최곱니다.

My Best 추천 후기

체험후기

〈대학과 전형 에 이어 학생부 분석 자료 잘 받았습니다. 대학과 전형은 실제 대학 지원에 있어 현재 내신과 모의 성적을 바탕으로 지원이 유리한 전형들에 대한 안내 및 해당 대학 및 학과들을 콕 집어 추천해주시어 좋았습니다. 거기에 반해 학생부 분석의 경우는 학생부 자체를 분석하다 보니 같은 학생부라도 답하는 사람에 따라 다른 답들을 선택할 소지가 있고 또 학생부 자체를 점수로 메기는 부분에 있어 어려움이 컸으리라 봅니다. 또한 보내주신 자료 중 제 아이에 대한 분석 자료는 전체 자료 중 얼마 되지 않았고 그보단 학생부 전형을 위한 전반적으로 챙겨져야 할 부분들이 안내가 들어 있었습니다. 이 자료는 고 2 보단 고 1 이 미리 알고 챙겨지면 더 좋겠단 생각입니다. 학생부 영역별 평가표를 보니 아이에게 부족한 영역이 한눈에 보여 수시전형의 학종을 생각하는 아이들에게는 많은 도움이 될 듯 합니다. 그리고 학생부 기록에 있어 학생이나 부모님이 아셔야 할 안내가 잘 되어있네요 끝 부분에 아이가 진학하길 원하는 계열 관련 동아리 및 봉사활동 안내가 구체적으로 잘 되어 있고 원하는 계열에 대한 다양한 직업명이 소개되어 있습니다. 그리고 진학을 원하는 학과 관련 고교 선택과목 소개 및 진학을 원하는 학과에 관련된 추천도서도 잘 되어있습니다. 정시 쪽으로 기운 큰 아이에겐 그닥 도움이 되진 않지만 곧 고등학생이 될 둘째는 이 자료를 참고로 잘 챙겨 봐야겠어요 감사합니다.

체험후기

'현재 나의 학생부를 알자 에서 학생부를 다 드린 것이 아니라서 세부적인 내용 설명을 듣지 못하는 아쉬움은 있습니다. 그래프에서 한눈에 영역 중 무슨 영역이 높고 낮은지를 판단할 수 있는 것은 좋습니다. 낮은 영역에 대한 추가 설명이 좀더 구체적으로 있었으면 합니다.

체험후기

'나만의 명품 만들기 에서는 다른 학생부 가이드 북보다 좀더 자세히 설명되어 있는 부분이 많아 좋습니다. 학교 생활에서만 알 수 있을 만한 내용이 첨부되어 있어 좀더 공들여 읽어야겠다는 생각을 했습니다.

체험후기

저는 학원 설명회 대학교 입시설명회를 통해 얻은 지식들과 대학 입사관 11 상담 학생부 읽기를 위한 강의 수강 경험을 통해 저희 아이의 학생부를 조금이나마 객관적으로 볼 수 있는 상황이었습니다. 1 학년 기준 학생부를 개인적으로 읽었을 때 중간 중상 정도라고 판단했는데 막상 컨설턴트 상담을 통해 진단해 보니 중하 수준이었습니다. 그래서 좀더 엄격하게 학생부를 다시 한번 진단하고 문맥상에서 공통적인 ctrl V 내용이 아닌 우리아이의 특성을 나타내는 개인화된 서술을 중심으로 살펴보게 되었고 항목간의 유기성을 가지는 내용 연계되어 발전가능성을 보여주는 맥락에 대해 고민하게 되었습니다.

체험후기

학종을 준비하는 고12 학생과 학부모에 매우 적절하다고 생각합니다. 개인별 특성에 대한 의견은 좀 부족하지만 기입한 자료가 적으니 당연하다고 생각합니다 대신 공통 내용은 학종을 잘 모르는 학생과 학부모도 알 수 있도록 구체적으로 길안내를 해 주는 지침서 및 체크리스트로 매우 유용합니다.

체험후기

학생부 평가에서 가장 중요한 영역들을 알게 되었고 영역들 준비에 도움이 되었습니다. 독서기록하는 방법 전공별 도움되는 봉사활동 동아리활동 체험활동 보고서 선생님과 소통의 중요성 등 세부적인 부분까지 자세히 설명되어 있어서 좋았습니다.

초 판 1쇄 발행 2020년 7월 10일
개정판 2쇄 발행 2020년 12월 10일
개정판 3쇄 발행 2021년 5월 15일
개정판 4쇄 발행 2022년 10월 1일

기 획	정동완
지은이	정동완 송종욱 손평화 안혜숙
펴낸이	꿈구두
펴낸곳	꿈구두
디자인	안혜숙 맨디디자인

출판등록	2019년 5월 16일, 제 2019-000010호
블로그	https://blog.naver.com/edu-atoz
이메일	edu-atoz@naver.com
ISBN	979-11-971095-2-2

책값은 표지 뒤쪽에 있습니다.
파본은 구입하신 서점에서 교환해드립니다.